MANFRED LÜER · CHANDRA KURT

MIT FOTOGRAFIEN
VON

ANDREAS DURST

BADEN UND ELSASS

WEINE · WINZER · WEINLANDSCHAFTEN

SCHERZ

www.fischerverlage.de

Erschienen bei Scherz, ein Verlag
der S. Fischer Verlag GmbH, Frankfurt am Main
S. Fischer Verlag GmbH, Frankfurt am Main 2009
Foto Seite 6: Florian Bolk
Lagen-Karten: Golden Section Graphics, Berlin
Satz: H & G Herstellung, Hamburg
Litho: Die Litho, Hamburg
Druck und Bindung: Himmer, Augsburg
Printed in Germany

ISBN 978-3-502-15176-0

Inhalt

Genusslandschaften

Das Weinfest in Ihringen/Kaiserstuhl im Jahr 1989 war eine Offenbarung für mich: Als ich auf Einladung von Joachim Heger in den Kaiserstuhl kam, kannte ich die badischen Weinberge am Fuße des Schwarzwalds zwar bereits und hatte auch schon viele Weine von dort verkostet, aber erst bei dieser Gelegenheit begriff ich Baden ganz. Selbst die einfachsten Gerichte, die auf dem Fest angeboten wurden, waren frisch und lecker und der Wein dazu schmeckte reif und saftig. Schon damals genoss eine Reihe von badischen Sterne-Restaurants Kultstatus, aber ihr Ruf hat mich in keiner Weise auf die Verschmelzung von Weingenuss und guter Küche im badischen Alltag vorbereitet.

Im Gegensatz zu vielen anderen Regionen Deutschlands wird Genuss hier nicht für die Sonn- und Feiertage aufgehoben. Der typische Badener möchte auch im Alltag gut essen und trinken. Er weiß, wie groß der geschmackliche Unterschied zwischen Industrie-Schinken und dem aus handwerklicher Erzeugung ist, und dass Spätzle aus der Tüte nichts sind im Vergleich zu hausgemachten. Dieser Qualitätsanspruch gilt ebenso für den guten Wein, der auf dem Esstisch eine Selbstverständlichkeit ist.

All dies habe ich damals erlebt, ja quasi eingeatmet. Dabei habe ich zu viel getrunken, aber die starken trockenen Weißweine hatten eine überraschende Frische, die ich hier »im Süden« nicht erwartet hatte, und die Kombination machte süchtig. »Grauburgunder« hat sich in mein Gedächtnis eingraviert, und seitdem muss ich in gewissen Abständen hierher zurückkehren, um all die guten Sachen wieder zu genießen und die rasante Entwicklung der Weine zu verfolgen.

Vor 20 Jahren hat man nicht allzuviel von den Weinen aus dem Breisgau und dem Markgräflerland erwartet, aber die beiden Landstriche haben mächtig Gas gegeben, wie Manfred Lüer in diesem Weinreiseführer berichtet. Hier erzeugen Bauern, die vorher auf Weihnachtsbäume oder Spargel spezialisiert waren, jetzt echte Spitzenweine! Quereinsteiger aus anderen Regionen und Ländern haben sich in Baden verliebt und produzieren überraschend individuelle Weine. Wer hätte vor zehn Jahren gewagt zu behaupten, dass einmal ein Niederländer die beste Rotweine der Ortenau erzeugen würde? Auch ich nicht!

Als ich mit Manfred Lüer und einer kleinen Handvoll Kollegen an »Wein spricht deutsch« arbeitete, wusste ich schon, dass im Norden Badens, im Kraichgau und an der benachbarten Bergstraße nicht nur liebliche Landschaften zu finden sind, sondern auch elegante herbe Weine wachsen. Dennoch hat mich der qualitative Sprung der letzten Jahre sehr überrascht.

In Baden gibt es eine fast ebenso große Vielfalt an Weinen wie im gesamten deutschsprachigen Raum zusammengenommen, aber nicht alle diese Gewächse werden richtig geschätzt. Immer noch kann man an vielen Orten Schnäppchen finden, vor allem wenn man unterschätzte Rebsorten wie Gutedel und Silvaner ernst nimmt. Die zurückgekehrten Spezialitäten Auxerrois und Muskateller verdienen unsere Aufmerksamkeit genauso wie die dazu gekommenen französischen Importe Chardonnay und Sauvignon blanc. Auch die wahre Größe der besten Rieslinge des Gebiets wird selten erkannt. Hier gibt es mächtig viel zu entdecken, wenn man sich mindestens einen Tag Zeit nimmt und etwas Offenheit mitbringt.

Seit langem ist mir das Elsass ein genussreiches Rätsel. Als ich das erste Mal 1982 dort war, kam mir die Kultur sehr französisch vor, aber die Architektur und manche Weine sprachen offensichtlich deutsch. Seitdem haben die aromatischen und großzügigen Weine des Gebiets sich zum Teil massiv verändert und die Gegensätzlichkeit des Gebiets ist noch kurioser geworden.

Als ich mit »Wein spricht deutsch«-Autorin Chandra Kurt zusammen in dieser Gegend unterwegs war, haben wir die Winzer direkt gefragt, auf welche Seite sie und ihre Weine gehören. »Sind unsere Weine typisch deutsche Weine? Nein. Sind unsere Weine typisch französische Weine? Nein«, antwortete Olivier Humbrecht von Domaine Zind-Humbrecht in Turckheim. Dann erzählte er, wie er während der Weinlese sowohl die deutschen wie auch die französischen Wetterberichte verfolgen muss, weil seine Heimat für beide Wetterdienste eine Randerscheinung ist. Das spricht Bände!

Chandra Kurt führt uns in die nur scheinbar widersprüchliche Weinkultur von Alsace/Elsass ein und zeigt, wie trotz der räumlichen Nähe und vieler gemeinsamer Wurzeln Riesling, Gewürztraminer und Pinot gris (Grauburgunder) hier ganz anders schmecken als in Baden.

Beide Autoren haben ihre Berichte über diese Gebiete komplett überarbeitet und viel neues Material hinzugefügt, vor allem Hotel- und Restaurantempfehlungen in diversen Preisklassen. Hinzugekommen sind außerdem weitere Fotos von Andreas Durst, die nicht nur die Schönheit dieser Region zeigen, sondern auch Einblicke in ihr wahres Weinleben gewähren. Darüber hinaus sorgen die Karten von Jan Schwochow für den nötigen Überblick.

Ich habe Hunger und Durst! Wo fangen wir an?

Ihr

Stuart Pigott

Unsere TOP TEN

1

BERGSTRASSE

SCHLOSS AUERBACH, eine im 13. Jahrhundert erbaute Wehranlage auf fast 340 Meter Höhe. In der gut erhaltenen Ruine finden die unterschiedlichsten Veranstaltungen statt. (Rittermahl, Ritterturniere, Varieté noir, Walpurgisnacht).

www.schloss-auerbach.de

2

BERGSTRASSE

FELSENMEER IM ODENWALD

Der Sage nach bewarfen sich hier zwei Riesen mit Steinen und erschufen eine einmalige Landschaft. Diese lädt zum Klettern, Hüpfen und Verstecken ein.

www.felsenmeer.org

3

BREISGAU

BERGWELT SCHAUINSLAND

Vom Schauinsland-Hotel Halde aus lässt sich der Hochschwarzwald entspannt entdecken. Ein Muss ist die unglaubliche Panoramasicht vom Schwarzwaldberg (1284 Meter).

www.bergwelt-schauinsland.de

4

BREISGAU

Der **WESTWEG** ist der Klassiker unter den Fernwanderwegen und zudem der älteste Europas. Mit rund 280 Kilometern Länge verbindet er den Nördlichen Schwarzwald mit dem südlichen Hochrhein. Der Westweg trägt seit 2007 das Gütesiegel »Qualitätsweg Wanderbares Deutschland«.

www.schwarzwald-tourismus.info

5

BREISGAU/SÜDBADEN

Bei der **SCHWÄBISCH-ALEMANNISCHEN FASNET** werden die Dämonen auf traditionelle Weise ausgetrieben. Charakteristisch für dieses besondere Brauchtum der Fastnacht sind vor allem die traditionell aus Holz hergestellten Masken, die man im alemannischen Sprachraum »Larven« oder auch »Schemmen« nennt. Der Freiburger Rosenmontagsumzug, der am Fasnet Montag (badisch: »Fasnetmendig«) stattfindet, gehört zu den größten und bekanntesten Fasnets-Umzügen des Schwarzwalds, an dem über 100 Narrenzünfte, Guggenmusiken und Schallmeienkapellen aus dem Schwarzwald, vom Bodensee und der Schweiz teilnehmen.

6

KAISERSTUHL

Der **TOTENKOPF** ist mit 557 Meter die höchste Erhebung des Kaiserstuhls. Auf dem erkalteten Vulkan befindet sich ein Aussichtsturm, von dem aus man eine wunderschöne Panoramasicht genießt. Der Wanderweg Bickensohl – Totenkopf ist besonders zu empfehlen. Er ist acht Kilometer lang und führt an der berühmten Hohlgasse »Eichgasse« vorbei.

7

KAISERSTUHL

Der **WISSENSCHAFTLICHE LEHRPFAD AM LIMBERG** zeigt auf einer Wanderstrecke von 6,5 Kilometer mit über 100 Tafeln die Besonderheiten in Archäologie, Geschichte, Geologie, Mineralogie, Flora und Fauna, Forstwirtschaft und Weinbau am Kaiserstuhl auf.

www.lehrpfad.de

Unsere TOP TEN sind eine persönliche Auswahl von Orten und Ereignissen, die wir Ihnen gerne weiterempfehlen möchten. Die Numerierung stellt keine Bewertung dar.

ELSASS **8**

Der weltberühmte **KÄSEVEREDLER MÂITRE ANTONY** in Vieux-Ferrette kauft unreifen Rohmilchkäse aus der Schweiz, England und Frankreich. Dieser wird durch die Behandlung mit Wein, Schnaps, Salzlake, Asche oder Holzkohle und unter optimalen Lagerbedingungen veredelt. Diese Spezialitäten lassen sich im Käs-Kaller verköstigen.

Sundgauer Käs Kaller
5, rue de la Montagne
F-68480 Vieux-Ferrette
Tel. +33 (0)3 89 40 42 22

ELSASS **9**

RIQUEWIHR ist einer der schönsten Orte Frankreichs. Entstanden im 6. Jahrhundert, ist die Stadt eine der wenigen im Elsass, bei der die gesamte Altstadt und die Befestigungsanlage komplett erhalten sind.

www.ribeauville-riquewihr.com

ELSASS **10**

Die **GRAND-CRU-LAGE MAMBOURG** in Sigolsheim, eine der größten Weinbaugemeinden im Elsass, gilt als eine der besten Weinlagen in der Elsässer Rheinebene.

Wein-
ver-
kauf

BERGSTRASSE UND KRAICHGAU

Land der unbekannten Hänge und Hügel

Von Manfred Lüer

Die geographisch zusammenhängende Region Bergstraße und Kraichgau wird seit jeher von der Sonne besonders verwöhnt. Mandelbäume blühen vor allem im nördlichen Teil mitunter schon Ende Februar, nur kurz danach gefolgt von Forsythien, Kirschen, Aprikosen, Magnolien und schließlich den Reben. Der Weg von der Rheinebene bis hinauf in den Odenwald ist wie ein stufenweises Eintauchen in die Stille und Einsamkeit. Einem prosperierenden Wirtschaftsraum in der Ebene folgen schmucke Fachwerkhäuser am Hangfuß, schließlich kommen steile Weinberge, Schlösser und der tiefe Odenwald mit vielen romantischen, verwunschenen Tälern. Und im Stillen, Verborgenen arbeiten hier meist auch die Winzer, die für ihre teils hervorragenden Produkte voller Saftigkeit und fruchtiger Frische wegen eines fehlenden überregionalen Images meist nicht die angemessenen Preise erzielen können.

Strata montana nannten die Römer den alten Handelsweg an der Ostseite der Rheinebene, an dessen Hängen sich das Anbaugebiet Bergstraße entwickelte und das wie der liebliche Kraichgau vor allem eine Tradition für süffige Trinkweine vorzuweisen hat, die überwiegend in der Region konsumiert werden. Dies hat sich bis heute nicht geändert, obwohl es mittlerweile eine Handvoll Erzeuger mit dem Leimener Weingut Seeger an der Spitze gibt, die mit teils atemberaubenden Weinen das immense natürliche Potenzial dieser Region zwischen den Großräumen Darmstadt, Mannheim/Heidelberg und Karlsruhe inzwischen immer besser ausschöpfen, sich aber mehr über ihre eigenen Namen als über den der Region profilieren müssen. Denn sowohl die Bergstraße als auch der Kraichgau sind eine Art *terra incognita* im Zentrum von Deutschland, und die Schönheit dieses Landstriches mit seinen steilen Hängen und lieblichen Hügeln ist etwas für neugierige Entdecker!

Erschwerend für ein überregionales Image kommt hinzu, dass sich die amtlichen Grenzen in Deutschland nicht immer an den topographischen Gegebenheiten orientieren.

Links:
Region für neugierige Entdecker: Bergstraße und Kraichgau.

BERGSTRASSE UND KRAICHGAU

WEINANBAU   STÄDTE & DÖRFER

Unsere Top Ten

TOURISMUS SERVICE BERGSTRASSE E.V.
Großer Markt 9
D-64646 Heppenheim
Tel. +49 (0) 62 52/13 11 70
Fax +49 (0) 62 52/13 11 73
E-Mail: info@diebergstrasse.de
www.diebergstrasse.de

KRAICHGAU-STROMBERG-TOURISMUS E.V.
Melanchthonstraße 32
D-75015 Bretten
Tel. +49 (0) 72 52/9 63 30
Fax +49 (0) 72 52/96 33 12
E-Mail:
info@kraichgau-stromberg.com
www.kraichgau-stromberg.com

KARTENAUSSCHNITT

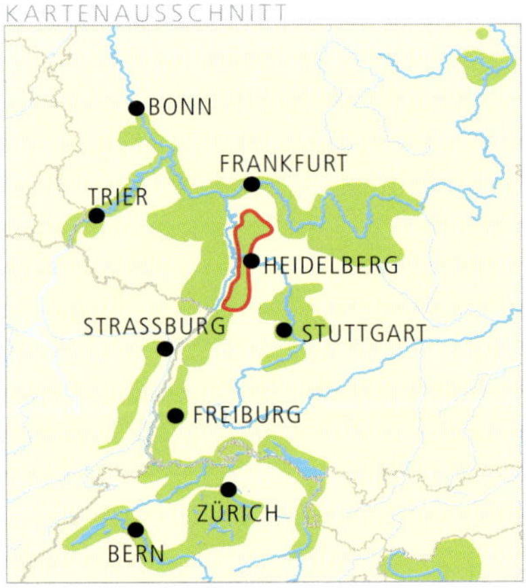

© Infographic.de

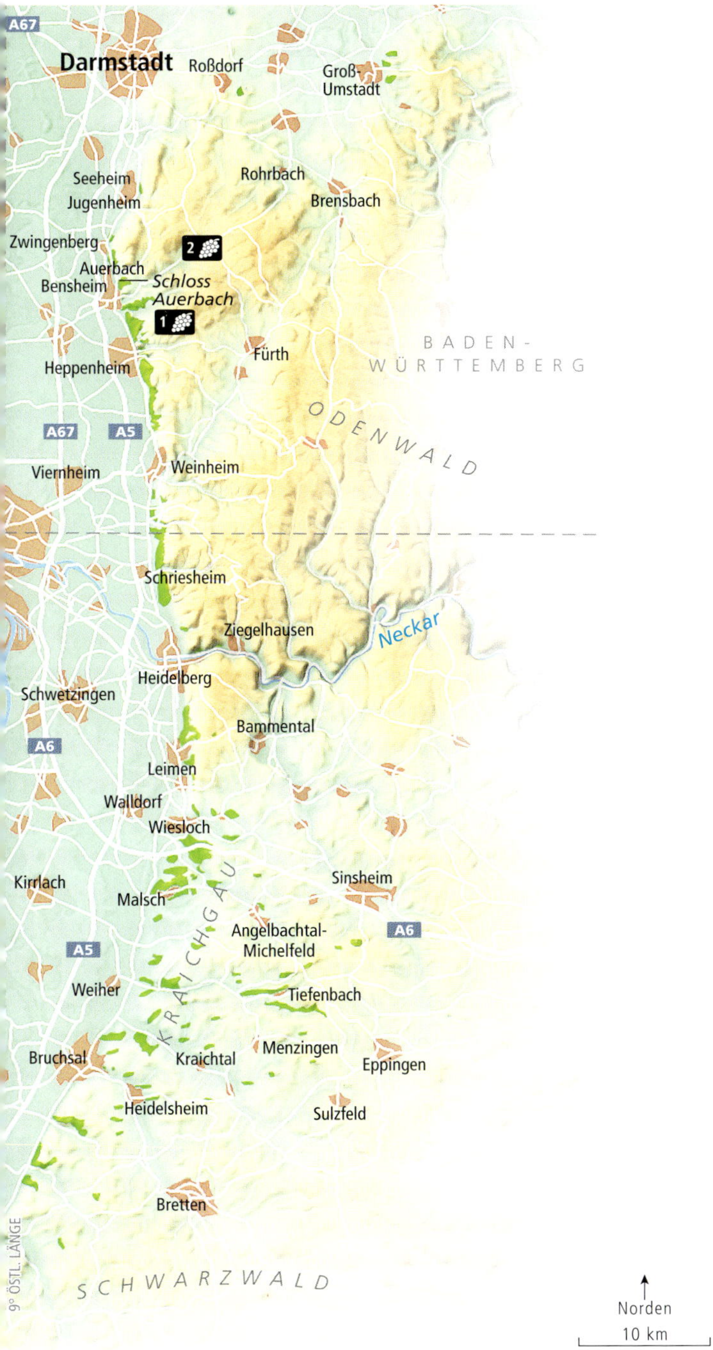

1 Schloss Auerbach
www.schloss-auerbach.de

2 Felsenmeer
www.felsenmeer.org

Denn eigentlich ist die 1971 neugeschaffene Hessische Bergstraße die Fortsetzung der nordbadischen Lagen, die sich über Heidelberg bis in den Kraichgau ziehen, das sanfte Hügelland zwischen Schwarz- und Odenwald. Politisch aber gehört die Hessische Bergstraße zu Hessen, die anerkannten Weine bekommen im Rheingau beim Weinbauamt in Eltville ihre Amtliche Prüfnummer, und das renommierte Staatsweingut in Bensheim unterhält Beziehungen zum Mutterbetrieb, ebenfalls in Eltville. Der Hintergrund ist, dass bis zum Inkrafttreten des Deutschen Weingesetzes von 1971 die Hessische Bergstraße zur Bergstraße gehörte, die wiederum zum Teil auf badischem und auf hessischem Gebiet lag. Die badischen Landesbehörden bestanden auf ihrem Teil der Bergstraße, der heute zwischen Laudenbach über Heidelberg bis nach Wiesloch verläuft, während der Rheingau nicht damit einverstanden war, die Anbaufläche anzugliedern. Also blieb nichts anderes übrig, als eine eigenständige Region zu gründen.

■ Der Kraichgau ist eine der verkanntesten Regionen überhaupt.

Claus Burmeister
Weingut Burg Ravensburg, Sulzfeld

Riesling
Weiße Rebsorte, *die* wichtigste Qualitätssorte im deutschsprachigen Raum.

Säure
Essentielle Geschmackskomponente des Weins, die für Frische, Harmonie und Haltbarkeit mitverantwortlich ist.

Angesichts der günstigen klimatischen und geologischen Bedingungen verwundert es nicht, dass Riesling an der Hessischen Bergstraße insgesamt mehr als die Hälfte des Rebenbestandes ausmacht. Er liefert Weine von mittlerem bis vollem Körper, ansprechender Saftig- und Fruchtigkeit sowie leicht pikanter Säure, wenngleich er manchmal auch recht kernig sein kann. Die stärksten Rieslinge von der Bergstraße erinnern mit ihrem anmutigen Säurespiel, ihrer Spannung und ihrer Festigkeit durchaus an klassische Rheingauer, sind vielleicht aber einen Tick milder und eine Spur fülliger. Stark im Kommen sind die Burgundersorten, weiß wie rot. Die Erträge sind naturgemäß nur selten üppig, was der Dichte der Weine zugute kommt, aber mancher Tropfen zeigt leider eher Opulenz als Eleganz. Dafür sind die einfacheren Qualitäten größtenteils zuverlässig, in säurebetonten Jahrgängen jedoch mitunter auch herzhaft und recht knackig.

Ohne die in den 1970er-Jahren an der Bergstraße vorgenommene Terrassierung wären die meisten Weinberge, die wertvolle Öko-Systeme und einen nachhaltigen Schutz vor Bodenerosion darstellen, wohl aufgegeben worden. Und noch immer gibt es rund 500 Feierabendwinzer in der Region, die größtenteils in der in puncto Qualität weiter aufstrebenden Genossenschaft der Bergsträsser Winzer in Heppenheim organisiert sind, für die es aber immer mühsamer wird, sich in den unwirtlichen Weinbergen abzurackern. Daher geben vor allem ältere Winzer viele ihrer besten Filetstücke in den Steillagen ab. Dabei profitieren die Beeren gerade hier von einer langen Reifezeit, wodurch die Aromenbildung, insbesondere durch die angereicherten Mineralstoffe, besonders subtil ist und auch der Eigengeschmack der Lage, der *goût* des Bodens, der individuelle Charakter, oft deutlich schmeckbar ist.

Bergsträßer Winzer
Darmstädter Straße 56
D-64646 Heppenheim
Tel. +49 (0)62 52/79 94 11
Fax +49 (0)62 52/79 94 51
E-Mail:
verkauf@bergstraesserwinzer.de
www.bergstraesserwinzer.de
Öffnungszeiten: Mo.–Fr. 8.30–19 Uhr, Sa. 9–16 Uhr, So. 10–15 Uhr

Im fruchtigen und edelsüßen Bereich – insbesondere bei den Eisweinen – gibt nach wie vor die Bensheimer Domaine Bergstraße der Hessischen Staatsweingüter Kloster Eberbach den Ton an, bei den trockenen Rieslingen wird sie je nach Jahrgang vom Weingut Simon-Bürkle übertrumpft, wo auch teils herausragende Trockenbeerenauslesen gekeltert und zu überaus moderaten Preisen verkauft werden. Überhaupt zählen die hervorragend gelungenen edelsüßen Rieslinge, die sich mit Deutschlands Elite messen können und sehr günstig sind, zu den Geheimtipps der Region.

Edelsüße
Gebräuchliche Bezeichnung für Süßweine, die aus edelfaulen Beeren oder gefrorenen Trauben (Eiswein) erzeugt werden.

Eiswein
Edelsüßer Wein, der aus dem hochkonzentrierten Most von Trauben gewonnen wird, die in natürlich gefrorenem Zustand gekeltert werden.

Trockenbeerenauslese (TBA)
In Deutschland und Österreich gesetzliche Bezeichnung für hochkonzentrierte edelsüße Weine, die aus rosinenartig geschrumpften Beeren erzeugt werden.

Im badischen Teil der Bergstraße hingegen ist das Weingut Seeger in Leimen der unumstrittene Platzhirsch. Die weißen und roten Burgunder von den Muschelkalk- und Buntsandsteinböden gehören zweifellos zu Deutschlands Spitze und vereinen Frucht, Substanz und Länge geradezu exemplarisch. Thomas Seeger produziert hier Weine voller Schmelz, Charakter und frischer Mineralität. Und obwohl diese Weine als »Badische Weine von der Bergstraße« firmieren, ähneln sie doch eher denen aus der nur etwa 25 Kilometer entfernten Nordpfalz, wo die Reben ebenfalls auf Muschelkalk- und Sandsteinböden wachsen, als den klassischen Badener Gewächsen.

Dem Kraichgau zwischen Rohrbach und Karlsruhe mit seinen knapp 1250 Hektar Rebfläche hingegen, wo Wein traditionell viel stärker ein Nebenprodukt der Landwirtschaft war, fehlt noch ein klares Profil. Die Böden sind hier heterogen, ebenso wie die stilistischen Auffassungen der Winzer. Die beiden Qualitätspioniere – das Weingut Reichsgraf und Marquis zu Hoensbroech in Angelbachtal-Michelfeld und vor allem das enorm erstarkte Weingut Burg Ravensburg in Sulzfeld – stehen zwar nicht mehr allein auf weiter Flur, aber dennoch fehlen Spitzenerzeuger vom Kaliber eines Weinguts Seeger. Dabei kann Riesling aus dem Kraichgau exzellent sein, ebenso wie die Burgundersorten. Auffallend in den besten Weinen ist eine kühle, filigrane Mineralität, die sich mit den typisch badischen Tugenden wie Fülle, konzentrierte Frucht und zarter Schmelz paart. Die Weine sind dabei oft moderat im Alkohol, weniger »badisch fett«, delikat und bekömmlich – und sie bestechen durch Eleganz! »Der Kraichgau ist der englische Gentleman im Nadelstreifenanzug unter den badischen Weinregionen«, beschreibt das der Geschäftsführer Claus Burmeister von Burg Ravensburg. »Er hat Tiefe, Nachhaltigkeit und Eleganz, aber eben nicht ein übertriebenes Muskelspiel.«

Weingut Burg Ravensburg
Hauptstraße 44
D-75056 Sulzfeld
Tel. +49 (0) 72 69/9 14 10
Fax +49 (0) 72 69/91 41 40
E-Mail:
weingut@burg-ravensburg.de
www.burg-ravensburg.de
Öffnungszeiten: Mo.–Fr. 9–12 und 14–17 Uhr, Sa. 10–13 Uhr und nach Vereinbarung

Das Weingut Burg Ravensburg liegt im östlichen Teil des Kraichgaus, der mit seinen typischen Gipskeuperböden schon an Württemberg erinnert, und tatsächlich unterhielten die Freiherren von Göler – das älteste Weinbau treibende Geschlecht Badens – enge Beziehungen zum Grafen Neipperg in Schwaigern. Dort und auf dem Bordelaiser Weingut Canon-la-Gaffelière lernte auch Claus Burmeister sein Handwerk und steigerte dann mit seinem engagierten Team und durch Investitionen die Qualität dieses historischen Betriebes deutlich. Zum 35 Hektar großen Gut gehören 18 Hektar arrondierte Weinberge in Monopollage rund um die malerisch gelegene Burg. Eine Flurbereinigung gab es hier nicht, und es konnten alte Weinberge überleben, die nun für exemplarische Dichte und Rasse in den Rieslingen und weißen Burgundern sorgen. Nach der Ortenau liegen in Baden die meisten Rieslingflächen im Kraichgau, und es ist tatsächlich der vor allem in der Husarenkappe wachsende Riesling, der im Kraichgau insgesamt am meisten überzeugt! Bereits der trockene Kabinett von den Gipskeuperböden mit Kalkeinlagen und rotem Mergel zeigt Charakter, Biss und konzentrierte Frucht bei nur 11,5 Volumenprozent Alkohol. Das Große Gewächs aus 50-jährigen Reben

Kabinett
Prädikat für einen – theoretisch – leichten, feinfruchtigen und spritzigen Wein, der traditionell aus eher grünen denn gelben oder gar goldenen Trauben bereitet wird. In den letzten Jahren sind viele Kabinettweine allerdings alles andere als leichtfüßig.

strotzt nur so von kühler Eleganz, Noten nach gelben Früchten, mit zartgrünen Nuancen und Mineralität. Auch hier liegt die Alkoholgradation bei vergleichsweise gemäßigten 12,5 Volumenprozent Alkohol. Diese trockenen Weine profitieren von den günstigen Klimaverhältnissen in diesem Teil des Kraichgaus: viel Sonne einerseits und wenig

Nebel andererseits. Die Beeren können bis weit in den Herbst hinein kerngesund hängen, Fäulnisbildung kommt sehr selten vor!

Setzt Ausrufezeichen im pittoresken, unterschätzten Kraichgau: Das Weingut Burg Ravensburg keltert herrlich eigenständige Weine mit filigraner, aber intensiver Frucht.

Zu ihrer inneren Harmonie haben ab 2005 auch die beiden Großen Gewächse vom Weiß- und Grauburgunder aus dem Burg Ravensburger Löchle gefunden. Die teils recht hohen Alkoholwerte früherer Jahrgänge wurden ad acta gelegt, der Holzeinsatz etwas zurückgefahren – und die Trinkfreude und Traubigkeit weiter betont. Der Weißburgunder ist früher zugänglich als der nussige, mineralische Grauburgunder von 50-jährigen Reben, der aber nach zwei, drei Jahren mehr Tiefe und einen unwiderstehlichen Schmelz aufweist. Deutlich zugelegt hat das Gut auch bei den Rotwei-

Lemberger
Robuste, ertragreiche rote Sorte, die in Österreich Blaufränkisch heißt. Elegant-fruchtige bis rassig-würzige Weine.

Pinot noir
Rote französische Rebsorte, auch (Blauer) Spätburgunder in Deutschland oder Blauburgunder in Österreich/Schweiz genannt. Wird von vielen Experten und Weinfreunden als die älteste Rotweinsorte eingestuft. Bestenfalls sind es feinduftige, reichhaltige und seidige Rotweine. Kann auch als Weißwein (Blanc de noir) gekeltert werden.

Cabernet Mitos
Neuzüchtung der Staatlichen Lehr- und Versuchsanstalt für Wein- und Obst in Weinsberg. Kreuzung aus Lemberger und Cabernet Sauvignon. Die Rotweinspezialität mit dunkelrot gefärbtem Beerensaft ist ein beliebter Cuvéepartner, der sich zur Farbintensivierung eignet.

nen. Die rote Vorzeigesorte des Gutes, die inzwischen auch im Kraichgau immer populärer wird, ist der Lemberger, der hier mit seiner Würze und Tiefe an den österreichischen Blaufränkisch erinnert. Tatsächlich wurde diese Sorte nach dem Dreißigjährigen Krieg nach Sulzfeld importiert und hat dort eine lange Tradition. Der feinsaftige Lemberger Burg Ravensburger Dicker Franz zeigt kraftvolle Waldbeerenfrucht, auch leicht pflaumige Anklänge, dazu rauchige und florale Noten, während das Große Gewächs vom Spätburgunder aus dem Löchle würzig, balsamisch und seidig schmeckt. Das sind Rotweine, die wie die Weißen nie laut oder überdreht wirken, sondern eher durch ihre versteckte Kraft und Harmonie überzeugen. Sie sind damit beste Botschafter des eher stillen, sanft hügeligen Kraichgaus, der bei näherem Hinsehen und Erkunden aber eine ganz beträchtliche Schönheit an den Tag legt! Ab 2005 steht der trockene, in der Barrique ausgebaute Corvus aus Lemberger, Spätburgunder und Cabernet Mitos an der Spitze der Roten, der überraschend viel Wärme und Großzügigkeit hat: eher im internationalen Stil ausgebaut, mit Noten von Waldbeeren, Pflaumen, Zwetschgen und Sauerkirschen, rauchig-würzig unterlegt, aber trotz der überschwänglichen Beerigkeit und der Dosis Eichenholzgeschmack kein banaler Power-Protz, sondern ein Charakter mit Kern und Schliff.

Alle vier Großen Gewächse von Burg Ravensburg und auch die straffen, beachtlichen Basisqualitäten beeindrucken durch beachtlichen Nachdruck und Willensstärke. Sie haben zwar nicht die Mächtigkeit und Popularität der Weine aus südlicher gelegenen badischen Regionen wie etwa dem Kaiserstuhl, aber mit ihrer facettenreichen mineralischen Würze, der Gradlinigkeit und lebhaften Frucht genauso etwas zu sagen: Die Sprache des Kraichgaus ist eben keine laut tönende, sondern eine mit umso feineren und leiseren Tönen.

Die andere Kraichgauer Ikone mit stattlicher Reputation, das Weingut Reichsgraf und Marquis zu Hoensbroech im mittleren Kraichgau, setzt ganz auf puristische, dezente Manier und stilvolle Trinkfreude. Auch hier ist neben der feinen, konzentrierten Frucht die typisch kühle Eleganz des Kraichgaus geradezu frappierend. Es sind harmonische, ausgewogene Weine zum Essen. Vor allem die blütenduftigen durchgegorenen Weißburgunder

Weingut Reichsgraf und Marquis zu Hoensbroech
Hermannstraße 12
D-74918 Angelbachtal-Michelfeld
Tel. +49 (0) 72 65/91 10 34
Fax +49 (0) 72 65/91 10 35
E-Mail: mail@hoensbroech.de
www.weingut-graf-hoensbroech.com
Öffnungszeiten: Mo.–Fr. 9–18 Uhr, Sa. 10–16 Uhr

von tiefgründigen Lössböden und buntem Mergel mit Tonanteil betören durch feine Fruchtnuancen, beschwingtes Spiel, zarten Schmelz und noble Kraft. Sie haben eine beinahe hinterhältige Tiefe, werden aber nicht aufdringlich, sondern bleiben dezent! Eine Spezialität des Hauses – wie des Kraichgaus insgesamt – ist der Auxerrois, der als charmante, feinwürzige Spielart der Burgundersorten durch eine dezente Säurefrische lebendig und delikat schmeckt, während Grauburgunder und Chardonnay kräftiger und nachhaltiger daherkommen, aber ebenfalls geschmeidig und sehr stimmig. Eine Besonderheit ist der feinsaftige Traminer. All diese Weine kommen aus der Monopollage, dem Michelfelder Himmelberg, der sich direkt hinter dem 1978 errichteten Kellereibau mitsamt dem schmucken Anwesen erhebt. Der Vorteil: Die Beeren können schnell mit den Kämmen abgepresst und direkt ohne Maischestandzeit verarbeitet werden, sie stehen nirgends in der Sonne und können so nicht oxidieren. Und genau dieses schonende, gekonnte Verarbeiten schmeckt man in den sehr traubigen, heiteren Weinen, die enormen Trinkspaß bereiten können.

Hinter den Weingütern Burg Ravensburg und Reichsgraf und Marquis zu Hoensbroech hat sich in den letzten Jahren enorm viel getan. Weil die meisten Betriebe früher traditionell an die hiesige Genossenschaft ablieferten, mussten sich einige der aktuell besten Betriebe ihr Image erst suchen, nachdem sie aus der Genossenschaft ausgetreten waren, und belegen, wie gut die Böden eigentlich sind.

Am westlichen Rand des Kraichgaus liegt der Weinort Malsch. Dort übernahm der Volkswirt Bernd Hummel 1984 die Rebfläche seines Schwiegervaters.

»Bis vor 25 Jahren gab es noch kein selbstvermarktendes Weingut in Malsch«, sagt Bernd Hummel, und es gab im Grunde kaum Konkurrenz. Dabei eignen sich die Muschelkalk- und Buntsandsteinböden mit der Lehmauflage für den Anbau der Burgundersorten ganz hervorragend. Neben den Weiß- und Grauburgundern und dem Chardonnay überzeugen vor allem die in der Barrique ausgebauten Spätburgunder von der klassischen Rotweinlage Rotsteig schon seit Jahren durch fast südbadische Fülle, an Kirschkompott erinnernde süße Frucht, kompakte Gerbstoffe und gut eingebundenes Holz. Bemerkenswert gelingt hier auch der für

Auxerrois
Wohl natürliche Kreuzung aus Burgunder und Weißem Heunisch. Weiche, runde, füllige Weine mit milder Säure. Verbreitet etwa in Nordbaden und an der Obermosel. Stammt vermutlich aus der französischen Grafschaft Auxerre im Gebiet des Chablis.

Pinot gris/Pinot grigio
Weiße französische Rebsorte, die im deutschsprachigen Raum, wo sie seit Jahrhunderten kultiviert wird, Grauburgunder genannt wird.

Chardonnay
Weiße französische Rebsorte, die seit über einem Jahrhundert in der Steiermark als Morillon bekannt ist und seit den späten 1980er-Jahren im übrigen deutschsprachigen Raum in Mode gekommen ist.

Traminer
Weiße Ur-Rebsorte, die ein Eltern- oder Großelternteil zahlreicher edler Rebsorten ist, wie z. B. Riesling und Spätburgunder. Typisch für die Sorte sind ein Duft von gelben Rosen und niedrige Säure.

Nachfolgende Doppelseite: Eine schier unglaublich schöne Mini-Region mitten in Deutschland: Die Hessische Bergstraße – hier bei Zwingenberg – bietet ein stufenweises Abtauchen in die Stille.

Weingut Bernd Hummel
Oberer Mühlweg 5
D-69254 Malsch
Tel. +49 (0) 72 53/2 71 48
Fax +49 (0) 72 53/2 57 99
E-Mail: info@weingut-hummel.de
www.weingut-hummel.de
Öffnungszeiten: Mo.–Fr. 17–19 Uhr, Sa. 9–13 Uhr und nach Vereinbarung

Schwarzriesling
Rote Rebsorte, die in Frankreich Pinot Meunier heißt. Einer der drei Cuvéepartner des Champagner. Mutation des Blauen Spätburgunders, der für ausgesprochen fruchtige Weine sorgt.

Weingut Klumpp
Heidelberger Straße 100
D-76646 Bruchsal
Tel. +49 (0) 72 51/1 67 19
Fax +49 (0) 72 51/1 05 23
E-Mail: info@weingut-klumpp.de
www.weingut-klumpp.de
Öffnungszeiten:
nach Vereinbarung

das Gebiet exotische Schwarzriesling. Auch das Weingut Bernd Hummel hat in den letzten Jahren weiter an Format gewonnen. Vor allem beim Rotwein ist dem Kraichgauer Betrieb Respekt zu zollen. Die Weine benötigen etwas Zeit, um mit dem eingesetzten Barrique zu einer Einheit zu gelangen, aber dann müssen sie den nationalen und auch internationalen Vergleich nicht scheuen. Die Weißweine sind gleichermaßen untadelig und runden somit das einheitlich gute Niveau dieses Betriebes ab. Sehr erfreulich sind die Sekte, appetitlich garniert mit feinen Fruchtaromen.

Aufgrund einer fehlenden, rigoros an Qualität orientierten Tradition – die Böden waren meist zu hochwertig und dienten daher mehr der Landwirtschaft – gibt es im Kraichgau eben auch wenig Einengungen und viele Möglichkeiten, sich neu zu positionieren. In diese Lücke stößt ein aufstrebender Betrieb wie das ökologisch arbeitende Weingut Klumpp in Bruchsal mit seinen intensiven und süffigen Weinen, die immer mehr Mineralität und Charakter zeigen – und nun zur Gebietsspitze zählen.

1990 hängten Marietta und Ulrich Klumpp ihre Bürojobs im Rathaus an den Nagel und wagten den Sprung in die Selbständigkeit – als Autodidakten. Mittlerweile haben die Klumpps von Nebenerwerbswinzern aufgegebene Flächen zugekauft und ihren Betrieb auf stattliche 23 Hektar erweitert. Nach einer *Tour d'Horizon* ist der Sohn und Geisenheim-Absolvent Markus mittlerweile für den Keller verantwortlich, während sich der Vater vornehmlich um die Weinberge kümmert. Das Gut steht für eine moderne Öko-Kultur und die Synthese aus zwei Generationen – ein stimmiges Konzept, das mit großer Appetitlichkeit ins Glas kommt. Auch wenn so mancher etwas vorschnell meinen mag, dass dem Gut wirklich herausragende Lagen fehlen, so widerlegen dieses Vorurteil vor allem die Premium-Weine aus den Top-Gewannen! Die ökologische Arbeitsweise (seit 1996), alte Rebstöcke, intensive Laubarbeiten, extreme Ertragsreduzierungen, eine feinfühlige Kellerarbeit und ein starkes Gemeinschaftsgefühl tun ihr Übriges. Was zählen schon historisch erworbene Meriten eines berühmten Weinbergs, wenn dieser nicht adäquat bewirtschaftet wird? Und wer entscheidet darüber, was erstklassige Lagen ausmacht? In erster Linie geht es doch um die Qualität der Weine, und die von Klumpp schmecken keinesfalls zweitklassig, sondern stoßen peu à peu in Badens Spitze vor. Das ist für diesen Teil des Kraichgaus fast schon eine kleine Revolution.

Im Mittelpunkt der Veränderungen steht hier ein klares Profil und die Konzentration auf für die Region typische Rebsorten wie Burgunder (inklusive Auxerrois), Riesling und Lemberger. Deutlich profitiert haben die Weine auch von der Umstellung des kompletten Trauben-, Maische- und Mosttransports auf Gravitation, also ohne Einsatz von Pumpen. Am intensivsten sind die Fortschritte vielleicht bei den Roten zu spüren, wo im Keller nun anders gearbeitet wird: konsequenter Saftabzug von zehn bis 25 Prozent, Vergärung nur noch in kleinen Bütten bei mehrmaligem täglichem Untertauchen der Maische von Hand, alle Rotweine reifen ab Jahrgang 2007 zudem komplett in Barriques.

Das Ergebnis dieser Maßnahmen kann sich richtig schmecken lassen! Bereits die fruchtbetonten, sehr saftigen, süffigen, trockenen Editions-Weine bieten als ideale Speisebegleiter viel Wein zum günstigen Preis, die fruchtsüße Scheurebe ist mit ihrem Rosenparfüm und der tropisch anmutenden Exotik ein Renner. Im Premium-Segment kommt nun noch individueller Lagencharakter dazu. Vom Unteröwisheimer Kirchberg mit seinen tiefgründigen, sandigen Lössböden stammen weiche, intensive und großkalibrige Weißburgunder und Chardonnay, die den üblichen Kraichgauer-Rahmen sprengen. Das sind selbstbewusste Kaliber, die keine Angst vor dem Holzfass zeigen – und die man mit dieser Machart sonst eher in badischen Prestigeregionen erwartet. Und so geht es weiter, wenngleich allenfalls der Riesling vielleicht noch ein kleines Stück zurückstehen mag. Der Lemberger vom Himmelsreich in Zeutern wächst auf Mergelboden mit Muschelkalkablagerungen und schmeckt dicht, rauchig-würzig und intensiv nach Johannisbeere. Kein Leichtgewicht, ebenso wie die konzentrierte Cuvée M aus Cabernet, St. Laurent und Spätburgunder. Vom Eichholz in Bruchsal mit seinem Buntsandsteinverwitterungsboden mit einer tonigen Lehmauflage und hohem Kalkgehalt stammt der vielleicht beste Spätburgunder SK von 35-jährigen Reben. Die Balance zwischen Reife und Säure ist hier das A und O, trotz Barriquereife machen Frucht und Mineral die Töne, und diese stimmen am Gaumen zu einem vielstimmigen Chor an.

Barrique
Kleines, meistens 225–228 Liter fassendes Eichenholzfass. Das ursprünglich für Bordeaux kreierte Fass wird heute in praktisch allen weinbautreibenden Ländern benutzt und oftmals auch gefertigt. Im Sprachgebrauch hat sich die Barrique längst strengen Definitionskriterien entzogen. Gemeint ist immer ein kleines Eichenfass.

Auch im Kraichgau sind Barriques im Kommen.

Bergstraße schmecken

RIESLING TROCKEN GRANIT
Weingut Simon-Bürkle/Zwingenberg

Von besonders steilen felsigen Abschnitten der Lagen Zwingenberger Alte Burg, Auerbacher Höllenberg und Zwingenberger Steingeröll. Dieser Lippenlecker zergeht mit köstlichen Fruchtspuren förmlich auf der Zunge. Floral-würziges Bukett, kernige, leicht pikante Säure, exotische Zitrusfrucht, mineralischer Nachhall. Genial günstig!

RIESLING KABINETT TROCKEN HEPPENHEIMER CENTGERICHT
Hessische Staatsweingüter Kloster Eberbach Domaine Bergstraße/Bensheim

Klassische Rieslingfrucht von Weinbergspfirsich und Aprikose, getragen von einem harmonischen Süß-Säure-Spiel. Die feste Säure erinnert an den Rheingau, der Löss-Lehm-Boden des Heppenheimer Centgerichts sorgt jedoch für mehr Fülle und Stoff. Eine sehr harmonische, originäre Bergstraße-Interpretation der strahlenden deutschen Kabinett-Kultur.

ANNA
Weingut Seeger/Leimen

Frühe, saftige Harmonie, erstaunliches Reifepotenzial. Typische Kirscharomatik vom Spätburgunder, frische Beerennoten und exotische Würze vom Lemberger. Portugieser sorgt für Geschmeidigkeit, dazu bestens eingebundene Kokos- und Vanillenoten von der Barrique. Seit dem Jahrgang 1989 jedes Jahr ein Showdown!

AUXERROIS SPÄTLESE TROCKEN AS
Weingut Seeger/Leimen

Primus inter pares unter den Auxerrois in der Region. Intensive Fruchtaromatik, floral, feminin, feinwürzig. Macht der Wein den biologischen Säureabbau, kommen noch zartsüßliche Noten von Karamell und Mandel hinzu. Eine Fruchtmaschine.

GRAUER BURGUNDER TROCKEN »GROSSES GEWÄCHS« BURG RAVENSBURGER LÖCHLE
Weingut Burg Ravensburg/Sulzfeld

Ein imposantes Beispiel für das Potenzial des Kraichgaus. Dieser Wein von 50-jährigen Reben ist klar und komplex und strahlt mit seinen mineralisch-nussigen Aromen etwas von der Heiterkeit der sanfthügeligen Landschaft aus. Das ist die typische kühle Eleganz aus einer völlig unterschätzten Region.

Man schmeckt förmlich die Leidenschaft für den Wein, und staunt angesichts dieser Dynamik in einem unterschätzten Landstrich. Hier entsteht ein neuer Gravitationspunkt auf der Weinlandkarte und das an einem Ort, der zuvor überregional kaum für Aufsehen sorgte. Hier ist es eben vor allem der menschliche Faktor, der den Wert der Beere immer präziser herausarbeitet und die Weinberge von Jahr zu Jahr besser versteht. Alle arbeiten an einem Strang, was noch immer leider keineswegs eine Selbstverständlichkeit ist, denn in einigen Betrieben sind Konflikte zwischen den Generationen vorprogrammiert, und eine zu hitzige Reibungswärme geht letztlich aber zu Lasten der Qualität. Anders bei Klumpp. »Die Dynamik unseres Weingutes beruht hauptsächlich auf einer optimalen Zusammenarbeit innerhalb unserer Familie«, sagt der junge Markus Klumpp. »Wir arbeiten alle auf ein gemeinsames Ziel hin: die Qualitätssteigerung. Ich beschreibe den Kraichgau gerne als Schlaraffenland mit einer hohen Konzentration an Top-Gastronomie. Und gerade diese Kombination von gutem Essen und guten Weinen aus der Region wird auch zukünftig sehr wichtig sein, um die Weinkultur im Kraichgau voranzutreiben.«

Das tut einer Region wie dem Kraichgau gut, die darunter leidet, dass der Generationswechsel oft nicht vollzogen wird, und in der es an Leitbildern fehlt, die auch überregional für Furore sorgen. Besser sieht es da an der Badischen Bergstraße aus, wo sich das Leimener Weingut Seeger mittlerweile an Deutschlands Spitze etabliert hat.

»Ich bin kein Shooting-Star«, sagt Thomas Seeger und spielt damit die leuchtturmartige Stellung seines Weinguts keineswegs herunter, sondern sieht diese als schichtweisen Aufbau über mehrere Generationen. Der Erfolg kam eben gerade nicht über Nacht. Dieses Weingut hatte auch historisch eine Sonderstellung inne und feilt bereits seit über 100 Jahren an einem stringenten, an dem klassischen Naturweingedanken orientierten Qualitätskonzept, das für durchgegorenen, im Holzfass ausgebauten Bergstraßenwein steht und das in der Region nicht immer nur auf Gegenliebe stieß.

Thomas Seegers Urgroßvater Georg Seeger legte bereits 1885 einen Gravitationskeller an, wo das Traubenmaterial nur mittels Schwerkraft schonend befördert und in Fässern auf Bimssteinlagern verarbeitet wurde. Der Weinbaupionier

Weingut Seeger
Rohrbacher Straße 101
D-69181 Leimen
Tel. +49 (0) 62 24/7 21 78
Fax +49(0) 62 24/7 21 78
E-Mail: info@seegerweingut.de
www.seegerweingut.de
Öffnungszeiten: Mo.–Fr. nach Vereinbarung, Sa. 10–14 Uhr

setzte schon damals auf die klassischen Sorten Spätburgunder und Riesling und vertrat als »Naturweintyp« das Konzept eines hochwertigen Qualitätsweinanbaus, bei dem durch selektive Lese hochwertiger Trauben und eine Reduzierung des technischen Aufwands das Terroir möglichst unverfälscht zum Ausdruck gebracht wird und die gewachsene Qualität im Keller möglichst unverändert im vergorenen Wein erhalten bleiben soll. Daran hat sich bei den Seegers bis heute nichts geändert, und so vertraut auch der Urenkel den selbstgewählten Ökostandards; Insektizide und Herbizide werden seit 25 Jahren nicht mehr eingesetzt. Der Spitzenweinberg ist der Heidelberger Herrenberg, der sich mit einer Muschelkalkformation von Leimen bis nach Rohrbach zieht und nicht flurbereinigt ist. Der Vorteil dabei: Die teilweise extreme Parzellierung bedeutet zwar arbeitstechnisch einen hohen Aufwand, aber der Pool aus Mini-Weinbergsarealen von mitunter nur 500 bis 800 Quadratmeter Größe lässt viel Raum für individuelle Lese. Seeger setzt auf eine hohe Stockdichte, etwa in der alten Gewann Spermen mit etwa 8000 bis 10 000 Stöcken pro Hektar. In den letzten Jahren kommen verstärkt burgundische Klone wie 115 oder 777 zum Einsatz, aus denen vor allem die Spätburgunder Reserven R und RR gekeltert werden. Das Ergebnis dieser sehr akzentuierten Weinbergsarbeit und des sensiblen Ausbaus im Keller – auf der Grundlage einer immensen Erfahrung mit dem Holzausbau, hinter der ein generationenübergreifendes Wissen steht – sind Weine, die mit ihrer ganz natürlichen Ausstrahlung das enorme Potenzial dieses Teils der südlichen Bergstraße zum Ausdruck bringen und doch eine ganz einzigartige Ausstrahlung haben.

Die Weiß- und Grauburgunder mit ihrem zart-gelbfruchtigen Touch sind im einfachen Qualitäts- und Kabinettbereich schieres Understatement und in ihrer Preisklasse eine echte Sensation. Als S-Variante kommt weder vorlautes Holz noch Überreife oder gar Kitsch ins Glas: Hier verleihen die Muschelkalkböden ein nachhaltiges, charaktervolles Spiel und die Saftigkeit reifer gelber Früchte. Genial schmeckt der Auxerrois als trockene Spätlese AS: floral, voller Charme und von exotischem Charakter nebst feiner Würze. Die spontanvergorenen Rieslinge – sie firmieren hier in traditioneller Manier als Weißer Riesling – zeigen exotische Fruchtigkeit und als Alte Reben S vom Heidelber-

Terroir
Französische Idee mit 1001 Definitionen. Der Ausdruck Terroir wird auch im deutschsprachigen Raum immer häufiger gebraucht, um den durch die Herkunft geprägten Charakter eines Weins zu erklären oder hervorzuheben.

Gewann
Bezeichnung für die im Mittelalter entstandene Einteilung der Weinbergsfluren. Heute: Stück zwischen zwei Weinbergwegen, das aus mehreren Parzellen bestehen kann.

Ausbau
Kontrollierte Reifung des Weins nach der alkoholischen Gärung in Fässern oder Tanks. Der Weinausbau kann ein paar Wochen, aber auch mehrere Jahre dauern.

Spätlese
deutsches/österreichisches Prädikat für Wein, der aus vollreifen Trauben gewonnen wird, kann entweder trocken oder mit natürlicher Traubensüße sind.

Klassischer Naturweintyp mit Weitblick: Thomas Seeger gibt der Badischen Bergstraße mit durchgegorenen, in Holzfässern ausgebauten Weinen ein klares Profil.

ger Herrenberg unwiderstehliches Säurespiel, das erst den Kick des großen Rieslings ausmacht.

Neu ist der würzige Top-Riesling Oberklamm, der mit seiner voll eingeeisten Traubenfrucht an die Patisserie erinnert, eine Kunst, die keine Mittelmäßigkeit zulässt. So wie Lenôtre der Patisserie eine neue Leichtigkeit verlieh, indem er etwa luftige Mousse-Zubereitungen vermehrt einarbeitete, so setzt Thomas Seeger bei diesem Wein auf eine zarte, physiologische Süße (Restsüße ist damit nicht gemeint!) und ein leicht pikantes Säurespiel, das dem Wein bei aller Konzentration eine Finesse und eine Lebendigkeit gibt, die für ein frisches i-Tüpfelchen an der Bergstraße sorgt. Angesichts dieses Geschmackserlebnisses fragt man sich unwillkürlich, ob in der Region nicht noch mehr möglich ist.

Die Rotweine schließlich bilden die Spitze des Sortiments. Ganz außergewöhnlich sind Schwarzriesling und Lemberger, die trotz enormer Beerenfrucht und Würze belebende Frische zeigen. Die Einstiegsqualitäten AnnA (vorwiegend Spätburgunder, Lemberger, etwas Schwarzriesling und Portugieser) und die kräftige, teils exzellente Naan aus Lemberger und Cabernet Sauvignon sind kompakt mit edler Frucht – und reifen selbst über sechs bis acht Jahre ausgezeichnet auf der Flasche. Bei den Spätburgundern bilden R und RR aus unterschiedlichen, aber benachbarten Parzellen des Herrenbergs die absolute Spitze – nur 2003 gab es ausnahmsweise einen RRR, weil Thomas Seeger den Wein in einigen Fässern für besonders hochkarätig hielt. Der RR ist dunkler in der Beerenfrucht, würziger, vielschichtiger und komplexer. All diesen Weinen ist jedoch ein überaus gekonnter in der Jugend durchaus intesiver schmeckender Holzeinsatz gemein, der den Traubengeschmack und die feine Säure nur untermalt und die Reife fördert. Substanz und Schmelz der feinen Burgunder erinnern frappierend an beste Badener. Vor allem profitieren diese kompakten, kraftvollen Weine von der Reife und zeigen mitunter erst nach Jahren ihr wahres Potenzial.

Cabernet Sauvignon
Rote französische Rebsorte, die seit den 1980er-Jahren auch im deutschsprachigen Raum kultiviert wird und zu den bedeutendsten Rotweinsorten weltweit zählt.

Konsequenterweise nennt Thomas Seeger auch keine bestimmten Betriebe als Vorbilder, sondern verweist auf Vater und Urgroßvater als Leitfiguren – kein Wunder in einer Region, in der es keine Tradition der selbstvermarktenden Qualitätswinzer gibt und wo die Fässer offen meist an die hiesige Genossenschaft verkauft wurden. So gesehen ist die Ausnahmestellung des Weingutes Seeger umso erstaunlicher!

Weingut Hans Winter
Weingasse 2
D-69126 Heidelberg
Tel. +49 (0) 62 21/33 67 17
Fax +49 (0) 62 21/39 52 35
E-Mail:
info@weingut-hanswinter.de
www.weingut-hanswinter.de
Öffnungszeiten: Mo.–Do. ab 17.30 Uhr, Fr. und Sa. ab 8 Uhr und nach Vereinbarung

Inspiriert vom Weingut Seeger zeigt sich das Weingut Hans Winter aus Heidelberg. Der junge Hans Christian Winter – Weinbautechniker und Küfermeister – zeigt seit 2000/2001 deutliche Ambitionen, vor allem mit Riesling von Buntsandstein- und Kalkverwitterungsböden des Heidelberger Herrenbergs, die mit ihrer Säurefrische, ihrer schlanken und doch dichten Art frappierend an stilvolle Pendants aus der quasi benachbarten Nordpfalz erinnern. Die Traubigkeit und der Biss in den besten trockenen Spätlesen

JG und vor allem V sind das Ergebnis akribischer Weinbergspflege und sensibler Kellerarbeit. Insgesamt stehen sechs Hektar unter Ertrag, wobei der Schwerpunkt auf Riesling und Spätburgunder liegt. Bei den Rotweinen sticht vor allem der Spätburgunder Barrique aus dem Herrenberg mit klarer, dunkelwürziger Kirschfrucht und zarter Brombeernote hervor: ein starker, aber seidiger Auftritt. Nordbadische Herbststimmung im Glas herrscht beim Spätburgunder S, der die Wärme der schrägen Sonnenstrahlen lebendig eingefangen hat – und der (Basis-)Spätburgunder ist würzig und saftig geschmeidig. Diese Weine sind wegen der teils extremen Parzellierung, die eine nachhaltige Bewirtschaftung deutlich erschwert, umso bemerkenswerter.

Das ist typisch für die Bergstraße insgesamt. Viele der Weinbergsflicken werden von Feierabendwinzern bewirtschaftet und von kleinen Grundstücken mit Wochenendhäusern, Hecken, Waldstücken, Arealen mit Gräsern und Kräutern oder den typischen Weinbergshäuschen, den »Haisje«, unterbrochen. Von Monokultur keine Spur! Und so konnten sich auch in dieser nicht flurbereinigten *terra incognita* einige uralte, eigentlich längst ausgestorben geglaubte Rebdinosaurier erhalten, deren Fund eine echte wissenschaftliche Sensation war! Forscher der Bundesanstalt für Züchtungsforschung an Kulturpflanzen haben 2003 rund um Heidelberg vier Weinberge mit wurzelechten Weinreben entdeckt, unter ihnen die im Mittelalter weit verbreitete Rebsorte Heunisch.

Der exponierteste und auch traditionell führende Betrieb dieses schmalen Landstriches zwischen Heppenheim und Seeheim-Jugenheim mit der Weinenklave bei Groß-Umstadt ist zweifellos die 1904 gegründete DOMAINE BERGSTRASSE, die zum Ensemble der HESSISCHEN STAATSWEINGÜTER KLOSTER EBERBACH in Eltville gehört. Die Vielzahl an gereiften fruchtigen und edelsüßen Rieslingen mit geschliffener Mineralität und fester, aber reicher Rieslingfrucht würde so manchem Rheingauer Betrieb zur Ehre gereichen! Unter der Ägide von Betriebsleiter und »Eisweinkönig« Heinrich Hillebrand entstand 1971 der erste Eiswein an der Bergstraße; seit 1977 wird diese teils formidabel gelungene Spezialität auf der Domaine ohne Unterbrechung produziert. Dies ist einer der großen Klassiker der Region, und in großen Eiswein-Jahrgängen wie 1986, 1987 und 2000

Domaine Bergstraße –
Hessische Staatsweingüter
Kloster Eberbach
Grieselstraße 34–36
D-64625 Bensheim
Tel. +49 (0) 62 51/31 07
Fax +49 (0) 61 23/92 30 90
E-Mail:
info@weingut-kloster-eberbach.de
www.weingut-kloster-eberbach.de
Öffnungszeiten: Mo.–Fr. 8–18 Uhr,
Sa. 9.30–13.30 Uhr

sind hochkonzentrierte Kreszenzen entstanden, die mit ihrem üppigen Geschmack nach getrockneten und exotischen Früchten, der rassigen Säure und dem explosiven, fruchtig-würzigen Nachhall stets zu den feinsten Exemplaren in ganz Deutschland gehören. Volker Hörr zeigte bereits in 2001 mit seiner ersten Kollektion, dass er in die Fußstapfen seines Vorgängers treten würde. Meist sind es die zartfruchtigen Riesling Spätlesen und edelsüßen Spitzen, die hier überzeugen. Das galt auch für den Jahrgang 2005. Ab Jahrgang 2006 fällt das Niveau leider etwas ab, allein der Eiswein aus dem Centgericht erinnert an bessere Zeiten.

Auslese
In Deutschland und Österreich weingesetzlich geschützte Bezeichnung bzw. Prädikat für Weine mit einem Mindestmostgewicht von 100° Oechsle bzw. 21° KMW. Ein solcher Wein ist in Österreich obligatorisch süß, während es in Deutschland auch trocken ausgebaute Auslesen gibt. Das jeweils notwendig hohe Mostgewicht wird allein mit vollreifen bzw. überreifen und edelfaulen Trauben erzielt. In der Regel werden sie ausgelesen.

Reichhaltig ist auch die Auswahl günstiger Spät- und Auslesen mit markiger, mineralischer Würze nebst Pfirsich- und Aprikosenfrucht, wobei mitunter auch exotische Früchte wie Ananas hervorstechen. Der Vorzeigeweinberg der Domaine ist die Lage Heppenheimer Centgericht, wo das Gutshaus liegt und der Betriebsleiter residiert. Sie wurde vom Land Hessen zwischen 1927–1929 angelegt – aus vielen einzelnen Parzellen, um eine geschlossene Anlage zu erhalten, die der Züchtung von so genannten Amerikanerreben diente. Diese reblausresistenten Reben waren für den europäischen Weinbau seit dem Auftreten der Reblaus unverzichtbar geworden. Bis 1970 stand im Heppenheimer Centgericht mit seinen zwei filigranen Holzpavillons der Hessische Rebmuttergarten, der dann aufgelöst und an die Hessischen Staatsweingüter überschrieben wurde. In den Südwestlagen dieses sonnenverwöhnten Fleckchens wächst vor allem die weiße Leitsorte Riesling, ein feinfruchtiger, filigraner und aromatischer Wein, der einen Tick milder in der Säure ist als sein Pendant aus dem Rheingau. Auf dem tiefgründigen, leicht erwärmbaren Lösslehmboden gelingen nicht nur hervorragende Eisweine und ebenso feinfruchtige, trockene Kabinettweine vom Riesling, sondern auch trockene Grauburgunder von mitunter exquisitem Format und dem Geschmack reifer, gelber Früchte. 2003 gelang hier auch eine exzellente Riesling-Trockenbeerenauslese, die enormen Trinkgenuss bereitet.

Rechts:
Neuanlage auf tiefgründiger Hanglage: famoser Blick von der Hessischen Bergstraße bei Zwingenberg auf die Rheinebene.

Das Centgericht gehört zum Trio der Bensheimer Spitzenlagen Heppenheimer Steinkopf und Bensheimer Kalkgasse, wobei Lagen in diesem Teil des Gebietes ansonsten kaum eine Rolle spielen. Aus dem Steinkopf mit seinem

gelben Buntsandsteinverwitterungsboden in der oberen Steillage und dem roten Buntsandstein im unteren Teil kommen die trockenen Riesling-Spätlesen, die eher gegen die Zeit anrennen und nach zwei, drei Jahren eine wunderbare Aprikosenfrucht zeigen. Die Kalkgasse ist Granitverwitterungsboden, dessen Weine klassisch ausfallen bzw. mit einem pikanten, festen, mineralischen Säurespiel. Von hier kommen auch immer wieder geniale Beerenauslesen vom Riesling, die mit saftig-generöser Art überzeugen.

Im trockenen Bereich hat die Domaine mit dem Weingut Simon-Bürkle in Zwingenberg nun jedoch einen echten Konkurrenten bekommen, der mittlerweile in dieser Gegend sogar in Führung gegangen ist. 1991 haben Kurt Simon und Wilfried Bürkle dieses Gut nach ihrem Studium an der Weinsberger Lehranstalt aus der Taufe gehoben und seitdem peu à peu auf zwölf Hektar erweitert. Nach dem Tod von Kurt Simon im Frühjahr 2003 führen seine Frau Dagmar und Wilfried Bürkle das Gut weiter. Spitzenlage ist das Zwingenberger Steingeröll, ein Granitverwitterungsboden mit einer drei bis vier Meter starken Lössschicht, wo weiche, elegante und verspielte Rieslinge wachsen wie die trockene Spätlese, die durch eine seidige Zitrusfrucht brilliert und Anklänge von vollreifen Orangen zeigt. Allerdings wurde wegen einer Flurbereinigung das Steingeröll neu bestockt. Aus der Lage Zwingenberger Alte Burg kommen etwas festere Weine – der Boden ist komplett aus Granit und hat nur eine dünne Humusschicht –, die rauer, kerniger, aber ungemein charakterstark und mineralisch sind. Ihre köstliche Fruchtigkeit erinnert an Zitrone und Limette. Granit heißt eine trockene Riesling-Cuvée aus besonders kargen Abschnitten aus dem Steingeröll, Alte Burg und dem Auerbacher Höllberg, und dieser intensiv-mineralische Wein ist angesichts seiner ganz erstaunlichen Qualität zu einem ebenso erstaunlich freundlichen Preis zu haben! Die Spitze markiert der am spätesten gelesene trockene Riesling Diorit, bei dem die reifen, gelesenen Beeren für einen intensiven Geschmack von gelber Frucht sorgen. Benannt ist der Diorit nach dem hiesigen Granodiorit, einem weißgräulichen bis gräulichen magmatischen Gestein, das dem Wein eine originelle Würze verleiht. Nach dem Motto: »frisch, fruchtig, duftig«, aber keineswegs vordergründig-gefällig, schmecken auch die halbtrockenen Rieslinge mit einer oft

Weingut Simon-Bürkle
Wiesenpromenade 13
D-64673 Zwingenberg
Tel. +49 (0) 62 51/7 64 46
Fax +49 (0) 62 51/78 86 41
E-Mail: info@simon-buerkle.de
www.simon-buerkle.de
Öffnungszeiten: Mo.–Fr. 9–12 und 15–18 Uhr, Sa. 9–13 Uhr

Prachtlage mit Granitverwitterungsböden: Zwingenberger Steingeröll.

klaren und rassigen Frucht, wo die unvergorene Traubensüße Säure und Mineralität delikat balanciert. In Ausnahmejahren wie 2003 gelingen hier auch edelsüße Rieslinge, die zur deutschsprachigen Spitze gehören können wie die komplexe, mächtige Trockenbeerenauslese Zwingenberger Steingeröll 2003. Und bei den Rotweinen kann Wilfried Bürkle ebenfalls auftrumpfen: Mit teilweise ganz erstaunlichem Cabernet Sauvignon aus dem Auerbacher Höllberg und den trockenen Spätburgundern mit Duftnoten nach roten Früchten aus der Zwingenberger Alten Burg und – bis zum Jahrgang 2005 – eben auch aus dem Zwingenberger Steingeröll. Bürkles bemerkenswertes Händchen für den wohldosierten Holzfassausbau beweist die Rotweincuvée Pan aus Spätburgunder und Cabernet Sauvignon. Hier ist gemessen am Gebietsstandard immens viel im Glas, nicht nur Frucht, Wärme und Holzwürze, sondern auch kühles Rückgrat und Charakter. Ein Bergsträßer Original mit uriger Würze, das zu der ebenso originellen wie urigen Landschaft bestens passt. Warum gibt es in dieser Region nicht noch mehr solcher Weine?

»Was der Region noch fehlt, ist ein vernünftiges Rotweinprogramm«, sagt Hanno Rothweiler aus Bensheim-Auerbach, der vielleicht interessanteste Aufsteiger an der Hessischen Bergstraße. Er spielt damit auf ein noch nicht vollständig ausgeschöpftes Potenzial der Hessischen Bergstraße an und ist dabei, sich auch mit bemerkenswerten Roten einen Namen zu machen – er hat es gewagt, Syrah zu pflanzen. Dazu experimentiert er selbstbewusst mit der Barrique, kritisiert auch mal die viel zu braven Kollegen und hat blitzsaubere Weine: vom knackfrischen Riesling-Kabinett mit aromatischer, aber harmonischer Säure über schmelzige trockene weiße Burgunder bis zum dichten, dunklen Roten, der feinen Gerbstoff und feste Frucht besitzt. 1994 wagte er mit dem Weingut Rothweiler den Schritt in die Selbständigkeit, und seine vier Hektar Weinberge erstrecken sich vorwiegend in Steillagen wie dem Auerbacher Fürstenlager – einem Konglomerat aus sandigem Lehm, schweren Löss-Lehm- und tiefgründigen Verwitterungsböden –, die von anderen Winzern aufgegeben wurden. Die Weine von Rothweiler zeigen ebenso viel Herz und Kraft wie der erfrischend selbstbewusste und innovative Winzer. Bereits der Liter-Riesling ist saftig und ansprechend, der trockene Kabinett

Syrah
Hochwertige rote Rebsorte aus dem französischen Rhônetal, die jetzt in vielen Ländern angebaut wird. In Deutschland befindet sich der Anbau noch in der Experimentierphase. Die Frostempfindlichkeit der Sorte könnte hier ein grundlegendes Problem sein.

Weingut Rothweiler
Ludwigstraße 55
D-64625 Bensheim
Tel. +49 (0) 62 51/7 65 69
Fax +49 (0) 62 51/78 83 85
E-Mail: mail@weingut-rothweiler.de
www.weingut-rothweiler.de
Öffnungszeiten: Mo.–Fr. 17–19 Uhr, Sa. 10–13 Uhr und nach Vereinbarung

Säureabbau
Malolaktische Gärung auch Biologischer Säureabbau oder Milchsäuregärung genannt: Zweite Gärung, die bei Rotweinen erforderlich und bei manchen Weißweinen erwünscht ist. Dabei wird die »unreife« Apfelsäure nach der alkoholischen Gärung von Bakterien in die mildere Milchsäure umgewandelt.

Portugieser
Der (Blaue) Portugieser ist eine alte, rote Rebsorte, die vor allem in Deutschland und Österreich verbreitet ist. An der Bergstraße und in Baden ist sie eher eine Spezialität als eine Hauptsorte.

Die führenden Erzeuger haben deutlich investiert, um klare, saubere, sortentypische Weine von Bergstraße und Kraichgau zu keltern.

aus dem Fürstenlager ein Renner: Er besitzt eine Riesenfrucht von Zitrus und Pfirsich, ist trotzdem nicht wuchtig, sondern bekömmlich und filigran. Deutlich wuchtiger schmeckt der trockene Grauburgunder, von dem rund zehn Prozent in der Barrique vergoren sind. Gepuffert wird das Holz aber durch eine saftige Säurefrische, die nicht durch den oft üblichen biologischen Säureabbau gemildert wird. Fest, geschmeidig und dicht gelingen die erstaunlichen Roten aus Sankt Laurent: mal geprägt von einer »Mordsfrucht« von den sandigen Lehmböden des Alsbacher Schöntal, dann wiederum voller Kraft aus dem Auerbacher Fürstenlager. Eine Spezialität ist der trockene Dakapo, eine Rebsortenkreuzung aus Deckrot und Portugieser: ein skurriler, etwas frankophiler, aber durchaus origineller Wein!

Mit ihrem Engagement in teils unwirtlichen Steillagen setzen Winzer wie Rothweiler, die hier gleichsam als Kulturverwalter und Landschaftsgärtner firmieren, ein deutliches Zeichen für die Zukunft. Indes überzeugen trotz eines gewissen Rotweinbooms im gesamten Gebiet vor allem die Weißweine. Und obwohl sich hier gerade im Basissegment in den letzten Jahren unglaublich viel getan hat, mangelt es in der Spitze des Sortiments insgesamt etwas an Dichte, Charakter und mineralischer Ausdruckskraft; noch niedrigere Erträge, längere Traubenreife, Holzfassausbau und das ausgedehnte Feinhefelager würden hier zu noch überzeugenderen Interpretationen der teils hervorragenden Lagen führen.

Im Kern bleibt jedoch für den gesamten Raum Bergstraße ein überregionales Imageproblem, und auch der Kraichgau hat nach seiner Abnabelung von der Bergstraße noch kein nachhaltiges Image gewonnen. An den natürlichen Voraussetzungen in einer klimatisch interessanten Übergangszone jedenfalls kann es nicht liegen: Es fehlt vielmehr an Flaggschiffen wie dem Weingut Seeger, die von der Spitze her das Profil schärfen. Dieser Betrieb zeigt eindrücklich, was in der schier unglaublich schönen Region mit den noch immer eher unbekannten Hängen und Hügeln zwischen Darmstadt, Mannheim, Heidelberg und Karlsruhe in puncto Qualität alles möglich ist. Nicht umsonst liegt das Gut quasi an der Schnittstelle zwischen dem Kraichgau und dem badischen Teil der Bergstraße und damit im imaginären Zentrum eines einst zusammenhängenden Gebietes!

Hessische Bergstraße/Badische Bergstraße/Kraichgau in Zahlen

Rebsorte	**1982**	**2006**	**Trend**
Gesamtrebfläche	2543 ha	2066 ha	⇩
Weiße Rebsorten insgesamt	89,74 % = 2282 ha	65,78 % = 1359 ha	⇩⇩
Riesling	25,05 % = 637 ha	26,04 % = 538 ha	⬀
Müller-Thurgau	37,8 % = 961 ha	15,78 % = 326 ha	⇩⇩
Grauer Burgunder (Ruländer)	11,56 % = 294 ha	9,29 % = 192 ha	⇩
Silvaner	5,07 % = 129 ha	1,89 % = 39 ha	⇩⇩
Weißer Burgunder	5,11 % = 130 ha	8,42 % = 174 ha	⇧
Auxerrois	1,73 % = 44 ha	1,4 % = 29 ha	⬂
Gewürztraminer	0,28 % = 7 ha	0,53 % = 11 ha	⇧
Sonstige	3,25 % = 80 ha	2,42 % = 50 ha	⇩
Rote Rebsorten insgesamt	10,26 % = 261 ha	34,22 % = 707 ha	⇧⇧
Trollinger	0,2 % = 5 ha	0,97 % = 20 ha	⇧
Blauer Spätburgunder	3,46 % = 88 ha	18,49 % = 382 ha	⇧⇧
Portugieser	1,81 % = 46 ha	1,74 % = 36 ha	⬂
Lemberger	0,39 % = 10 ha	2,37 % = 49 ha	⇧⇧
Schwarzriesling	1,93 % = 49 ha	4,79 % = 99 ha	⇧⇧
Sonstige	2,48 % = 63 ha	5,86 % = 121 ha	⇧⇧

Quellen: Badischer Weinbauverband e.V.; Staatliches Weinbauinstitut Freiburg; Regierungspräsidium Darmstadt, Dezernat Weinbauamt Eltville;
Deutschlands Weinbauorte und Weinbergslagen, von Fritz Goldschmidt. Mainz, Verlag der Deutschen Wein-Zeitung 1910

Die Hessische Bergstraße wurde erst 1971 gebildet und so von dem badischen Pendant abgegrenzt. Leider waren für die Bergstraße und den Kraichgau keine Zahlen für die Zeit um 1900 zu bekommen. Fritz Goldschmidt verweist in seinem Buch »Deutschlands Weinbauorte und Weinbergslagen« von 1910 bei den badischen Gewächsen von der Bergstraße auf vorzüglichen Rotwein, der in Lützelsachsen wächst. Die meisten Weißweine (Gutedel und Sylvaner) erzeugen Weinheim, Handschuhsheim und Rohrbach. Die Gegend um Heidelberg zählt Fritz Goldschmidt zu Mittelbaden, das von Heidelberg bis nach Rastatt reicht. Dort werden vor allem Konsumweine gekeltert, die in der Gegend selbst getrunken werden und für den Verfasser eher zu den kleineren und mittleren Gewächsen zählen.

WEITERE EMPFOHLENE WEINGÜTER

Weingut Brücke-Ohl
Georg-August-Zinn-Straße 23
D-64823 Groß-Umstadt
Tel. +49 (0) 60 78/22 86
www.weingut-bruecke-ohl.de
Öffnungszeiten Weinladen: Di.–Fr. 16–18.30 Uhr, Sa. 10-14 Uhr und nach Vereinbarung

Weingut Volker Dingeldey
Hintergasse 28
D-64625 Gronau
Tel./Fax +49 (0)62 51/3 98 16
E-Mail: weingutvolkerdingeldey@t-online.de
Öffnungszeiten: nach Vereinbarung
Volker Dingeldey, tagsüber Kellermeister im Weingut der Stadt Bensheim, erzeugt in seinem eigenen Betrieb ansprechende Weine, vor allem die Rotweine sind zu empfehlen.

Weingut Edling
Kirchgasse 9
D-64380 Roßdorf
Tel. +49 (0)61 54/84 02
Fax +49 (0)61 54/80 36 85
E-Mail: info@weingut-edling.de
Öffnungszeiten: Weinverkauf Di. und Fr. 15–18 Uhr, Sa. 9–13 Uhr und nach Vereinbarung; Weinstube Di., Mi., Fr. ab 19 Uhr, Sa. und So. ab 17 Uhr, Mo. und Do. Ruhetag
Im ehemaligen Vulkangebiet betreiben die Edlings Weinbau in der 2,5 Hektar großen Monopollage Roßberg. Rotweine, die auf 35 Prozent der Rebflächen entstehen, sind Werner Edlings Passion. Dafür ist der an Schokolade erinnernde 2006er Cabernet Sauvignon ein schönes Beispiel. Die Weißweine sind durch die Bank vollmundig und duftig. Der saftige Muskateller überzeugt ebenso wie der Silvaner.

Weingut Thomas Hagenbucher
Friedrichstraße 26
D-75056 Sulzfeld
Tel. +49 (0)72 69/91 11 20
Fax +49 (0)72 69/91 11 22
E-Mail:
info@weingut-hagenbucher.de
www.weingut-hagenbucher.de
Öffnungszeiten: Mo.–Fr. 14–18 Uhr, Sa. 10.30–16 Uhr und nach Vereinbarung

Weingut Adam Müller
Adam-Müller-Straße 1
D-69181 Leimen
Tel. +49 (0)62 24/9 71 00
Fax +49 (0)62 24/97 10 47
E-Mail: verkauf@weingut-adam-mueller.de
www.weingut-adam-mueller.de
Öffnungszeiten: Mo.–Fr. 8–18 Uhr, Sa. 9–13 Uhr und nach Vereinbarung

Weingut Seitz
Weidgasse 8
D-64625 Bensheim
Tel. +49 (0)62 51/7 58 25
E-Mail: weingut.seitz@t-online.de
www.weingut-seitz.de
Öffnungszeiten: nach Vereinbarung

Weingut der Stadt Bensheim
Darmstädter Straße 6
64625 Bensheim
Tel. + 49 (0)62 51/58 00 17
Fax +49 (0)62 51/6 49 70
E-Mail: mail@weingut-der-stadt-bensheim.de
www.weingut-der-stadt-bensheim.de
Öffnungszeiten: Mo.–Fr. 8–12 und 13–16.30 Uhr, Sa. 10–12 Uhr

HOTELS UND RESTAURANTS

ANGELBACHTAL-MICHELFELD

Lachers Restaurant
Schlosshotel Michelfeld
D-74918 Angelbachtal-Michelfeld
Friedrichstraße 2
Tel. +49 (0)72 65/91 99 00
Fax +49 (0)72 65/2 79
E-Mail:
info@schlosshotelmichelfeld.de
www.schlosshotelmichelfeld.de
Öffnungszeiten: Di.-So. 11.30–14 und 17.30–22 Uhr, Mo. Ruhetag
Die Küche ist mit Regionalem und Internationalem fein ausgewogen. Ein Leckerbissen!
Preiskategorie: €€

BENSHEIM

Alleehotel Europa
Europa Allee 45
D-64625 Bensheim
Tel. +49 (0)62 51/10 50
Fax +49 (0)62 51/10 51 00
E-Mail: alleehotel@alleehotel.de
www.alleehotel.de
Ein Tagungshotel punktet mit regionalen Weinen!
Preiskategorie: €€

Weinhaus Blauer Aff
Kappengasse 2
D-64625 Bensheim
Tel. +49 (0)62 51/7 29 58
Fax +49 (0)62 51/7 77 11
E-Mail: Blauer-Aff@t-online.de
www.blauer-aff.de
Öffnungszeiten: täglich ab 17 Uhr
Uriges Ambiente, mit starker regionaler Weinkarte!
Preiskategorie: €

Weinhaus Hahnmühle
Friedhofstraße 92
D-64625 Bensheim
Tel. +49 (0)62 51/27 48
E-Mail: info@hahnmuehle.de
www.hahnmuehle.de
Öffnungszeiten: täglich ab 17 Uhr, Mo. Ruhetag
Junges, engagiertes Team, das fast ausschließlich auf Weine von der Hessischen Bergstraße setzt.
Preiskategorie: €

Poststuben Hotel und Restaurant
Schlossstraße 28–30
D-64625 Bensheim-Auerbach
Tel. +49 (0)62 51/7 29 87
oder 5 96 20
Fax +49 (0)62 51/7 47 43
E-Mail: info@poststuben.de
www.poststuben.de
Öffnungszeiten Restaurant: Di.–Sa. 11.30–14 und 17.30–22 Uhr, So. 11.30–14 Uhr
Ein sympathischer Familienbetrieb, mit exzellenter Küche und hervorragenden Weinen.
Preiskategorie: €€

Walderdorffer Hof
Obergasse 30
D-64625 Bensheim
Tel. +49 (0)62 51/6 30 50
Fax +49 (0)62 51/6 30 53
E-Mail: info@walderdorfferhof.com
www.walderdorfferhof.com
Originell, urige Weinstube und Restaurant im ältesten Fachwerkhaus Südhessens. Großes Angebot regionaler Weine.
Preiskategorie: €€

BUCHEN-HOLLERBACH

Gasthaus Zum Engel
Holunderstraße 7
D-74722 Buchen-Hollerbach
Tel. +49 (0)62 81/89 46
E-Mail: engelhollerbach@freenet.de
www.engel-hollerbach.de
Öffnungszeiten: Mo., Do., Fr., Sa 18–24 Uhr, So. und feiertags 12–14 und 18–23 Uhr, Di. und Mi. Ruhetag
Geheimtipp abseits der Metropolen mit regionalen Köstlichkeiten und Spezialitäten wie Grünkernstrudel mit Garnelen und weißer Trüffelsauce.
Preiskategorie: €€

HEIDELBERG

Europäischer Hof
Friedrich-Ebert-Anlage 1
D-69117 Heidelberg
Tel. +49 (0)62 21/51 50
Fax +49 (0)62 21/51 55 06
E-Mail: reservations@europaei
scherhof.com
www.europaeischerhof.com
Großer internationaler Luxus, das schönste Hotel Heidelbergs!
Preiskategorie: €€€

Die Hirschgasse Hotel mit Restaurant
Hirschgasse 3
D-69120 Heidelberg
Tel. +49 (0)62 21/45 40
Fax +49 (0)62 21/45 41 11
E-Mail: info@hirschgasse.de
www.hirschgasse.de
Öffnungszeiten Restaurant: Mo.–Sa. ab 18 Uhr, So. Ruhetag
Stilvolles Feinschmecker-Restaurant. Ein Erlebnis!
Preiskategorie: €€

Schwarz das Restaurant
Kurfürsten-Anlage 60
D-69115 Heidelberg
Tel. +49 (0)62 21/75 70 30
Fax +49 (0)62 21/7 57 03 24
E-Mail:
info@schwarzdasrestaurant.com
www.schwarzdasrestaurant.com
Öffnungszeiten: Di.–Sa. ab 18 Uhr, Mo. und So. Ruhetag
Nobles Ambiente, kreative Küche und eine Weinkarte par excellence!
Preiskategorie: €€€

HEILIGKREUZSTEINACH

Goldener Pflug
D-69253 Heiligkreuzsteinach
Ortsteil Eiterbach
Ortsstraße 40
Tel. +49 (0)62 20/85 09
Fax +49 (0)62 20/74 80
E-Mail:
webmaster@goldener-pflug.de
www.goldener-pflug.de
Öffnungszeiten: Mi.–So. ab 18 Uhr, Sa. und So. ab 12 Uhr, Mo. und Di. Ruhetag
Kulinarisches Kleinod, ein idyllischer Landgasthof, der zu den besten Restaurants in Deutschland zählt.
Preiskategorie: €€

HEPPENHEIM

Goldener Engel Hotel-Restaurant
Großer Markt 2
D-64646 Heppenheim
Tel. +49 (0)62 52/25 63
Fax +49 (0)62 52/40 71
E-Mail: info@goldener-engel-heppenheim.de
www.goldener-engel-heppenheim.de
Öffnungszeiten: Mo.–Sa. 11.30–14 und 17–22 Uhr, November bis März So. und Mo. Ruhetag
Ein gemütliches Restaurant inmitten einer wunderschönen Altstadt. Atmosphäre zum Wohlfühlen!
Preiskategorie: €€

HÖCHST

Zur Krone
Rondellstraße 20
D-64739 Höchst
Tel. +49 (0)61 63/93 10 00
Fax +49 (0)61 63/8 15 72
E-Mail: info@krone-hetschbach.de
www.krone-hetschbach.de
Ausgezeichnete Gourmetküche!
Öffnungszeiten: täglich von 12–18 Uhr, Mo. und Do. Ruhetag
Preiskategorie: €€€

LEIMEN

Badische Weinstube Jägerlust
Rohrbacher Straße 101
D-69181 Leimen
Tel. +49 (0)62 24/7 21 78
Fax +49 (0)62 24/7 83 63
E-Mail: info@seegerweingut.de
www.seegerweingut.de
Öffnungszeiten: Mo.–Fr. nach Vereinbarung, Sa. 10–14 Uhr
Super-Adresse mit den renommierten Weinen von Thomas Seeger!
Preiskategorie: €€

Gasthof Zum Schwanen
Hauptstraße 38
D-69181 Leimen
Tel. +49 (0)62 26/78 54 03
Fax +49 (0)62 26/78 73 48
E-Mail:
epost@schwanen-gauangelloch.de
www.schwanen-gauangelloch.de
Öffnungszeiten: Mi.–Sa. ab 18.30 Uhr
Ein Gasthof mit ursprünglichem Charakter, der herzlichen Service und eine umfangreiche Weinauswahl mit regionalen Schwerpunkten bietet.
Preiskategorie: €

NECKARBISCHOFSHEIM

Schlosshotel Neckarbischofsheim
Schlossstraße 1
D-74924 Neckarbischofsheim
Tel. +49 (0)72 63/4 08 00
Fax +49 (0)72 63/40 80 22
E-Mail:
info@schlosshotelneckarbischofsheim.de
www.schlosshotelneckarbischofsheim.de
Öffnungszeiten: Di.–So. 11.30–14 und 18–22 Uhr, Mo. Ruhetag
Tolles Ambiente, mit hervorragender Küche!
Preiskategorie: €€

PFUNGSTADT

Restaurant Eva
Borngasse 16
D-64319 Pfungstadt
Tel. +49 (0)61 57/8 54 40
Fax +49 (0)61 57/6 98 89
www.restauranteva.de
Öffnungszeiten: Di.–Fr. 12–14 und 18–22 Uhr, Sa. 18–22 Uhr, So. und Mo. Ruhetag
Kleines, sehr gemütliches Restaurant, mit mediterran/deutscher Küche. Hier stimmt das Preis-Leistung-Verhältnis.
Preiskategorie: €

RAUENBERG

Martins Gute Stube
Ringhotel Winzerhof
Bahnhofstraße 4–8
D-69231 Rauenberg
Tel. +49 (0)62 22/95 20
Fax +49 (0)62 22/95 23 50
E-Mail: winzerhof@ringhotels.de
www.winzerhof.net
Öffnungszeiten:
Di.–Sa. ab 18.30 Uhr
Viel Platz für Gemütlichkeit, mit einem der größten kulinarischen Angebote im Kraichgau.
Preiskategorie: €€

SCHRIESHEIM

Strahlenberger Hof
Kirchstraße 2
D-69198 Schriesheim
Tel. +49 (0)62 03/6 30 76
Fax +49 (0)62 03/6 85 90
www.strahlenbergerhof.de
Öffnungszeiten: täglich ab 18 Uhr, Mo. und So. Ruhetag,
Eine der besten Bergsträßer Genuss-Adressen! Verzaubert vor allem durch die liebevolle Weinberatung.
Preiskategorie: €€

WEINHEIM

Hutter im Schloss
Obertorstraße 9
D-69469 Weinheim
Tel. +49 (0)62 01/9 95 50
Fax +49 (0)62 01/99 55 24
E-Mail: info@hutter-im-schloss.de
www.hutter-im-schloss.de
Öffnungszeiten: täglich ab 11 Uhr und nach Vereinbarung
Preiskategorie: €€€

ZWINGENBERG

Restaurant und Weinbistro Bunter Löwe
Löwenplatz 6
D-64673 Zwingenberg
Tel. +49 (0)62 51/7 55 16
Fax +49 (0)62 51/70 39 87
E-Mail: info@bunterloewe.de
www.bunterloewe.de
Öffnungszeiten: Mo.–Fr. 17.30–23 Uhr, Sa., So und feiertags 11–23 Uhr
Originelle Adresse mit modernem Interieur, leckere Küche, dazu die facettenreichen Weine von Simon-Bürkle.
Preiskategorie: €€

Café Piano
Obertor 6
D-64673 Zwingenberg
Tel. +49 (0)62 51/93 99 44
www.cafe-piano.de
Öffnungszeiten: Mo.–Fr. ab 17 Uhr, So. und feiertags ab 12 Uhr, Sa. Ruhetag
Frische, regionale Küche, italienische Kaffeespezialitäten und Hausgebackenes laden zur Entdeckungsreise durch Zwingenberg ein.
Preiskategorie: €

ORTENAU

Die goldige Weinlandschaft

Von Manfred Lüer

Ja, es gibt sie, Deutschlands blühende Landschaften. In der Ortenau trifft in der Vorbergzone des Mittleren Schwarzwaldes ein Wein- auf ein Naturparadies – mit einer der besten Küchen Deutschlands. Obst und Blumen in Hülle und Fülle, sanft geschwungene Weinbergskämme fast überall, idyllische schmale Täler und steile Hänge. Im Schutze des Mittleren Schwarzwalds schmiegen sich die Reben an die Westflanken der imposanten Höhen und profitieren von den nächtlichen, kühlen Luftzügen. Unten, auf der Sonnenbank des Rheintals, strömt die mediterrane Warmluft durch die Burgundische Pforte in diesen idyllischen Landstrich und bringt als Gastgeschenk gut temperierte Feuchtigkeit mit.

Und über all den lieblichen Tälern – Weinbau wird vor allem in den Seitentälern des Rheins, im Bühlertal, Achertal, Renchtal oder Durbachtal betrieben – thront die 1164 Meter hohe Hornisgrinde als höchste Erhebung. Im Schutz der Wälder weiter talwärts bedecken Rebzeilen die Hänge und werden nur unterbrochen durch schmucke Winzerdörfer, pittoreske Luft- und Kneipp-Kurorte mit herausgeputzten Fachwerkhäusern. Es duftet nach frisch geschnittenem Gras, Streuobstwiesen und ein Stockwerk höher nach Tannen, Fichten und Harz. Edle Rieslinge (Klingelberger), Burgunder und Traminer (Clevner) treffen hier auf Bollenhüte, Kirschwasser und Schwarzwälder Schinken. Gefährlich nah am Klischee zwar – aber stets genussreich. »Lieber a Bäuchle vom Esse als a Buckel vom Schaffe«, lautet ein altes badisches Sprichwort in der Schlemmerbastion Ortenau zwischen Baden-Baden bis Gengenbach bzw. Niederschopfheim, in der auch der Weinbau eine hohe Intensität hat. Brachflächen gibt es so gut wie keine, kaum vernachlässigte Weinberge.

Dies ist vor allem dem besonderen Engagement der renommierten Genossenschaften zu verdanken, die als Spätfolge des napoleonischen Erbrechts entstanden sind: Durch die Realteilung schrumpften die Besitze der Winzerfamilien

Links:
Quasi der Hausberg für Andreas Laible: Durbacher Plauelrain.

ORTENAU

WEINPARADIES ORTENAU E.V.
Frankenweg 13
D-77767 Appenweier
Tel: +49 (0)78 05/9 16 70 51
Fax +49 (0)78 05/91 52 61
E-Mail: info@weinparadies-ortenau.de
www.weinparadies-ortenau.de

SCHWARZWALD TOURISMUS
Ludwigstraße 23
D-79104 Freiburg
Tel.: +49 (0)7 61/89 64 60
Fax +49 (0)7 61/8 96 46 70
E-Mail: mail@schwarzwald-tourismus.info
www.schwarzwald-tourismus.info

KARTENAUSSCHNITT

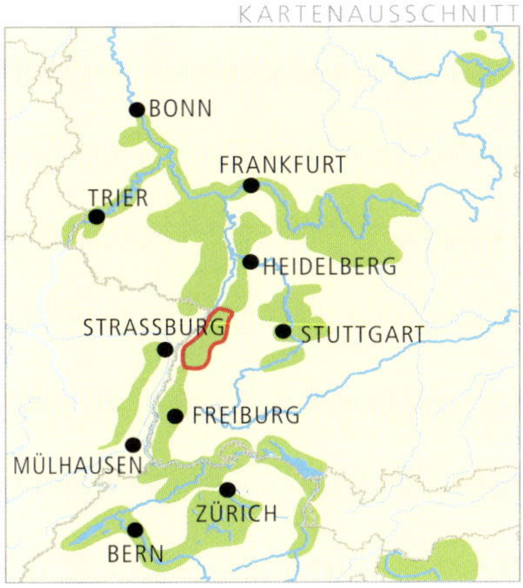

zumeist auf wenige Hektar, die sich kaum noch profitabel in Eigenregie bewirtschaften und vermarkten ließen. Aktuell findet im Gegenzug zur Kleinparzellierung ein Konzentrationsprozess statt, und es entstehen immer mehr eigenständige, spannende Betriebe, die weniger auf typisch badische Wucht, Wärme und vordergründige Fruchtintensität setzen, sondern auf die Liaison von Schlankheit und Kraft. Denn hier im nördlichen Baden geben die typischen lockeren, steinigen Böden mit Granit, Gneis und Porphyr den Weinen bei aller Duftigkeit auch eine unverkennbar mineralische, filigrane Art und rassige Note mit. Die gilt es mit dem richtigen Schwung herauszuarbeiten!

»Von der Sonne verwöhnt«, heißt der badische Werbeslogan, und man möchte angesichts vieler wuchtiger Ortenauer Weine lieber sagen: »Vom Alkohol verwöhnt.« Auf der Strecke bleibt oft gerade jene fast frivole Heiterkeit und betörende Schönheit dieses Landstriches. Zudem erwecken intensive, mitunter gar kitschige Frucht und auffällige Restsüße den Eindruck, als mache man zu starke Zugeständnisse an einen populären, eher international geprägten, austauschbaren und gefälligen Publikumsgeschmack.

Restsüße
Nach abgeschlossener Gärung in dem Wein enthaltene Traubensüße.

■ Die Selektion kann nur aus dem Weinberg kommen und nicht aus dem Keller!

Andreas Laible, Weingut Laible, Durbach

Darüber verliert die offizielle Ortenau, diese »Miss-Deutschland-Weinregion in spe«, natürlich kein Wort und verbalisiert dafür Zauber, Idylle, Sonne, Schwarzwald und selbstverständlich auch die vielen großartigen Burgunder, Rieslinge und Bukettsorten. Doch dahinter, darunter oder daneben gibt es noch eine andere inoffizielle Version, die einem jedoch nur hinter vorgehaltener Hand erzählt wird. Eine wesentliche Ursache für den gefälligen, früh zugänglichen, aber dafür wenig nachhaltigen Weinstil läge demnach in dem in der Region besonders ausgeprägten, unermüdlichen Ringen und Wetteifern um Medaillen, Preise und Auszeichnungen – wehe, der Mitbewerber bekommt mehr der Ehre als man selbst! Angeblich ist der Medaillendruck in der Region so ausgeprägt, dass viele Weine im Kel-

Bukettsorten/Aromasorten
Rebsorten, die besonders blumige bis würzige Aromen hervorbringen, etwa Gewürztraminer, Muskateller, Scheurebe u.a. Oft wird vermutet diese Weine müssen süß und/oder schwer sein, aber das trifft nicht zu.

ler schon früh darauf hingetrimmt, geschönt, gestresst und sehr zeitig abgefüllt werden, um im Jahr nach der Ernte in erstaunlicher Frühform zu sein. Allzu oft gehen Frische, Charakter und Eleganz dadurch verloren.

Zum Glück aber bestätigen die Ausnahmen die Regel! Das Weingut Schloss Neuweier in Baden-Baden etwa ist eine richtige Rieslingbastion mit langlebiger Substanz ohne Bombast-Schwere und Wucht-Turbo-Alkohol, deren funkelnde Facetten sich aus der vielschichtigen Mineralität der Neuweierer Lagen Schlossberg und Mauerberg ergeben.

Weingut Schloss Neuweier
Mauerbergstraße 21
D-76534 Baden-Baden-Neuweier
Tel. +49 (0) 72 23/9 66 70
Fax +49 (0) 72 23/6 08 64
E-Mail: kontakt@weingut-schloss-neuweier.de
www.weingut-schloss-neuweier.de
Öffnungszeiten: Mo.–Fr. 9–12 und 13–17 Uhr, Sa. 9–13 Uhr

1992 erwarb die Frankfurter Unternehmerin Gisela Joos mit ihrem Mann das heruntergekommene Schloss im gleichnamigen Ortsteil von Baden-Baden und scheute weder Kosten noch Mühen. So wurde eine jahrzehntelang brachliegende Steillage im anliegenden Neuweier Mauerberg, das Goldene Loch, durch aufwendige Querterrassierung wieder nutzbar gemacht. Mittlerweile wurde die über hundertjährige Gewannenbezeichnung »Goldenes Loch« als Einzellage eingetragen. Das traditionsreiche Gut glänzt nun wieder in alter Pracht, die Weine – allen voran die Rieslinge aus dem traditionellen Bocksbeutel, die hier vorwiegend trocken ausgebaut werden – sind herrlich klar, reif, leicht exotisch in der Frucht und von fester mineralischer Eleganz.

Herrlich erfrischend ist die gepflegte trockene Kabinettkultur des Hauses, das vom langjährigen Kellermeister Alexander Spinner und dem Verwalter Jürgen Güntert auf Erfolgskurs gehalten wird. Der trockene Riesling Kabinett vom Schlossberg springt durch seine Vitalität förmlich aus dem Glas, während der Stoff des Pendants Alte Reben aus dem Mauerberg noch feiner und dichter gewoben ist – man wird vom natürlichen Parfum dieses Weins zugleich bezaubert und erfrischt. Bemerkenswert ist auch der moderate Alkoholgehalt dieser Weine, der oft nur bei um die zwölf Volumenprozent liegt. Das ist für badische Verhältnisse fast schon ketzerisch schlank, doch gerade der Zug dieser Weine löst spontan Trinkreflexe aus, die auch nach dem ersten Glas nicht aufhören. Dann folgt als trockene Spätlese der Riesling Alte Reben aus dem Schlossberg, der wie ein sturer Einzelkämpfer unbeirrt seinen Weg geht. Dieser Wein ist mit seiner Säurefrische und den Fruchtzitaten so geradeaus und

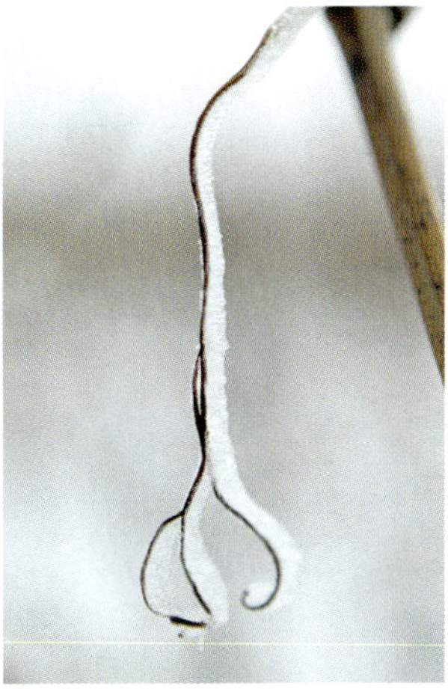

Sonne ist längst nicht alles: Die besten Ortenauer Weine zeigen elegante Säure und mineralische Kühle.

voller Dampf, dass man sich auf der Reise gerne mitreißen lässt! Das ist ein ganz entschiedener Kontrapunkt zu den teilweise in der Säure windelweich geglättet wirkenden Weinen in der Ortenau.

Noch mehr Fleisch auf den Knochen besitzen die beiden Rieslinge Großes Gewächs aus dem Mauerberg, wo die Reben auf einer Auflage des Steinkohlegebirges aus Porphyrschutt, Löss und Lehm wachsen. Das Goldene Loch ist in Kleinterrassen in einem steilen Kessel mit über 60 Prozent Hangneigung nach Südwesten hoch über dem schmucken Anwesen exponiert, und irgendwie scheint in dem Wein das besondere, bezaubernde Licht gefangen zu sein, das am Abend schräg in die Senke am Steilhang einfällt und diesem Filetstück seine ganz eigene Aura verleiht. Natürlichkeit, Spannkraft und der Geschmack nach einer ganz individuellen Herkunft – das sind auch die Ingredienzien für das Große Gewächs Mauer-Wein, das nach alter Schloss-Neuweier-Tradition aus Trauben aus dem ursprünglichen Mauerberg-Besitz des Hauses gekeltert ist: Ein Wein, der wie die Landschaft aus vollem Herzen austeilt, nicht mit edlen Früchten geizt – und dabei so offen lächelt, dass man beim Genießen förmlich angesteckt wird.

Lange Jahre arbeitete der geborene Franke Holger Dütsch als Verwalter auf Schloss Neuweier, bevor er sich mit dem Jahrgang 2004 in Baden-Baden-Neuweier selbständig machte. Sein Weingut Holger Dütsch liegt nur unweit von Schloss Neuweier in der Vorgebirgszone des Nordschwarzwaldes, zwischen den Ausläufern des Schartenbergs und des Ybergs. Bereits den Gutsriesling kann man ohne Umschweife selbst dem abgefeimtesten Gaumen anbieten. Die beiden trockenen Kabinett-Rieslinge aus dem Altenberg und dem Mauerberg besitzen prägnanten Stoff und Duftigkeit: der Altenberg ist kernig-mineralischer, während der Mauerberg mit seiner ganz eigenen Eleganz einen Hauch von individueller Ortenau-Subkultur verströmt. So wie in den 1980er-Jahren die Bewegung der OFF-Kulturszene, in der junge Avantgardisten der Mode, Musik und Kunst zusammenfanden und Individualismus betonten und schnell wiederum zu einem Trend avancierten, so wünscht man sich von den tollen eigenständigen OFF-Kabinettweinen von Schloss Neuweier und Holger Dütsch, dass sie ebenfalls Aufsehen erregen.

Weingut Holger Dütsch
St.-Michael-Str. 39
D-76534 Baden-Baden-Neuweier
Tel. +49 (0)72 23 /95 97 39
Fax +49 (0)72 23/2 81 88 23
E-Mail: weingut-duetsch@web.de
www.weingut-duetsch.de
Öffnungszeiten: Mo. 10–13 Uhr, Di. 15–18 Uhr, Fr. 15–18 Uhr, Sa. 10–13 Uhr

Absolut überzeugen können ebenfalls die beiden trockenen Spätlesen – zwei Lippenlecker mit dezenten exotischen Anklängen – und vor allem das Meisterstück Finesse aus den Kern- und Filetstücken des Mauerbergs. Kontur, Statur, Präzision und Charme bei hoher physiologischer Reife zu vereinen, ohne gleich ins Fette abzudriften: Genau darum geht es! Die schnörkellose Aprikosenfrucht sitzt einfach richtig gut, das saftige Spiel lässt selbst hartgesottene Rieslingskeptiker zum Glas greifen.

Gummibärchen! Designfood! Mostkonzentration! Aromahefen! Das alles ist auch ein Gräuel für Andreas Laible aus Durbach, einen echten Praktiker, der sich im steilen Gelände des Durbacher Plauelrains abplagt. Der Duft eines frischen Früchtekorbs mit Pfirsichen, Aprikosen, kandierten Zitrusfrüchten und Mandarinen in der Ecke eines luftigen Gartens, mit süßen Blütendüften, kühlen Schatten, jeder Menge Kräutern und unter den Füßen feuchten Steinen. All diese Aromen und Eindrücke haben ihren Ursprung im steilen Durbacher Plauelrain, der mit einem abenteuerlichen Gefälle gleich hinter dem Weingut Andreas Laible hervorragt und mit seinen kargen, heißen Granitverwitterungsböden mit etwas Gneis, Porphyr und dem seltenen Achat ein ideales Terrain für den Riesling, aber auch für die Bukettrebsorten wie Traminer und Scheurebe ist.

Als »goldenes Weindorf« wird Durbach wegen der Vielzahl an errungenen Goldmedaillen angepriesen, und Andreas Laible führt zwar das wohl am meisten prämierte Gut in ganz Baden-Württemberg, wird jedoch in fast schon sturer alemannischer Art nimmer müde, seine Vorstellungen über den Weg zum besseren Riesling zu skizzieren. Und der führt nach dem Motto »Standortanpassung« seiner Ansicht nach nur über die Vertiefung des Verständnisses der jeweiligen Klone: »Die Selektion kann nur aus dem Weinberg kommen und nicht aus dem Keller!«

Unterstützt wird der Durbacher inzwischen von seinem Sohn Andreas, und die trockenen Rieslinge zeigen trotz einer gewissen Opulenz, mitunter auch zarten Botrytiswürze und dezenter Restsüße immer einen herrlichen Pfiff!

Mehr als das Gold der Medaille glänzt das eingefangene Sonnenlicht in vielen Weinen, wo es um die Verbindung von nördlicher Riesling-Eleganz und der Sinnlichkeit der

Weingut Andreas Laible
Am Bühl 6
D-77770 Durbach
Tel. +49 (0)78 1/4 12 38
Fax +49 (0)78 1/3 83 39
E-Mail: info@weingut-laible.de
www.weingut-laible.de
Öffnungszeiten: Mo.–Fr. 8–11.30 Uhr und 13.30–18.00 Uhr, Sa 8–11.30 Uhr und 13.30–16 Uhr

Nachfolgende Doppelseite Weinberge mit Weltruf: Bereits vor 100 Jahren rühmte man die badischen Burgunder-Rotweine des Bühlertales, deren Ruhm zwischenzeitlich etwas verblasste.

badischen Gewächse geht. Nicht ganz glücklich jedoch ist Laible mit der hiesigen Bezeichnung »Klingelberger« für Riesling. Diese rührt vom Markgrafen Karl Friedrich von Baden her, der 1782 in Durbach die erste Rieslingrebe unterhalb des Schlosses Staufenberg in der Ursprungslage Klingelberger gepflanzt hat. Der Begriff sei überregional zu wenig bekannt und eher verwirrend, meint Laible, weshalb er auf ihn verzichtet. Alle Prädikatsweine kommen aus dem Plauelrain, und der trockene Riesling hat den Charakter einer Sprungfeder: gespannt, vital und fast aus dem Glas springend! SL ist der Name einer besonderen Spätlese trocken und steht für Selektion. Dieser Wein kommt immer aus einer bestimmten Parzelle mit Rieslingstöcken aus einer eigenen Rebselektion, die die Familie Laible über Generationen hinweg selbst vermehrt hat – ein deutlicher Kontrast zu den kommerziell erhältlichen Klonen. Kern, Frucht und Saft wetteifern im Glas ebenso wie Kräuter, Pfirsich, Aprikose und exotische Früchte – ein herrlich subtiler, köstlich frischer Cocktail! Noch eigener und charaktervoller schmeckt der Achat – ebenfalls eine trockene Riesling Spätlese. Man ist erstaunt, dass köstliche Früchte auf so kargem Felsgestein wachsen können. Etwas wuchtig und gefällig wirkt hingegen das Große Gewächs, wo die Fettmaserung das Fleisch vielleicht ein wenig zu intensiv durchzieht.

Auch in der Ortenau wachsen die Träume nicht in den Himmel: der Weinstil könnte noch charakterstärker sein!

Klon
Durch vegetative Vermehrung entstandene, genetisch identische Nachkommenschaft eines einzelnen Individuums, auch einer Rebe. Das Klonen der Rebstöcke gibt es schon seit Generationen.

Flaschenreifung
Verfeinerung eines Weins auf der Flasche.

Novitäten sind diese Weine allemal, und im edelsüßen Auslesebereich gibt es feinste Säure und verwunschenes Rieslingparfum. Auf elegante Art spürt man die Süße im Wein deutlich weniger, weil die Mineralien sie schon geschluckt haben – wenngleich ein wenig mehr Kern und Gradlinigkeit sich in puncto weiterer Flaschenreife bezahlt machen könnten.

Primus inter pares jedenfalls ist Laible bei den Bukettsorten. Bei Traminer, Gewürztraminer und Scheurebe macht ihm in der Ortenau niemand etwas vor! Obwohl nur ein Tick mehr des Guten zuviel wäre, duften die trockenen und edelsüßen Traminer köstlich nach türkischem Honig und gelben Wildrosen. Da die Ortenauer glauben, dass der Traminer ursprünglich aus dem oberitalienischen Chiavenna, dem früheren Cleven, kommt, nennen sie ihn »Clevner«. Markant ist auch der Auftritt der Scheurebe, saftig-gelb und schön zackig in deutlichem Kontrast zu den vielerorts molligen Fruchtmonstern umgepolt. Der zart rauchige Gewürztraminer ist ein schmelzig-dichter Kraftakt, der aber genügend Frische und Balance hat, um die Aromendichte zu stemmen. Nicht zu unterschätzen sind auch die Burgunder: Die Chardonnay Spätlese trocken und vor allem das Große Gewächs vom Grauburgunder wirken so stilvoll wie ein Ledersessel im Kaminzimmer und sind mit ihren dezenten, warmen Holz- und Vanillenoten ebenso weich und einladend. Klar, direkt, spontan und eindeutig kommt das Große Gewächs vom Spätburgunder zur Sache: diskreter Holzeinsatz ohne Tamtam, vitale Kirschfrucht, feines Säurespiel. Das ist die pure, klare, aber auch stoffige Pinotfrucht, die auf einem festen Granitbett ruht. Laible ist in seiner Region gewiss nicht unumstritten, aber die Geschlossenheit seines Stils überzeugt ebenso wie die Tiefe seines Sortiments.

Gewürztraminer
Uralte weiße Rebsorte, die eng mit Traminer verwandt ist. In der Ortenau und in Baden ist sie eine traditionelle und bedeutende Spezialität. Hier bringt die Sorte oft überraschend elegante Weine!

Eingebettet in die Weinberge Durbachs und ebenfalls arriviert ist auch das Durbacher Weingut Heinrich Männle. Heinrich Männle – der »Rotwein-Männle« – übernahm bereits Mitte der 1950er-Jahre den Erbhof und gehört seit Jahrzehnten zu den besten Winzern der Ortenau: Die Weine, vor allem die roten, profitieren von einem langen Fasslager und kommen ohne Firlefanz und Angeberei-Fruchtaromen daher. Stattdessen bieten etwa die Spätburgunder eine ganz eigene Würze und kraftvolle, sehr reife Aromen. Sie werden weniger von frischer Frucht getragen, sondern sind wunderbar entspannt, seidig, schmelzend. Von feinen Fruchtsüße-Adern durchzogen sind die Rieslinge und opulent-saftig die Scheureben. Sein Händchen beweist das Gut auch bei den weißen Burgundern. Das sind gestandene Weine mit offensichtlicher Kraft aus einer der schönsten Landschaften des deutschsprachigen Raums – auch wenn so mancher Rote aus heißen Jahren zuweilen etwas weit ins Badisch-Fette abgleitet.

Weingut Heinrich Männle
Sendelbach 16
D-77770 Durbach
Tel. +49 (0) 7 81/4 11 01
Fax +49 (0) 7 81/44 01 05
E-Mail: info@weingutmaennle.de
www.weingutmaennle.de
Öffnungszeiten: Mo.–Fr. 8–18 Uhr, Sa. 8–16 Uhr, So. 10–12 Uhr und nach Vereinbarung

Doch Durbach wäre nicht Durbach, wenn es nicht auch beim – inzwischen sehr trendigen – Sauvignon blanc etwas Besonderes zu bieten hätte: nämlich eine Tradition, die bis ins Jahr 1830 reicht. Damals führte Freiherr Zorn von Bulach diese Loire- und Bordeaux-Rebsorte in Durbach ein, und heute ist es die vielleicht wichtigste Rebsorte vom Weingut Graf Wolff Metternich. Das traditionsreiche Gut – bereits 1180 waren Mitglieder der Straßburger Adelsfamilie Zorn von Bulach Inhaber des Lehensgutes Schloss Grohl in

Weingut Graf Wolff Metternich
Grol 4
D-77770 Durbach
Tel. +49 (0) 7 81/4 27 79
Fax +49 (0) 7 81/4 25 53
E-Mail:
info@weingut-metternich.de
www.weingut-metternich.de
Öffnungszeiten:
nach Vereinbarung

Sauvignon blanc
Weiße französische Rebsorte, die bereits Ende des 19. Jahrhunderts in der Ortenau eingeführt wurde und heute sehr in Mode ist.

Weingut Duijn
Hohbaumweg 16
D-77815 Bühl
Tel. +49 (0)72 23/2 14 97
Fax +49 (0)72 23/8 37 73
E-Mail: info@weingut-duijn.com
www.weingut-duijn.com
Öffnungszeiten:
nach Vereinbarung

Durbach – wurde Ende der 1990er-Jahre von der Familie Hurrle übernommen und modernisiert und ist insbesondere dank dem Kellermeister und Ortenauer Urgestein Franz Schwörer eine sichere Bank für eine grundsolide Weinkultur. Im Schlosskeller werden 36 Hektar von sechs Rebgütern ausgebaut. Die Weine der weißen Burgundersorten zeigen ebenso viel Energie wie Gewicht, und bei den Rieslingen (hier auch Klingelberger genannt) kommt noch ein guter Schuss verflüssigter Stein dazu.

Richtig duftig zur Sache geht es bei den Bukettsorten: Bei der Scheurebe Auslese etwa greifen die Aromen wie ein Rad ins andere und setzen am Gaumen ein kleines Kraftwerk in Gang! Die Spätburgunder haben ihre Lageninformationen – die Durbacher Premiumlagen Schlossberg und Schloss Grohl mit ihren dauerbegrünten Gesteinsverwitterungsböden sind im Alleinbesitz – tief im Inneren gespeichert, könnten aber noch einen Tick klarer, purer und subtiler sein. Das Flaggschiff Sauvignon blanc gibt es in zwei Variationen: einmal restsüß und mit so viel Duftwolken von gelben und grünen Früchten, dass sie fast das ganze Glas einhüllen, und dann, noch eine Spur kraftvoller und markanter, als trockene Spätlese, die die lange Tradition dieser Sorte auf dem Metternich'schen Weingut eindrucksvoll fortsetzt.

Duftigkeit und Geschmackstiefe mit natürlicher Säurefrische angereichert – darum geht es auch beim Spätburgunder, wo die Ortenau gleich zwei heiße Eisen im Feuer hat. Einmal Jacob Duijn, einen gebürtigen Holländer und Ex-Sommelier im Luxushotel auf der Bühler Höhe. Mit seinem Weingut Duijn in Bühl-Kappelwindeck verwirklichte er sich einen Traum – tatkräftig unterstützt von seinem Freund und einem der besten Rotweinmacher in Deutschland, Bernhard Huber in Malterdingen im Breisgau (siehe Seite 85). 1994 kaufte Duijn seinen ersten Weinberg und schuf mit dem Erwerb eines aus dem Jahre 1638 stammenden Gewölbekellers die Grundlage für seine ureigene Interpretation eines großen Ortenauer Pinot des dritten Wegs. Denn auch wenn Jacob Duijn anfangs die Weine teils mit einer nicht ganz unbeträchtlichen Dosis an Eichenholz überfrachtete, hat er in den letzten Jahren einen imposanten Stilwandel konsequent vollzogen, der verblüfft, und die Möglichkeiten für Spätburgunder auf Granitverwitterungsgestein der Ortenau neu definiert. Die Weine haben deutlich an Subtilität, Kühle und Traubigkeit gewonnen. Die ersten Voraussetzungen dafür wurden durch die Optimierung von Weinbergsarbeit und Traubenselektion erreicht, aber auch im Keller hat sich einiges geändert.

Stück für Stück hat Duijn hölzerne Gärbottiche angeschafft, in denen die spontan gärenden Weine möglichst lange verbleiben, und dadurch verfeinerte sich auch die Stilistik: mehr Bergsee-Ruhe, sanftere Ausstrahlung und Transparenz der Frucht. Typisch für den ungeschönten, unfiltrierten Stil von Duijn ist eine elegante Festigkeit und prononcierte Feinheit in den Gerbstoffen. Duijns Portfolio umfasst lediglich drei Weine, die nur nach Lagen benannt werden: Alsenhof – Sternenberg (ehemalig Jannin) – Engelsfelsen (ehemalig SD). Auf dem Frontetikett der schweren Sommelière-Flaschen befindet sich nur der rote Duijn-Balken, der bereits ein selbstbewusstes Statement abgibt, dazu der Jahrgang, die Rebsorte und die Lage. Darunter befindet sich ein roter Kreis mit einem eingezeichneten Mond. Das Etikett ist sehr einfach gestaltet, besitzt aber wie die Weine einen sehr hohen Erkennungswert. Und profundes Selbstbewusstsein sowie Beschränkung auf das Wesentliche sind gerade im Kontext der Ortenau gefragt, wo zugunsten eines früh zugänglichen, kuschelig-restsüßen Stils und einer übertriebenen Kellerwirtschaft vielleicht nicht immer das natürliche Potenzial voll ausgeschöpft wird.

Spontangärung
Ohne Zugabe von Reinzuchthefen einsetzende Gärung, für die so genannte Wildhefen bzw. Hefen der Kellerflora zuständig sind.

Duijn jedenfalls geht seinen Weg konsequent und macht sein Lagen- und Spätburgunder-Konzept immer transparenter. Eindeutig haben die Weine an Tiefe, Frische, Statur und mineralischer Würze gewonnen, was Duijn insbesondere auf die bio-dynamische Umstellung in der Weinbergsbewirtschaftung zurückführt. Seit Anfang des Jahres 2008 ist der Betrieb Mitglied im Demeter-Verband. Die zehn Hektar werden konsequent bio-dynamisch bewirtschaftet, mit Hilfe von homöopathischen Mitteln und Präparaten nach Rudolf Steiner. Duijn spritzt die Reben mit verschiedenen Tees, beispielsweise Brennnessel, Kamille, Schafgarbe. Zudem ist der gebürtige Holländer in einen neuen Weinkeller umgezogen, wo er auf zwei Etagen mit Eigengefälle arbeiten kann. Optimale Voraussetzung für die schonende Weinzubereitung!

Bereits der fruchtbetonte Basis-Spätburgunder Alsenhof gibt ein Statement ab. Buntsandstein mischt sich hier in den

Ein holländischer Quereinsteiger zeigt, dass in der Ortenau großartige Spätburgunder mit Ausstrahlung, Spiel und eleganter Festigkeit wachsen können: Ex-Sommelier Jacob Duijn.

Granitverwitterungsboden, der Wein ist elegant, fest und von fesselndem Charme. Hier wirkt nichts überdreht oder übertrieben, auch nicht harmlos oder breit. Hier steht die pure Trinkfreude mit fruchtigem Auftakt und herber Frische im Vordergrund. Die Beerenfrucht, zart mineralisch mit einer feinen Graphit-Note unterlegt, zeigt das duftige Pinot-Parfum *en miniature*. Beim Sternenberg, einer Lage mit rotem Verwitterungsgranit, kommt mehr Charakter ins vollmundige Spiel: Feine Mineralspuren durchziehen den Fruchtkörper, der einen anfangs distanzierten, ja verschlossenen Auftritt hat – sich nicht auf den ersten Schluck erschließt, auch nicht auf den zweiten, dann aber ungeheuer energiegeladen zur Sache kommt. Im Engelsfelsen schließlich stehen auf porösem hellem Verwitterungsgranit die ältesten Reben des Gutes, und diese 35- bis 40-jährigen Unikate bündeln Kraft und konzentrieren Finesse in einem Nachhall, der wie ein Paukenschlag wirkt. Mit diesem Wein kommt Duijn seiner Vision eines eigenständigen Ortenauer Spätburgunders am nächsten. Der Wein wird komplett in Holzzubern vergoren und in neuen Barriques ausgebaut. Er entfacht eine innere Glut und Würze, der man sich nur schwer entziehen kann. Edle Adstringenz ist hier neben den feinen Schokotanninen der Ausweis der Qualität. Solch ein Wein zeigt exemplarisch, zu welchem Ausdruck und zu welcher Würze die insgesamt wohl noch immer etwas unterschätzten Granitböden der Ortenau fähig sind! Wie man auch immer zu den provozierend-fordernden Spätburgundern von Duijn stehen mag, aufrüttelnd sind sie für diesen Teil Nordbadens allemal.

Zum Glück wird bei den Ortenauer Spitzenerzeugern der früher teils zu massive Holzeinsatz auf ein vernünftiges Maß zurückgefahren.

Jacob Duijn ist ein Quereinsteiger, der weit über den badischen Tellerrand blickt und zielstrebig, ja perfektionistisch, mutig und entschlossen an die Sache herangeht. Dabei sieht er den Weinberg nicht nur als Produktionsstätte für medaillenverdächtige Erzeugnisse, sondern als eigentliche Basis seines unermüdlichen Schaffens. Beispielsweise richtet er sich nach dem Aussaatkalender von Maria Thun und orientiert sich konsequent an Blatttagen und Pflanzzeiten, Neumond und Vollmond. Bei der Lese kommen die frisch gelesenen Trauben in besonders kleine Behälter, um sie garantiert unversehrt auf die Kelter zu bekommen.

Ein wenig überdrüssig ist Duijn der ewigen Vergleiche mit Burgund und verteidigt mit feiner Ironie sein Konzept vom dritten Weg: »Nur weil etwas nicht typisch deutsch ist, muss es nicht gleich auch typisch französisch sein.« Insbesondere zeigt der Holländer, dass in einer Region, in der zuvor kaum Rotwein von Weltklasseniveau erzeugt wurde, durch ein an Perfektionismus grenzendes Engagement und Intuition einiges möglich ist. Damit rückt er nicht nur die Ortenauer Burgunder, sondern auch den menschlichen Faktor als integralen Bestandteil des Terroir-Konzepts ins Zentrum!

Weingut Kopp
Ebenunger Straße 21
D-76547 Sinzheim-Ebenung
Tel. +49 (0) 72 21/80 36 01
Fax +49 (0) 72 21/80 36 02
E-Mail: info@weingut-kopp.com
www.weingut-kopp.com
Öffnungszeiten: Mo.–Fr. 14–18 Uhr, Sa. 10–13 Uhr, So. Ruhetag

Tannin
Die auch Gerbsäure oder Gerbstoffe genannten Tannine gehören zur Gruppe der Phenole. Vor allem junger Rotwein (und auch Tee) enthält hohe Mengen an Tanninen, die im Mund ein charakteristisches Gefühl von Trockenheit, ein Zusammenziehen der Schleimhäute verursachen. In Weißweinen spielen sie eine kleinere aber auch bedeutende Rolle, zu viel davon macht den Wein grob und stumpf, zu wenige Tannine können ihn ausdruckslos erscheinen lassen.

Ähnliches gilt auch für den Shootingstar Ewald Kopp vom Weingut Kopp aus Sinzheim-Ebenung, dessen vorzügliche Spätburgunder ebenfalls die gängigen Ortenauer Vorstellungen transzendieren: durch dichte, packende Frucht, festes, in der Jugend straffes oder mitunter gar etwas kantiges Tannin, gepaart mit Säure und Mineralität. Wie für Jacob Duijn ist Bernhard Huber, bei dem Kopp ein einjähriges Praktikum in Malterdingen absolvierte, Vorbild und Referenzgröße.

1996 übernahm Kopp die Weinberge des letzten Flaschenvermarkters am Ort und machte sich selbständig. Von klarer, feiner Sortenart sind bereits die weißen, trockenen Burgunder, der Chardonnay – insbesondere der sehr energiegeladene S – und der Riesling Alte Reben spielen eine mit mineralischen Noten raffiniert verwobene Fruchtigkeit aus. Insbesondere der Weißburgunder Alte Reben hat eine wunderbar zartcremige Beschaffenheit und untergründige Üppigkeit, die eine transparente Frucht und dezente Vanille- und Blütennoten harmonisch einbinden – bei moderatem Alkohol wohlgemerkt! Zu einer festen Größe hat sich der trockene Sauvignon blanc gemausert, der wohltuend schlank und energiegeladen schmeckt. Ein richtiger Kracher ist der Spätburgunder-Qualitätswein trocken aus dem großen Holzfass zu einem ebenfalls entspannenden Preis: richtig Körper und Frucht, Vanille und Kirsche mit Schmackes! Das Spitzenfeld der Spätburgunder bildet das Trio Alte Reben, S und R. Sie zeigen deutlich mehr Ausdruck, festeren Bau und packende Kraft – mit einem markanten Holzeinsatz – und haben mit ihren rauchigen Aromen, den roten Beerenfrüchten, den Würz-, Speck- und Schokoladenoten auch jenen Biss, der die typische Ortenauer-Idylle ein Stück weit aufbricht. Der Alte Reben ist etwas würziger, während der S herrlich viel Frucht und auch eine Veilchennote zeigt. Herzhafter und kerniger hingegen schließlich schmeckt der R. Irgendwie erinnert der *Drive* dieser Weine an ihren bärtigen, bodenständigen und ungemein sympathischen Macher, der mit großem Vergnügen auf seiner Harley Davidson durch die herrliche Landschaft fährt.

Eindrücklich belegen die beiden Weingüter Kopp und Duijn das Potenzial der Burgunder in der Ortenau, die immer dann am besten sind, wenn die Weine im Keller präzise bearbeitet werden und dadurch saftig in der Frucht und subtil im Gerbstoff sind – und quasi ihre mineralische Ader betonen. Dieses gilt auch für die weißen und roten Burgunder vom Offenburger Weingut Freiherr von und zu Franckenstein.

Weingut Freiherr von und zu Franckenstein
Weingartenstraße 66
D-77654 Offenburg
Tel. +49 (0) 7 81/3 49 73
Fax +49 (0) 7 81/3 60 46
E-Mail:
weingut@weingut-von-franckenstein@t-online.de
www.weingut-von-frankenstein.de
Öffnungszeiten: Mo.–Fr. 9–12 und 14–18 Uhr, Sa. 9–13 Uhr

Als 1980 Hubert Doll, der damalige Verwalter und Ex-Pächter des traditionsreichen Offenburger Weingutes, einen trocken ausgebauten Grauburgunder aus dem Jahrgang 1979 vorstellte, war das Erstaunen in der Region groß: »Bis dato kannte man nur restsüß ausgebauten Ruländer. Doch der Wein war von Anfang an ein großer Erfolg, vor allem für die Pinot-grigio-Fraktion. Die konnten zuerst gar nicht glauben, dass es den auch hier gibt. Und nun haben ihn fast alle Weingüter im Programm.«

Hubert Doll pachtete das Gut 1985 und kelterte reintönige und für badische Verhältnisse geradezu filigrane Weine mit Mineralität, frischer Säure und eigener Würze – vom trockenen Weiß- und Grauburgunder Kabinett über die würzigen, dezent exotischen Rieslinge bis zu den Großen Gewächsen. Inzwischen wurde das Gut von der Familie Huschle übernommen. Mit 27 Jahren beginnt Stefan Huschle, sich seinen Traum vom eigenen Weingut zu erfüllen. Unterstützt wird er von seinen Eltern Gisela und Georg Huschle. Beide stammen aus Durbacher bzw. Renchtäler Winzerfamilien und sind mit dem heimischen Weinbau tief verwurzelt. Huschle ist gelernter Kellermeister und hat dieses Amt in den Genossenschaften Durbach und Affental ausgeübt. Der Jahrgang 2007 wurde bereits von Huschle ausgebaut, und die nun länger auf der Hefe reifenden und später abgefüllten Weine haben an Schliff und Nachdruck gewonnen. Vor allem aber schmecken sie wie eine Weiterentwicklung des Doll'schen Stils, der für die Ortenau so passend ist: erfrischende, teils erfreulich schlanke Weißweine von klarer, sortentypischer Art. Ausgestattet mit einer verspielten, animierenden Säure und einer zarten, physiologisch reifen, präzisen Frucht.

Die durchaus opulenten Rieslinge aus dem Zell-Weierbacher Neugesetz duften nach gelben Früchten und bilden quasi das Gegenstück zum Berghauptener Schützenberg. Dort am Eingang des Kinzigtales gedeihen auf Gneisverwitterungsböden unterschätzte Weißweine, die vom nächtlichen Kaltluftstrom von den Schwarzwaldhöhen profitie-

Ortenau schmecken

NEUWEIER MAUERBERG ALTE REBEN RIESLING KABINETT TROCKEN
Weingut Schloss Neuweier/Baden-Baden

Dieser Kabinett zieht einen tollen Spannungsbogen zwischen leicht exotischer Frucht und bodenständiger Mineralität. Ein für badische Verhältnisse ungewöhnlich rassiger, nerviger und zugleich dicht gewobener Stoff mit meist nur zwölf Prozent Alkohol – und 100 Prozent vitaler Geschmack mit vitalen Lageninformationen!

DURBACHER PLAUELRAIN TRAMINER AUSLESE
Weingut Andreas Laible/Durbach

Das ist ein Turbo-Stoff, der mit seinem Aroma von türkischem Honig und gelben Wildrosen und Säurereflexen verzaubert. Ein badisches Weinmärchen aus Tausendundeiner Nacht, in dessen Inneren unergründliche Geheimnisse zu schlummern scheinen.

DURBACHER PLAUELRAIN RIESLING SPÄTLESE TROCKEN »SL«
Weingut Andreas Laible/Durbach

SL steht für Selektion aus einer bestimmten Parzelle mit hochwertigen Rieslingstöcken, die die Familie Laible über Generationen hinweg selbst vermehrt hat. Das Fazit: mehr Dimensionen an Geschmack. Pfirsich, Aprikose, exotische Früchte und Kräuter – und das alles aus einem Guss.

SPÄTBURGUNDER QUALITÄTSWEIN
Weingut Kopp/Sinzheim-Ebenung

Ein Gentleman-Basis-Burgunder: fein rauchig, mit dicht gewobenem Kirschgeschmack und einem Sympathiebonus, der von der Samtigkeit kommt. Ein wunderbar entspannender und entspannter Wein, der nicht mehr sein will, als er ist: ein keinesfalls harmloser Charmeur.

RIESLING SPÄTLESE FINESSE TROCKEN
Weingut Holger Dütsch/Baden-Baden-Neuweier

Sehr energisch und dennoch verspielt im Geschmack aus den Kern- und Filetstücken des Neuweier Mauerberg ist diese Spätlese. Gradlinige Aprikosenfrucht, mit Säurefrische ausgeleuchtet, mineralische Sehnsüchte glänzen im Glas. Oder ganz einfach so: nomen est omen.

ren, der für eine frische Frucht und belebende Säurestruktur sorgt. Die Rieslinge vom Schützenberg sind gradliniger, mineralischer, feinwürziger und zeigen auch – wohlschmeckende – grünliche Früchte. Hier wird beim Riesling ein eigenständiger Stil immer mehr schmeckbar! »Riesling aus der Ortenau sollte in meinen Augen die vorhandene Stärke ausspielen«, meint Stefan Huschle. »Ein großes Plus sehe ich in der Kombination Riesling und Urgesteinsverwitterungsböden. Diese Vielfalt bringt uns eine ganz besondere mineralische Würze und zugleich dezent fruchtig anmutende Rieslinge ins Glas. Eine Region sollte sich eben immer auf ihre Stärken besinnen.«

Weiter im Fokus stehen selbstverständlich die Grauburgunder, die zukünftig im 600-Liter-Halbstück ausgebaut werden (zuvor wurden meist der Stahltank oder Barrique-Fässer eingesetzt). Die Grauburgunder gedeihen im Zell-Weierbacher Abtsberg, wo Löss-Lehm-Böden im Hang in Granitverwitterung übergehen. Diese beiden Komponenten geben den Weinen eine tolle Finesse: Dichte und Körper mit mineralischen Anklängen und feinnerviger Eleganz. Auch bei den Spätburgundern ist der Anspruch immer mehr nachvollziehbar, in eine neue Kategorie vorzustoßen.

Halbstück
Traditionell in Deutschland gebräuchliches 600-Liter-Holzfass, halb so groß wie das Stückfass.

In jedem Fall aber belegen die besten Weine eindrucksvoll die Differenziertheit und Güte der Ortenauer Weinberge – wie etwa die Bonität der bis zu 50 Prozent steilen Lage Zell-Weierbacher Neugesetz, nach Hubert Doll »die Keimzelle des Betriebes, dessen Geschichte bis ins 13. Jahrhundert zurückreicht«.

Von hier aus öffnet sich der Blick weit über die Oberrheinebene bis hinunter zu den Vogesen und nach Straßburg, wo sich das Münster majestätisch vor den verschwommenen Umrissen des Elsass abhebt. Ein phantastisches Panorama – gesehen aus einer Weinregion, die mangels eines überregionalen Profils noch etwas im Schatten von Kaiserstuhl und Breisgau liegt und doch mit so schönen Grauburgundern wie denen von Stefan Huschle aufwarten kann.

Der Anspruch, in eine neue Kategorie vorzustoßen, ist auch bei den Winzergenossenschaften schmeckbar, wobei einige Kellereien ein noch klareres, authentischeres Qualitätsprofil und in ihren Weinen zuweilen noch stärkeren Charakter entwickeln könnten. Als Grundlage könnte es – etwa nach Südtiroler Vorbild – insgesamt darum gehen, noch mehr Einfluss auf die Qualität der Beeren zu nehmen, die Winzer zu schulen, die Weinbergspflege noch intensiver zu kontrollieren und in der Spitze vielleicht auch noch lohnender und stringenter nach Qualitätskriterien zu bezahlen. Denn die entscheidende Voraussetzung für einen großen Wein sind kleine, reife, gesunde und penibel selektionierte Beeren – oft genug galt in der Vergangenheit jedoch der Grundsatz: »ein guter Wein aus großen Beeren« – und so wurde eher nach Traubenmenge als Traubenqualität entlohnt.

Allerdings haben einige Genossenschaften das Ruder in Richtung Qualitätskurs deutlich umgeschwenkt und schöpfen das natürliche Potenzial immer besser aus. Zweifellos zu den führenden Leitbetrieben zählt die Durbacher Winzergenossenschaft, die dank umfangreicher Investitionen im Keller die Trauben besonders schonend verarbeiten kann. Die ca. 300 Mitglieder bewirtschaften rund 340 Hektar in den steilen, felsigen, sonnendurchfluteten Hängen der Durbacher Lagen Ölberg, Plauelrain, Steinberg und Kochberg. Das mehrstufige Qualitätskonzept und das feine Händchen beim Ausbau von Kellermeister Jochen Sahler machen sich durch nachhaltige Eleganz, Klarheit der Frucht und zarten Säurenerv bezahlt. Die Zahl der Premiumweine – insbesondere aus Riesling, Scheurebe (auch edelsüß Klasse!) und Sauvignon blanc (schön rauchig und mineralisch-würzig) – ist für einen Betrieb dieser Größe imposant! Die eher kühle Rebsortenaromatik bleibt stets auf der charmanten Seite, das Holz dient lediglich als Stütze und nur zur Abrundung. Ein für die Weine der Ortenau absolut passendes Credo.

Durbacher Winzergenossenschaft
Nachtweide 2
D-77770 Durbach
Tel. +49 (0) 7 81/9 36 60
Fax +49 (0) 7 81/3 65 47
E-Mail: wg@durbacher.de
www.durbacher.de
Öffnungszeiten:
nach Vereinbarung

Unterschätzt ist die Oberkircher Winzergenossenschaft. Während so mancher Rotwein – etwa in der Collection Royal – mitunter noch etwas zu holzbetont und vielleicht eine Spur zu restsüß ist, überzeugen die Weine der Vinum-Nobile-Serie mehr: sehr ansprechender, nach Zimt, Zwetschge und Mokka duftender, fleischiger Merlot, vor allem aber sortentypische, gehaltvolle und durchaus kernige helle, nussige Burgunder und dezent exotische Rieslinge mit animierender Frucht-Säure-Textur. Überzeugend ist auch die Collection Oberkirch, wo insbesondere die trockenen Weine immer mehr Frucht, Druck und Charme ins Glas bringen.

Oberkircher Winzergenossenschaft
Renchener Straße 42
D-77704 Oberkirch
Tel. +49 (0)78 02/9 25 80
Fax +49 (0)78 02/92 58 38
E-Mail: info@oberkircher-winzer.de
www.oberkircher-winzer.de
Öffnungszeiten:
nach Vereinbarung

Dass Sonne längst nicht alles ist, zeigen auch die Weine vom Winzerkeller Hex vom Dasenstein in Kapelrodeck. Wo die Schwarzwaldtannen in Kastanienwälder übergehen, liegen die Rebhänge und die neue, imposante *Weinerlebniswelt*. Auch wenn die Rieslinge mit ihrer entspannten Harmonie erfrischende Akzente setzen, sind doch die Rotweine die Spezialität der Genossen – allen voran die auch edelsüß ausgebauten Spätburgunder. Diese fruchtbetonten, samtig offenen Roten sind – im positiven Sinne des Wortes – unkompliziert. Ein richtig schöner Wurf ist die Kreation Onyx, eine spannende Allianz von Cabernet Dorsa und Cabernet Cubin: dunkle Beeren, Paprika, pfeffrige Würze und Schokolade. Intensives, kraftvolles Aroma, spürbarer Gerbstoff: ein modern gemachter Wein mit Pfiff und Rückgrat.

Rotweine sind auch das Steckenpferd der Affentaler Winzergenossenschaft in Bühl-Eisental, deren Geschichte bis 1908 zurückreicht, wo sich 24 Winzer zum »Naturweinbauverein Affental« zusammenschlossen. Heute sind es über 900 Mitglieder, und auch wenn die Weißweine – insbesondere aus rassigem Riesling und kraftvollem Grauen Burgunder – durchaus überzeugen können, so sind es vor allem die Spätburgunder aus der Spitzenlinie SLK (dieses Kürzel steht für Selektion und den Betriebsleiter und Oenologen Leo Klär), die gleichermaßen Reife, Gehalt und filigrane Frucht betonen. Die besten in der Barrique ausgebauten trockenen Spätburgunder haben packende Frucht von Waldbeeren und Kirschen, dazu Noten von Schokolade und Lakritze, schön abgerundete, feine nachhaltige Gerbstoffe – zeigen zuweilen aber auch einen sehr hohen Alkoholgehalt, der die Klarheit der Frucht und die elegante Festigkeit ein wenig überschattet.

So liegt die Ortenau auf Höhe des Mittleren Schwarzwaldes genau an jener Schnittstelle, wo sich südliche Fülle und nördliche Rasse paaren. Das wirkt in den besten Gewächsen höchst animierend – und macht Appetit auf den nächsten Schluck. Die typischen Granitverwitterungsböden geben den Weinen dabei einen ganz eigenständigen Charakter! Doch genau das ist die Crux an der zuweilen porentiefen Ortenauer Ariel-Weinidylle: Es fehlt oft an Komplikationen und auch an Grimmigkeit im Glas. Dabei machen gerade diese das Salz in den Weinen aus. Schließlich ist nicht immer alles Gold, was glänzt!

Winzerkeller Hex vom Dasenstein
Burgunderplatz 1
D-77876 Kappelrodeck
Tel. +49 (0) 78 42/9 93 80
Fax +49 (0) 78 42/99 38 38
E-Mail: info@dasenstein.de
www.dasenstein.de
Öffnungszeiten: Mo.–Fr. 8–12 und 13.30–17.30 Uhr, Sa. 9–13 Uhr, So. 10–13 Uhr

Affentaler Winzergenossenschaft
Betschgräblerplatz
D-77815 Bühl
Tel. +49 (0)72 23/9 89 80
Fax +49 (0)72 23/98 98 30
E-Mail: info@affentaler.de
www.affentaler.de
Öffnungszeiten: Mo.–Fr. 8–18 Uhr, Sa. 9–13 Uhr, So. 10–14 Uhr

Malerische Rebzeilen täuschen oft darüber hinweg, dass die Ortenau ruhig noch am eigenständigen Ausdruck der Weine pfeilen darauf!

Ortenau in Zahlen

Rebsorte	1982	2006	Trend
Gesamtrebfläche	2180 ha	2702 ha	⇧
Weiße Rebsorten insgesamt	68,58 % = 1495 ha	50,04 % = 1352 ha	⇩
Riesling	29,96 % = 653 ha	25,8 % = 697 ha	⬂
Müller-Thurgau	21,88 % = 477 ha	12,07 % = 326 ha	⇩
Ruländer (Grauer Burgunder)	10,23 % = 223 ha	6,48 % = 175 ha	⇩
Silvaner	0,37 % = 8 ha	0,11 % = 3 ha	⇩
Traminer	k. A.	1,18 % = 32 ha	⇧
Gewürztraminer	0,83 % = 18 ha	0,59 % = 16 ha	⬂
Chardonnay	k. A.	0,67 % = 18 ha	⇧
Weißer Burgunder	0,05 % = 1 ha	1,92 % = 52 ha	⇧⇧
Sonstige	5,28 % = 115 ha	1,22 % = 33 ha	⇩⇩
Rote Rebsorten insgesamt	31,42 % = 685 ha	49,96 % = 1350 ha	⇧⇧
Blauer Spätburgunder	30,46 % = 664 ha	46,41 % = 1254 ha	⇧⇧
Regent	k. A.	0,67 % = 18 ha	⇧
Schwarzriesling	0,32 % = 7 ha	0,04 % = 1 ha	⇩⇩
Cabernet Mitos	k. A.	0,78 % = 21 ha	⇧
Cabernet Dorsa	k. A.	0,37 % = 10 ha	⬀
Dunkelfelder	k. A.	0,78 % = 21 ha	⇧
Sonstige	0,64 % = 14 ha	0,93 % = 25 ha	⇧

Quellen: Badischer Weinbauverband e.V.; Staatliches Weinbauinstitut Freiburg; Deutschlands Weinbauorte und Weinbergslagen, von Fritz Goldschmidt. Mainz, Verlag der Deutschen Wein-Zeitung 1910

Leider lagen zur Ortenau für die Zeit um 1900 keine konkreten Zahlen vor. Fritz Goldschmidt rühmt in seinem Buch »Deutschlands Weinbauorte und Weinbergslagen« von 1910 allerdings die Güte der hervorragenden Weine aus dieser Gegend. Deutlich hebt er die Burgunder-Rotweine des Bühlertales hervor, »die sich gewissermaßen einen Weltruf erworben haben«. Aber auch Waldum und Kappelwindeck bringen »schöne Rotweine« hervor, während »Neuweier und Varnhalt durch schöne Rieslingweine sich auszeichnen«. Als hervorragend stuft Fritz Goldschmidt auch die Weine des mittleren Teils ein und hebt die Orte Durbach, Oberkirch, Thiergarten, Zell und Ortenberg besonders hervor.

WEITERE EMPFOHLENE WEINGÜTER

Weingut DZ-Danner
Heimbach 3
D-77770 Durbach
Tel. +49 (0)07 81/9 48 31 23
Fax +49 (0)07 81/94 86 95 37
E-Mail: info@dz-weingut.de
www.dz-weingut.de
Öffnungszeiten: nach Vereinbarung

Einem obsoleten Ortenauer Weinstil mit plüschiger Frucht und pappiger Restsüße erteilt Alexander Danner eine klare Absage. Seine Weine sind für die Region ungewöhnlich mineralisch-frisch, gradlinig und lebendig – ohne zu starke Ressentiments an Moden zu machen. »Auch in der Ortenau ist es möglich, weiche und dennoch kräftige Weine zu erhalten, die nach ein bis zwei Jahren durch ihre Fülle und ihre innere Dichte glänzen«, sagt der Durbacher. Tatsächlich überzeugt das dichte, nachhaltige Mundgefühl in diesen Weinen, die sich in drei Typen auffächern. Typ 1 steht für fruchtbetonte Weine aus dem Stahltank, etwa filigranen, schwungvollen Riesling; für Typ 2 reifen die Weine von halbierten Trauben im Holzfass, und in der Spitze stehen die am stärksten ausgedünnten, im Eichenfass ausgebauten Selektionen.

»Seit vier Jahren arbeite ich mit EM, also Effektiven Mikroorganismen«, berichtet der Winzer. »Das sind Milchsäurebakterien und Hefen, die dafür sorgen, dass der Boden wieder ein intaktes mikrobiologisches Gleichgewicht erhält. Dadurch habe ich weniger Probleme mit Krankheiten. Das Immunsystem der Pflanzen wird gestärkt. Die Trauben sind aromatischer und unwahrscheinlich ausgereift. Die physiologische Reife tritt sehr schnell ein, wodurch wir recht früh lesen können – gesund und ohne Botrytis. Letztere verändert meiner Meinung nach den Geschmack der Weine. Frisch und mineralisch sollten sie sein!«

Tatsächlich wirken die Weine wie eine Synthese aus Tradition und Moderne. Bereits der Jungfernjahrgang 2006 brachte erstaunliche Früchte ins Glas. Die Burgunder und Rieslinge sind gut geerdet und voll zündender Kraft. Die Stahltankweine schmecken saftig, lebendig und entspannt, ein Wein wie der Grauburgunder Typ 2 hat echte Substanz und Harmonie abseits von aufgesetzter Süße. Die vollreifen Birnenaromen sind apart, ein Wind fährt durch die Baumwipfel, eine Libelle surrt, ein Bach plätschert – hier kommt die Heiterkeit der Ortenau, der bezwingende Charme dieses Landstrichs unwiderstehlich ins Glas. Immer besser geraten die Spätburgunder, die an vollem Burgunderaroma und Substanz abseits marmeladiger Schwere gewinnen.

Weingut Alexander Laible
Unterweiler 48
D-77770 Durbach
Tel. +49 (0)07 81/2 84 23 80
Fax +49 (0)07 81/2 84 21 80
E-Mail:
info@weingut-alexanderlaible.de
www.weingut-alexanderlaible.de
Öffnungszeiten: Mo.–Fr. 14–18 Uhr, Sa. 9–12 und 14–17 Uhr, So. 10–12 Uhr

Die Kombination »Laible-Durbach« ist in der Ortenau fast schon eine eigene Marke. Denn Andreas Laible gilt als Star der Steillage Plauelrain. Sohn Alexander hat sich 2007 selbständig gemacht: in einer ehemaligen Bäckerei malerisch am Eingang zum Durbachtal, zu deren Anwesen auch eine altertümliche Mühle gehört. Doch die Weine sind alles andere als altertümlich oder gar überholt! »Meine Weine stehen für eine neue junge Generation«, sagt der junge Weinbautechniker, der bereits als bester Jungwinzer Deutschlands ausgezeichnet wurde. »Meine Weine sind mineralisch und filigran. Mit viel Finesse lassen sie den Weinfreund die Trauben im Glas spüren.«

Tatsächlich beeindruckt der Jungfernjahrgang 2007 sehr und weckt mit seiner filigranen Traubigkeit kühne Hoffnungen. Die Rieslinge und Lemberger wachsen knapp 40 Kilometer nördlich von Durbach in Sinzheim auf Kalkmergelböden, die Alexander Laible von seinem Großcousin gepachtet hat. Sie beeindrucken durch ungewöhnliche Saftigkeit und Konzentration, und die souverän vorgetragene Fruchtigkeit von Pfirsich und Aprikose bis hin zu Stachelbeere, Maracuja und Mandarine greift aus der Tiefe des Raums.

Das Fundament dieser Weine ist die differenzierte Weinbergsarbeit, sorgfältige Selektion, die sich eben nicht nur an Öchslegraden misst, sondern etwa an Fruchtsäure, Ausfärbung der Trauben, Konsistenz des Fruchtfleisches und Gesundheitszustand der Beeren. Auch die Riesling-Beerenauslese mit einem hohem Extraktwert ist kein banaler tropischer Tutti-Frutti-Obstsalat, sondern bei aller Komplexität und Konzentration hellfarben, brillant und absolut sauber. Die köstlichen, von Honig überträufelten Früchte werden hier auf einem gold schimmerndem Tablett dargeboten.

Weiter südlich, auf Kalkverwitterungsböden in Lahr, wachsen die

Burgunder. Die Weinberge hat Alexander Laible vom Vater einer guten Freundin gepachtet, und die Burgunder schmecken mit guten Extrakten nicht zu opulent oder gar plump. Sie haben eben bei aller Reife auch die entsprechende Säure als Längengeber. Die Chardonnay-Weine sind intensiv, mit typischer Note von Boskopapfel, bei dezenter Holznote und veritabler Frische. Die Weiß- und Grauburgunder sind Spaßgranaten, die mit Zartheit in die Offensive gehen. Ganz erstaunlich geraten die Lemberger aus Sinzheim, die mit ihrer dunklen Beerenfrucht und individuellen Würze durchaus an Syrah erinnern. Bei den Spätburgundern fehlt vielleicht noch der letzte Tick an längerer Holzfassreife und letztgültiger Charakterfindung, doch Substanz, Stoff und Kraft beeindrucken schon jetzt.
In jedem Fall ein erstaunlich selbstbewusster Auftritt, der dieser Region neuen Ausdruck, Schwung und Vitalität jenseits der Mittelspur verleiht. Weine mit individueller Traubigkeit tun Nordbaden richtig gut!

Weingut Andreas Männle
Heimbach 12
D-77770 Durbach
Tel. +49 (0)7 81/4 14 86
Fax +49 (0)7 81/4 29 81
E-Mail: alfred.maennle@web.de
www.weingut-maennle.de
Öffnungszeiten: Mo.–Fr. 9–12 und 13.30–18 Uhr, Sa. 9–12 und 13.30–16 Uhr, von März bis Dezember auch So. und feiertags 10–12 Uhr

Weingut Markgraf von Baden – Schloss Staufenberg
Schloss Staufenberg 1
D-77770 Durbach
Tel. +49 (0)75 53/8 12 84
Fax +49 (0)75 53/8 15 69
E-Mail: weingut@salem.de
www.markgraf-von-baden.de
Öffnungszeiten: nach Vereinbarung

Weingut Schloss Ortenberg
Am Sankt Andreas 1
D-77799 Ortenberg
Tel. +49 (0)78 19/34 30
Fax +49 (0)78 19/3 43 20
E-Mail:
info@weingut-schloss-ortenberg.de
www.weingut-schloss-ortenberg.de
Öffnungszeiten: Mo.–Fr. 8–12 und 13–17 Uhr, Sa. 9–12.30 Uhr

Weingut Schwörer
Grol 8
D-77770 Durbach
Tel. +49 (0)78 14/23 62
Fax +49 (0)78 13/34 08
E-Mail: info@weingut-schwoerer.de
www.weingut-schwoerer.de
Öffnungszeiten:
Mo.–Fr. 8.30–12 und 13.30–18 Uhr, Sa. 8.30–13 Uhr, So. 10–12 Uhr, Januar und Februar So. Ruhetag

HOTELS UND RESTAURANTS

BADEN-BADEN

Hotel Der Kleine Prinz
Lichtentaler Straße 36
D-76530 Baden-Baden
Tel. +49 (0)72 21/34 66 00
Fax +49 (0)72 21/34 66 05 9
E-Mail: info@derkleineprinz.de
www.derkleineprinz.de
Ein romantisches Hotel mit individueller Zimmergestaltung.
Preiskategorie: €€

Restaurant Le Jardin de France
Sophie & Stéphan Bernhard
Lichtentalerstraße 13
D-76530 Baden-Baden
Tel. +49 (0)72 21/3 00 78 60
Fax +49(0)72 21/3 00 78 70
E-Mail: info@lejardindefrance.de
www.lejardindefrance.de
Öffnungszeiten: Mo.–So. 12–14 und 19–21.30 Uhr.
Freche französische Küche trifft badische Gemütlichkeit, ein Erlebnis!
Preiskategorie: €€

Hotel-Restaurant Rebenhof
Weinstraße 58
D-76534 Baden-Baden
Tel. +49 (0)72 23/9 63 10
Fax +49 (0)72 23/96 31 31
E-Mail: info@hotel-rebenhof.de
www.hotel-rebenhof.de
Öffnungszeiten Restaurant: Di.–Sa. 12–14 und 18–21 Uhr, Mo. mittags Ruhetag, So. Ruhetag
International ausgerichtetes Restaurant mit regionalem Wein und herrlicher Aussicht.
Preiskategorie: €€

Restaurant Zum Alde Gott
Weinstraße 10
D-76534 Baden-Baden
Tel. +49 (0)72 23/55 13
Fax +49 (0)72 23/6 06 24
www.zum-alde-gott.de
Öffnungszeiten: Mo.–Mi. 12–15 und 18.30–24 Uhr, Fr. 18.30–24 Uhr, Sa.–So. 12–15 und 18.30–24 Uhr, Do. Ruhetag
Superküche, dazu die wirklich starken Weine von Schloss Neuweier.
Preiskategorie: €€

BÜHL

Bühler Höhe Gourmet-Restaurant Imperial
Schwarzwaldhochstraße 1
D-77815 Bühl
Tel. +49 (0)72 26/5 50
Fax +49 (0)72 26/5 57 77
E-Mail: info@buehlerhoehe.de
www.buehlerhoehe.de
Öffnungszeiten Restaurant: Mi.–So. 18.30–22 Uhr
Mo. und Di. Ruhetag,
Das Hotel liegt im nördlichen Schwarzwald auf 850 Meter Höhe. Es ist eingebettet in einen Schlosspark und bietet den idealen Ausgangspunkt für Ausflüge in das nahe gelegene Elsass.
Preiskategorie: €€€

Restaurant Lamm
Kappelwindeckstraße 15
77815 Bühl
Tel. +49 (0)72 23/90 01 80
Fax +49 (0)72 23/9 57 02 73
E-Mail: ludwig-bechters-lamm@t-online.de
www.ludwig-bechters-lamm.de
Öffnungszeiten: Mo.–So. 18–21.30 Uhr, Di. Ruhetag
Schauen Sie dem Sternekoch über die Schulter oder lernen Sie gleich selbst kochen. Einfach fantastisch!
Preiskategorie: €€

DURBACH

Hotel-Restaurant Linde
Lindenplatz 1
D-77770 Durbach
Tel. +49 (0)7 81/9 36 30
Fax +49 (0)7 81/93 63 39
E-Mail: mail@hotel-linde-durbach.de
www.hotel-linde.de
Öffnungszeiten: Mo.-So. 12–14 und 17.30–22 Uhr, Di. Ruhetag
Besonderes Ambiente, ausgezeichneter Service und Weine aus der Region.
Preiskategorie: €€

Hotel-Restaurant Rebstock
Halbgütle 30
D-77770 Durbach
Tel. +49 (0)78 14/8 20
Fax +49 (0)78 14/8 21 60
E-Mail: info@rebstock-durbach.de
www.rebstock-durbach.de
Öffnungszeiten Restaurant: Mo.–Sa. 12–14 und 18–22 Uhr, So. 12–14 und 18–21 Uhr
Ein vielseitig ausgerichtetes Hotel mit großem Sportangebot und guter Küche.
Preiskategorie: €€

Hotel und Kulinarium Ritter
An der badischen Weinstraße Tal 1
D-77770 Durbach
Tel. +49 (0)78 19/32 30
Fax +49 (0)78 19/32 31 00
E-Mail: info@ritter-durbach.de
www.ritter-durbach.de
Öffnungszeiten: Mo.–So. (warme Küche) 11.30–14 und 18–22 Uhr
Das erste Wein-Wellness-Hotel Ortenaus!
Preiskategorie: €€

Restaurant und Gasthof Rebstock
Kutzendorf 1
D-77876 Kappelrodeck
Tel. +49 (0)78 42/94 80
Fax +49 (0)78 42/9 48 20
E-Mail: info@rebstock-waldulm.de
www.rebstock-waldulm.de
Öffnungszeiten: Di. ab 17 Uhr, Mi.-So.11.30–23 Uhr, Mo. Ruhetag
Romantisches Haus, in alter Familientradition, sehr gemütlich. Ein Restaurant zum Wohlfühlen!
Preiskategorie: €€

SASBACHWALDEN

Restaurant Fallert
Hotel Talmühle
Talstraße 36
D-77887 Sasbachwalden
Tel. +49 (0)78 41/10 01
Fax +49 (0)78 41/6 28 29 99
E-Mail: info@hotel-talmuehle-sasbachwalden.de
www.talmuehle.de
Öffnungszeiten: Mo.–So. 12–13.45 und 18–21.15 Uhr
Urbadische Kost und Feinschmecker-Küche treffen hier aufeinander und gehen eine ungewohnt köstliche gute Verbindung ein.
Preiskategorie: €€

BREISGAU UND MARKGRÄFLERLAND

Badens Leuchtstreifen

Von Manfred Lüer

Die globale Weinwelt befindet sich in einem historischen Umbruch, und Baden ist eines der besten Beispiele dafür. Betriebe, die bis Ende der 1990er-Jahre eher mit Spargel, Erdbeeren oder Weihnachtsbäumen in Verbindung gebracht wurden, schockieren geradezu durch hocharomatische Weine mit lebendiger Säure und herrlich vitaler, feiner Frucht. Geradezu schockierend mag es wohl auch erscheinen, dass richtig guter Pinot noir bei Bad Krozingen gleich neben einem Sportplatz wächst und dass ein ambitioniertes Paar aus Osterode und Paderborn sein Weingut nach einem ehemaligen Bunker der kanadischen Luftwaffe (*shelter*) benannt hat, wo bis 2006 auch ihr köstlicher Spätburgunder ausgebaut wurde, der eine lange Autofahrt entfernt davon wuchs. Ebenso wenig hatte man den gelernten Tischler Hanspeter Ziereisen aus Efringen-Kirchen auf der Rechnung, der nicht nur mit Burgundersorten, sondern auch mit Gutedel souverän überzeugt. Die aufregenden Weine kann man in einem urigen Viehstall probieren, wo noch vor nicht allzu langer Zeit Kühe Milch gegeben haben. Und am Mittagstisch im Hause Ziereisen erzählt die Urgroßmutter mit leuchtenden Augen, wie genial so richtig guter Gutedel vor vielen Jahrzehnten einmal geschmeckt hat und dass es vor allem auf die niedrigen Erträge und die kleine, gesunde, reife Beere ankommt.

So kommen althergebrachte Vorstellungen darüber, wo »seriöser« Wein in Baden zu wachsen habe, ins Wanken und die schöpferische Vision aufmüpfiger Winzer rückt immer weiter in den Mittelpunkt. Im Fokus stehen scheinbar urplötzlich Weinmacher mit Verve, die Wahlverwandtschaften zu Gleichgesinnten auf der ganzen Welt pflegen und für die der Weinberg deutlich mehr ist als eine bloße Produktionsstätte – sondern der Ort individueller Herkunft. Diese neue Avantgarde setzt mit einer immer präziseren Weinsprache neue Maßstäbe an Orten und in Regionen, die auf der Landkarte vieler Weinliebhaber und Fachleute bis dato eher blinde Flecken waren.

LANDRATSAMT
BREISGAU-HOCHSCHWARZ-
WALD
Stadtstraße 2
D-79104 Freiburg
Tel. +49 (0)07 61/2 18 70
Fax +49 (0)07 61/21 87 99 99
E-Mail:
info@breisgau-hochschwarzwald.de
www.breisgau-hochschwarzwald.de

BREISGAU UND MARKGRÄFLERLAND

KARTENAUSSCHNITT

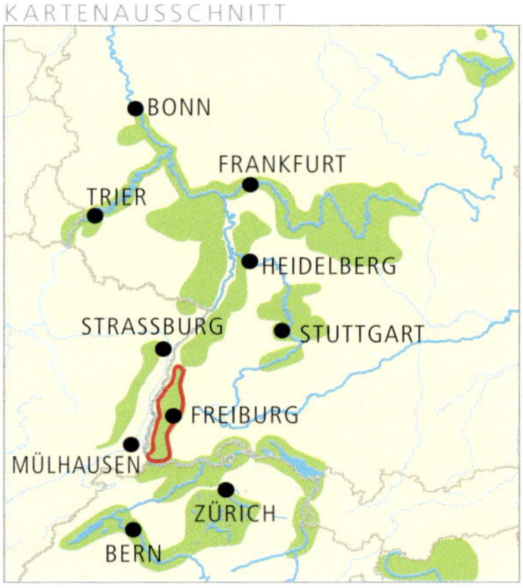

3 Bergwelt Schauinsland
www.bergwelt-schauinsland.de

Der Wandel einer zunehmend transparent gewordenen Weinwelt hat Baden mit großem Nachdruck erfasst; ein auch dank pfiffiger und teurer Werbekampagnen kommerziell erfolgreiches, profiliertes deutsches Anbaugebiet, das sich mit einem ganz eigenen Stil vor allem von trockenem Burgunder besondere Meriten erworben hat. Dank des warmen, trockenen Klimas gedeihen in diesem landwirtschaftlichen Paradies Obstbäume, Spargel und Weinreben, und als einzige deutsche Weinbauregion ist Baden von der EU demzufolge auch wie etwa das Elsass, die Champagne oder das Loire-Tal der Weinbauzone B zugeordnet, wohingegen die übrigen deutschen Regionen zu der Zone A zählen, mit dem kältesten Klima aller sieben Weinbauzonen.

> Der Breisgau ist das unterschätzteste Gebiet in ganz Baden, und wie im Markgräflerland ist der schlafende Riese endlich erwacht.
>
> Hans-Bert Espe, Shelter Winery, Kenzingen

Gleichwohl haben sich die Verhältnisse innerhalb von Baden in den letzten Jahren dramatisch verschoben! Obwohl der Kaiserstuhl und die Ortenau wegen ihrer früheren Erfolge noch immer einen höheren Wiedererkennungswert besitzen und der Breisgau und das Markgräflerland für viele leider immer noch *Terra incognita* sind, hat doch die Strahlkraft vom »Mustergärtlein des Gutedels« und des »Heckenlandes« für neugierige Weinliebhaber in dem Maße zugenommen, wie sich zeigte, dass das Potenzial für einen ganz eigenen, seriösen Burgundertyp individueller Prägung viel größer ist als bislang angenommen. Dabei können die von Haus aus schon recht athletischen Weine enorm durch Charme und Subtilität gewinnen. Darum heißt die Essenz im Markgräflerland und im Breisgau, die deshalb auch als recht homogener Streifen erscheinen, weil die Böden überwiegend vom Kalkstein geprägt sind: eine transparente Collage der leisen, verspielten Töne.

Rechts:
Kalk ist der Untergrund, auf dem der Spätburgunder im Markgräflerland bei Efringen-Kirchen auftritt. In der Hand von Hanspeter Ziereisen ein echter Charakterdarsteller!

Der Breisgau, der sich zwischen Oberschopfheim bzw. Lahr bis Freiburg erstreckt und zu dem das faszinierend schöne Glottertal gehört, wird in der hiesigen Szene etwas abschätzig als »Heckenland« bezeichnet. Denn im Gegensatz zu der wie mit der Nagelschere gepflegten Weinbergslandschaft der nördlich gelegenen Ortenau ist der Breisgau deutlich weniger geschniegelt und gebürstet. Hier säumen tatsächlich mehr Hecken und wildes, struppiges Gebüsch die Weinberge, die teils zur Vorbergzone gehörende Landschaft ist ein wenig offener und das Naturparadies Schwarzwald gleichsam ein gutes Stück weit von den Weinbergen weggeschoben.

Weiter südlich davon breitet sich zwischen Freiburg und Basel in der Vorbergzone des südlichen Schwarzwaldes das Markgräflerland aus. Sonnenverwöhnt ist das »Paradieslein und Mustergärtlein«, wie der alemannische Heimatdichter Johann Peter Hebel das Stammland des Gutedel nannte. Ländlich-lieblich, heiter, süffig und mindestens so reizvoll wie die vis-à-vis gelegene *Route des Vins* im benachbarten Elsass. Sanfte Hügel, idyllische »Wii-Weglein« (Wein-Wege), reiche Obstgärten und versteckte, idyllische Weindörfer prägen die Szenerie. Schroff steigen die Anhöhen des Schwarzwaldes an, sanft fallen die Hügel zum Rhein hin ab. Besonders reizvoll ist ein Ausflug im Frühling ins Gutedel-Land, wo die ersten Obstbäume blühen, während auf den Spitzen der Höhen noch Schnee liegt.

Gutedel
Der Gutedel, der in der Schweiz und Frankreich Chasselas heißt, ist die meistangebaute Rebsorte im Markgräflerland. Meistens sind es recht neutrale, säurearme Weine, aber ein guter Gutedel/Chasselas hat eine feine nussige Note und ist wunderbar erfrischend.

Dabei steckt gerade in diesem Längsstreifen, wo sich die Reben in Nord-Süd-Richtung an den Schwarzwald kuscheln, richtig viel guter Wein! Nur hat das lange Jahre niemand so recht wahrhaben wollen.

Dass sich jedoch genau das grundlegend geändert hat, ist die eigentliche Geschichte dieses dynamischen Teils von Baden. Eine durch und durch spannende Geschichte von Winzern, die sicherlich auch profitiert haben von der unbeirrbaren Zähigkeit eines Pioniers wie Bernhard Huber aus Malterdingen, eine Geschichte des Wandels, der veränderten Einstellung zu den besten Lagen, zu Pflanzgut, Unterlage, Düngung, Stockdichte, Erntezeitpunkt und auch zu einer veränderten Kellerwirtschaft. Und so ändern sich ebenso die Vorstellungen davon, wo richtig guter badischer Wein zu wachsen hat.

»Vor zehn Jahren wäre man noch in die Irrenanstalt gekommen, wenn man gesagt hätte, das wäre Rotwein aus dem Markgräflerland.« Das ist ein markantes und selbstbewusstes Statement von Hanspeter Ziereisen vom WEINGUT ZIEREISEN in Efringen-Kirchen, der 1991 mit der Flaschenabfüllung begann. Für ihn gilt die Regel: Den Weg zum Kenner säumen leere Flaschen. Der selbsternannte »Holzfass-Fanatiker« hat sich mindestens durch die halbe Weinwelt probiert und so ein feines Gespür für Wein entwickelt.

»Burgund ist mein Vorbild«, sagt Ziereisen, »aber die beste Kopie ist nichts wert.« Im Zentrum seines Schaffens steht die Rekultivierung alter Parzellen, die er separat ausbaut und deren individuellen Herkunftsort er betont. Das Ergebnis sind muskulöse und sehr energische Weine, die den Charakter ihres Machers widerspiegeln und das etablierte Bild des Markgräfler Burgunders sprengen. Für Hanspeter Ziereisen liegt das natürliche Potenzial der Region trotz des Aufschwungs noch immer unter einer mit Blümchen verzierten Kuscheldecke versteckt: Die heile Welt Badens mit den gemütlichen Gasthäusern, den dunklen Tannenwäldern und dem milden Klima macht jemandem, der etwas riskiert, oft einen Strich durch die Rechnung.

Ziereisens Weine sind Statements mit wie von Kindern erdachten Namen: Rhini, Schulen, Gestad oder Jaspis. Doch das sind eben Filetstücke aus der Großlage des Ortes, dem Efringer Oelberg, und die haben es in sich! Das zeigt bereits *en miniature* der trockene Basis-Spätburgunder. Der Wein vergärt Wochen auf der Maische, reift dann im Holzfass und wird ohne Schönung und Filtration abgefüllt. Das ist eine Sorgfalt, die in diesem Segment und dieser Region kaum ein anderer Rotwein-Winzer anwendet, und der intensive, belebende Geschmack von wilden Kirschen hat Schmackes. Dann der Rhini, noch länger auf der Maische vergoren: warmherzig, stilsicher, das Herz mit viel wilder Kirsche genau auf dem rechten Fleck. Insbesondere dieser Spätburgunder hat sich zu einem wahren Prachtstück gemausert: unverkennbare Herkunft, ein dicht geschnürtes Paket von Muschelkalk – fordernd, kühl und sinnlich zugleich. Wer hätte noch vor wenigen Jahren einen solchen außergewöhnlichen Wein in diesem südwestlichen Zipfel Deutschlands vermutet? Noch kräftiger und mit mehr Zug ist der

Weingut Ziereisen
Markgrafenstraße 17
D-79588 Efringen-Kirchen
Tel. +49 (0) 76 28/28 48
Fax +49 (0) 76 28/94 16 62
E-Mail: ziereisen@t-online.de
www.ziereisen.de
Öffnungszeiten:
Mo.–Fr. 8.30–12.30 und 14–18 Uhr, Sa. 8–12 und 14–16 Uhr

Hanspeter Ziereisen ist der Protagonist einer neuen Winzergeneration im Markgräflerland.

Schönung
Methode zur Klärung und biochemische Stabilisierung des fertigen Weins mittels Bentonit u. a.

Schulen. Vitale, fordernde Kirschmasse umhüllt einen festen Säurekern. Noten von Lakritze, Leder und Tabak blitzen zwischendurch auf. Ein konzentrierter Meditationswein ist der Alte Reben Jaspis: dunkelwürzig und vollgepackt mit Noten von kleinen Beeren, Graphit, Teer und Cassis.

Saftig leuchten die Früchte bei den teils auch erstaunlichen weißen Burgundern. Frischen Apfel-Birnen-Duft, mit packenden Feuersteinnoten hat der spontan vergorene Graue Burgunder im Marschgepäck, und der Chardonnay Hard ist noch einmal feiner, purer und saftiger, fast so, als lägen im Glas frisch abgeriebene Zitrusfrüchte. Dabei firmieren die meisten Weißen als »Deutscher Tafelwein, Oberrhein«. Understatement pur!

Ebenso erstaunlich ist, was Ziereisen aus dem Gutedel herauskitzelt. Klar gibt es eine schön knackige, trockene, lebendig-leichte, gelbgrüne Basisversion mit Anklängen an Mandel, weiße Blüten und etwas Honig. Doch gesteigert wird das Ganze durch den Steingrüble: spontan vergoren, intensiv, ausdrucksstark und fein strukturiert – bei einem moderaten Alkoholgehalt, der typischerweise um nur 11,5 Volumenprozent liegt. Stilistisch erweitert Ziereisen, der auch mit einem pfeffrigen, dunkelbeerigen Syrah Gestad überzeugt, damit die Ausdrucksmöglichkeiten für diese typische Sorte des Markgräflerlandes – durchaus in Schweizer Manier.

Chasselas
Wichtigste Rebsorte der Schweiz: uralt, auch als Fendant und Gutedel bekannt.

Bei den Eidgenossen heißt Gutedel auch Chasselas und kann eine hochkarätige, am individuellen Herkunftsort orientierte Ausdruckskraft erzielen. Diesen Nachweis blieben die Markgräfler Winzer durch eine viel zu halbherzige Qualitätspolitik lange Jahre schuldig. Leidenschaftlich wird in der Region nun jedoch über die Zukunft der alten Kultursorte Gutedel diskutiert. Vor allem geht es darum, wie ein richtiger Gutedel schmecken soll und ob er *nur* als bloßer Zechwein tauge. Allerdings hatten gerade die touristische Attraktivität der Gegend und in der Folge ein viel zu problemloser Absatz die Motivation zu echten Spitzenweinen regelrecht blockiert. Dabei verkraftet der Steingrüble das lange Hefelager nur, weil die Traubenqualität von sorgfältig gehegten alten Reben mit einem Durchschnittsalter von 40 Jahren stammt.

Links:
Wein ist ein Stück authentische Tischkultur: Beim Weingut Ziereisen sitzen vier Generationen an einem Tisch.

Im Zuge der kleinen badischen Weinrevolution avancierten zwei Spargelbauern, das Brüderpaar Fritz und Martin Waßmer aus Bad Krozingen-Schlatt, zu Vorreitern eines neuen Baden. Die vor der Tür fehlenden Vorbilder suchten sie sich an anderen Orten, vor allem im Burgund, und empfanden dieses als Freiheit.

»Ich schätze an Burgund vor allem die feine Fruchtigkeit«, sagt Martin Waßmer, dessen Weine wie die seines Bruders immer filigraner und feinfruchtiger werden. Das steht in wohltuendem Kontrast zu einer Tendenz in Baden, mollige, karamellige und vordergründig holzbetonte Spätburgunder zu keltern. Vor allem in den 1990er-Jahren schienen sich einige Genossenschaftsdirektoren, aber auch führende Winzer sehr durch modische Trends beeinflussen zu lassen und setzten auf einen überaus voluminösen, kräftigen Weinstil, der vielleicht durchaus gewollte Assoziationen an Kalifornien oder Australien weckt. Ohne klare Linie wurde vielleicht auch zu viel mit neuen Ausbaumethoden herumexperimentiert und das Marketing überbetont. Das weckte den Eindruck eines bunten Stilmixes, der wenig Nachhaltigkeit und eigenständigen Charakter zeigte. Vor diesem Hintergrund wirkt das Feilen der aufstrebenden Winzer im Markgräflerland an einem eigenen Weinstil auch wie eine Korrektur und Neu-Interpretation eines originären badischen Weinstils, der seine Wurzeln nicht verleugnet. Durchaus nachvollziehbar erscheint in diesem Kontext auch, dass sich der rote Faden wegen des erst in kurzer Zeit erfolgten Aufschwungs und der oft fehlenden Tradition einiger neuer Spitzenbetriebe noch nicht stringent durch das gesamte Sortiment zieht.

Nur ein dosierter Holzeinsatz lässt Raum für feine Traubigkeit.

Im Jahr 1999 begann Martin Waßmer, ein gelernter Koch und erfolgreicher Landwirt, mit der Flaschenweinabfüllung unter eigenem Label. Fritz Waßmer hingegen hat den Weinbau in Blankenhornsberg gelernt und entschloss sich 1999, hochkarätige Weinberge in Kenzingen und Malterdingen im Breisgau zu kaufen. Beide setzen auf niedrige Erträge und bei der Neuanpflanzung auf burgundisches Rebgut bester Qualität, das in einer immens hohen Stockdichte von bis zu 13 000 pro Hektar gepflanzt wird.

Vinifiziert werden die Trauben mit großer Sorgfalt. Versuche mit der künstlichen Mostkonzentration hat Martin Waßmer längst eingestellt. Stattdessen vergären beide in Holzbottichen, möglichst mit natürlichen Hefen, wodurch die Weine wegen der Mehrzahl der aktiven Hefestämme etwas cremiger und vielschichtiger am Gaumen sind. Die

Trauben aus dem Breisgau werden in kleinen Kisten zum WEINGUT FRITZ WASSMER nach Schlatt transportiert, während fast alle Weinberge vom WEINGUT MARTIN WASSMER in der Nähe des Betriebes, dem so genannten Schlatter Maltesergarten, liegen.

Die unfiltrierten Spitzenweine der beiden Betriebe gehören inzwischen zum Besten, was Baden zu bieten hat! Eindrucksvoll, mit saftiger Fruchtcreme von reifen Kirschen und ansprechender Würze, schmeckt bereits der Einstiegs-Spätburgunder Markgräfler von Martin Waßmer. Dann folgen ebenso klare wie kraftvolle und runde Rote: der Schlatter Maltesergarten, bei dem ein stabiles Gerüst die reifen, aber nicht überreifen roten Beerenaromen im Zaum hält, während der Schlatter SW konzentrierter, ernster, nachhaltiger, aber ebenfalls nicht übertrieben wuchtig gerät. Noch dichter, eindringlicher und wollüstiger ist der Pinot noir GC. Frühere Jahrgänge legten noch zu viel Wucht und Alkohol in die Waagschale. Nun scheint Martin Waßmer seinen Weg der individuellen Feinfruchtigkeit und Würze auch beim mächtigen Extrakt gefunden zu haben. Der Holzeinsatz ist wohldosiert, die Proportionen sind stimmig. Der GC bietet fleischige Fruchtfülle, zugleich aber auch feinwürzige, saftige Terrine und großartige Burgunderart.

Eine sichere Bank sind die leckeren Gutedel und frischen, hellen Burgundersorten aus dem Stahltank. Die in der Barrique ausgebauten, gehaltvollen weißen Burgunder und Chardonnay werden immer fruchtiger, feinwürziger und feiner. Vor allem der Grauburgunder SW aus der Barrique hat einen ganz originären, aber für die Region dennoch typischen Kick: herrliche Anklänge an geschmolzene Butter und Nüsse, flüssige Mineralien und eine Extraportion an Schmelz.

Ebenso entschlossen wie sein Bruder ist Fritz Waßmer. Bereits die Cuveé Felix aus Cabernet Franc und Merlot erstaunt: keine grüne Paprikanoten, wie so oft bei diesen Sorten im deutschsprachigen Raum, dafür ein sehr fruchtiges offenes, reiches Geschmacksbild mit Aromen von Cassis, Vanille und süßen Schokotanninen. Der Syrah mit seiner pfeffrigen Würze und der dichten Waldbeerenfrucht besitzt durchaus Anklänge an ein Pendant aus der Nordrhône schmeckt aber fruchtiger, duftiger und straffer. Die Holzwucht früherer Jahrgänge scheint passé. Der Spannungsbogen zieht sich weiter bis zum vermeintlich einfachen Spät-

Weingut Fritz Wassmer
Lazariterstraße 2
D-79189 Bad Krozingen-Schlatt
Tel. +49 (0) 76 33/39 65
Fax +49 (0) 76 33/44 58
E-Mail: Fwassmer@gmx.de
www.weingut-wassmer-schlatt.de
Öffnungszeiten:
nach Vereinbarung

Weingut Martin Wassmer
Am Sportplatz 3
D-79189 Bad Krozingen-Schlatt
Tel. +49 (0) 76 33/1 52 92
Fax +49 (0) 76 33/1 33 84
E-Mail:
wassmer-krozingen@t-online.de
www.weingut-wassmer.de
Öffnungszeiten: täglich 8–22 Uhr
und nach Vereinbarung

burgunder, bei dem die Schwarzkirschfrucht bereits eine glatte Seidenhaut zeigt. Eine kleine Sensation in seiner Preisklasse ist der Spätburgunder M, eine stimmige Collage mit erstaunlich subtilen Nuancen und lebendigen Tönen. Die feinen Gerbstoffe, die zarte Frische und die Säurespitzen sind das Salz in der Suppe! Ohne großes Tamtam

Viele Lagen im Breisgau und Markgräflerland sind absolut unterschätzt!

kommt auch der Spätburgunder R zur Sache, geläuterte Fruchtigkeit, Harmonie und Transparenz – und hinten am Gaumen zeigt der Wein erst seine Klasse, ohne dick aufzutragen. Ein packendes Fruchtspiel bei riesiger Kraft enormer Dichte und festem Tannin enthalten der Spätburgunder XXL. Die Power ist inzwischen ganz eindeutig richtig gebündelt. Stichfeste Beweise für den Aufstieg des Erzeugers sind auch die Weißen, darunter ein erstaunlich frischer Viognier. Absolut stimmig ist die Tonlage beim Muskateller, wo eine geradezu freche Säure die Aromen zum Tanz herausfordert!

Muskateller
Eine der ältesten Kulturreben mit zahlreichen Varianten (Moscatel, Moscato, Muscadelle, Muskat), vor allem im Mittelmeerraum verbreitet. In Deutschland wird der Muskateller nur vereinzelt in Württemberg, Baden und der Pfalz angebaut.

Zusammen haben die drei Betriebe – Ziereisen und die beiden Waßmer-Brüder – richtig Schwung in die badische Heimatstube gebracht, wo leider oft genug statt leckerem bodenständigem Schäufele, Brägele und Fleischküchle die fast schon obligatorische austauschbare Rucola-Seeteufel-Nummer und von Antibiotika satte Fernost-Crevetten dargeboten werden. Ähnliches gilt auch oft beim Wein. Vorsicht beim Spätburgunder, dem die schweren Böden von Natur aus einen kräftigen Körperbau geben: keine fetten südweinähnlichen Aromagranaten bitte! Spannend sind die Burgunder nur dann, wenn sie ziselierte Feinheit haben und nicht den mollig-weichen Weintrends folgen, die besser zum Mittelmeer passen. Und da müssen auch die neuen Aufsteiger aufpassen, deren Spitzenweine zwar kräftig, komplex, aber auch hoch im Alkohol sind.

Eine klare und keineswegs schwammige Ansprache braucht auch die weiße Charaktersorte der Region, der Gutedel. Obwohl er nicht solche Ansprüche an die Lagen stellt wie die Burgunder, muss er oft genug diesen (Mode-)Sorten weichen, weil sich die Winzer von ihnen mehr Erlös versprechen. Dadurch wachsen einerseits zu viele flache, belanglose Burgunder in eher zweitklassigen Lagen, andererseits könnte das Gutedel-Image seitens der Winzer durch rigoroseres Qualitätsstreben aufpoliert werden. Denn diese Kultursorte des Markgräflerlandes wurde bereits 1780 von Markgraf Karl Friedrich von Baden in der Region eingeführt, und nicht wenige Weinfreunde trinken tagaus, tagein ihren Gutedel – und sonst nichts! Vielleicht ist gerade das aber auch eine Wurzel des Problems. Denn ähnlich wie beim Trollinger in Württemberg hat sich das Stammpublikum scheinbar an eher dünne Weinchen gewöhnt und erwartet vom Gutedel gar nicht viel mehr. Dabei kann der Gutedel bei entsprechendem Pflanzgut und Pflege – Ertragsreduktion, grüne Lese, sorgfältige Handernte – ein dezentes Bukett und elegante, aber milde Säure entwickeln. Das steht keineswegs in Kontrast dazu, dass gerade die leichten, heiteren, garantiert trockenen Gutedel oft am spannendsten sind!

Und genau diese leichten, knackfrischen Gutedel gibt es etwa auf dem Weingut Hermann Dörflinger in Müllheim – wo er neben einem tadellosen Literwein auch als trockene Kabinettweine aus drei verschiedenen Lagen abgefüllt wird.

Trollinger
Klassische rote Traube in Württemberg und Südtirol, wo sie als Vernatsch firmiert. Inbegriff des schwäbischen Viertele-Weins. Von dünn-süsslich bis trocken-herzhaft-fruchtig.

Weingut Hermann Dörflinger
Mühlenstraße 7
D-79379 Mllheim
Tel. +49 (0) 76 31/22 07
Fax +49 (0) 76 31/41 95
E-Mail:
mail@weingut-doerflinger.de
www.weingut-doerflinger.de
Öffnungszeiten: Mo.–Fr. 8–12 Uhr und 13.30–18 Uhr, Sa. 9–16 Uhr

Edelsüße Weine werden auch im Breisgau extrem spät im Jahr gelesen.

Seit dem Jahrgang 2000 wird Hermann von seinem Sohn Hermann junior unterstützt. Die Weine sind ohne dienliche Restsüße überwiegend durchgegoren, und vitale Fruchtcreme puffert hier die Säure ab.

»So passen Gutedel am besten in die weltoffene, liebliche Landschaft, und so wollen ihn die meisten Leute zur Vesper«, sagt Hermann Dörflinger senior, ein echtes Markgräfler Urgestein – allerdings haben es auch die geschmeidigen, kraftvollen Burgunder, weiß wie rot, bis zu den konzentrierten Auslesen trocken aus dem großen Holzfass und den kalibrierten Barriqueweinen etwa aus Chardonnay und Spätburgunder so richtig in sich! Überraschend aromatisch, dicht und gehaltvoll gerät der richtig schön beerige Merlot. Kompakte, fleischige, gebündelte Frucht; eine insgesamt absolut stimmige Weinkultur, die ebenso ungekünstelt wie selbstverständlich wirkt.

Die Fahne für den Gutedel hält auch Ulrich Bernhart hoch, der aus einer südpfälzischen Winzerfamilie stammt. Während seiner Ausbildung auf der Fachhochschule Geisenheim lernte er seine Frau Claudia, eine geborene Schlumberger, kennen und leitet mit ihr das Weingut Hartmut Schlumberger in Laufen. Die Pfälzer Säurefrische kombiniert mit badischem Schmelz und Markgräfler Eleganz, das ist der rote Faden, der sich exemplarisch gerade auch bei den trockenen Kabinettweinen zeigt. Beim Gutedel ist jeder Schluck ein Biss ins saftige Fruchtfleisch, und der Alkoholgehalt liegt bei idealen 11,5 Volumenprozent. Der Weißburgunder hinterlässt am Gaumen eine richtig schön leckere Zitrus-Apfel-Spur und weckt Lust auf ein Sommerpicknick. Die Eleganz der Weine ist bemerkenswert, und auch die Roten mit dem forschen Spätburgunder Großes Gewächs Altenberg sind cremig und dank des langen Feinhefelagers kompakt in der Frucht. Überraschend feinfruchtig und für diese Breitengrade nervig gerät die trockene Riesling Spätlese, die in einer hochgelegenen Mikrozone auf steinigen Böden wächst und von dem nächtlichen Kaltluftabfluss der angrenzenden Schwarzwaldhöhen profitiert.

Weingut Hartmut Schlumberger
Weinstraße 19
D-79295 Laufen
Tel. +49 (0) 76 34/89 92
Fax +49 (0) 76 34/82 55
E-Mail: info@schlumbergein.de
www.schlumbergerwein.de
Öffnungszeiten:
Mo.–Fr. 9–12 und 14–18 Uhr,
Sa. 9–12 und 14–16 Uhr

Starken Riesling kann auch Achim Jähnisch vom Weingut Achim Jähnisch vorweisen, und zwar aus dem Staufener Schlossberg. Jähnisch absolvierte bei Bernhard Huber in Malterdingen seine Winzerlehre und studierte Weinbau und Önologie in Geisenheim. 1999 pachtete er ein kleines, heruntergewirtschaftetes Weingut in Kirchhofen und feilt seitdem an seinem Stil: kompakte und konzentrierte Weine, die aber auch fein und zartschmelzend sind. Die Paradelage ist der Staufener Schlossberg, wo die Weinberge von Jähnisch vorwiegend in den höheren, kargeren Parzellen liegen, in denen gesteinsreiche, felsige Granitporphyr-Konglomerat-Böden den Weinen eine feinnervige Eleganz und Mineralität verleihen – zudem sind einige Reben bis zu 40 Jahre alt. Das gibt bei entsprechend akribischer, aufwändiger Handarbeit das nötige Rüstzeug für überraschend rassige und auch dezent exotische Rieslinge für dieses Gebiet, die ein besonderes Faible des ambitionierten Aufsteigers sind. Zu den besten trockenen Rieslingen aus Baden zählt der Staufener Schlossberg, der kunstvoll ineinander verwobene Stränge aus Frucht, Mineral, Säure und ganz eigener Kräuterwürze zeigt. Beim restsüßen Pendant spendiert das filigrane Süß-Säure-Spiel eine Extraportion an Trinkspaß. Klar, kraftvoll, aber keineswegs übertrieben ist auch der Gutedel – wie die hellen Basis-Burgunder eine sichere Bank. Der Chardonnay aus dem Staufener Schlossberg entwickelt nach zwei, drei Jahren einen überraschend feinen Schmelz. Bei den Roten gilt Jähnischs ganze Sorgfalt und Liebe dem Spätburgunder, und da überzeugt vor allem der Pinot noir trocken. Man schmeckt zwar eine gewisse Wucht, wird aber davon nicht erschlagen, denn nach einem Glas öffnet sich plötzlich der Vorhang und auf der Bühne steht ein kleines Orchester, das mit überraschendem Feingefühl und Eleganz die richtigen Töne trifft!

Weingut Achim Jähnisch
Hofmattenweg 19
D-79238 Kirchhofen
Tel. +49 (0)76 33/80 11 61
Fax +49 (0)76 33/92 59 15
E-Mail: a.jaehnisch@t-online.de
www.weingut-jaehnisch.de
Öffnungszeiten: Mo.–Fr. ab 17 Uhr, Sa. ab 10 Uhr

Das gelingt auch den besten fruchtintensiven und gehaltvollen Weinen vom Weingut Claus und Susanne Schneider in Weil am Rhein. Das besondere Terrain des sympathischen Ehepaars ist die traditionsreiche Spitzenlage Weiler Schlipf, wo durch die schweren, kalkhaltigen und wasserundurchlässigen Sandsteinplatten nach langen Regengüssen Erdrutsche entstehen können – der Weinberg »schlipft«. Fast schon in Rheingaumanier macht der Rhein hier einen Knick, die nach Südsüdwest exponierten Reben – die typische Liaison zwischen Gutedel und Burgundersorten – profitieren im steilen Hang von einem besonderen Kleinklima mit Föhnwinden und warmen Luftströmungen, die durch die Burgundische Pforte aus dem Mittelmeerraum den Rheingraben her-

Weingut Claus und Susanne Schneider
Lörracher Straße 4
D-79576 Weil am Rhein
Tel. +49 (0)76 21/7 28 17
Fax +49 (0)76 21/ 78 80 14
E-Mail: info@schneiderweingut.de
www.schneiderweingut.de
Öffnungszeiten:
Mo., Di., Do., Fr. 14.30–18.30 Uhr,
Di. Sa. 9–12.30 Uhr

Breisgau und Markgräflerland schmecken

LAHRER KRONENBÜHL GRAUER BURGUNDER SPÄTLESE TROCKEN

Weingut Stadt Lahr – Familie Wöhrle/Lahr

Fast schon ein Klassiker vom jungen Markus Wöhrle: Stilistisch jedes Jahr auf dem Punkt, sehr mineralisch, dabei vollgepackt mit dichter, reifer, gelber Frucht. So schnörkellos und geradeaus wie Grauburgunder nur sein kann, traubig, weinig und doch so zart im Geschmack, dass man glauben könnte, der Wein sei aus Blüten gekeltert.

GUTEDEL STEINGRÜBLE TROCKEN

Weingut Ziereisen/Efringen-Kirchen

Ein Ausnahme-Gutedel, der die Möglichkeiten der Sorte für das Markgräflerland transzendiert: von alten Reben, spontan vergoren, intensiv, ausdrucksstark und fein strukturiert – bei einem moderaten Alkoholgehalt von durchschnittlich nur 11,5 Volumenprozent. Mehr von solchen Weinen!

PINOT NOIR M

Weingut Fritz Waßmer/Bad Krozingen-Schlatt

Selbst für den abgefeimtesten Gaumen eine stimmige Collage mit erstaunlich feinen Nuancen und lebendigen Tönen. Wie selbstverständlich wirkt die Transparenz der Frucht, die keinen Turbo-Alkohol braucht, um am Gaumen den Spätburgunder-Geschmack zu zünden. Zurücklehnen, entspannen, genießen!

MARKGRÄFLER SPÄTBURGUNDER

Weingut Martin Waßmer/Bad-Krozingen-Schlatt

Da, wo sich viele schwertun, beeindruckt Martin Waßmer mit saftiger Fruchtcreme von reifen Kirschen und ansprechender Würze. Ein toller Spätburgunder mit Pfiff, Wärme und Schmackes für unter zehn Euro.

MALTERDINGER BIENENBERG MUSKATELLER KABINETT

Weingut Bernhard Huber/Malterdingen

Ein Muskateller vom Rotweinguru? Aber ja! Schon der zum Wegschlotzen geradlinige trockene Auxerrois Kabinett zeigt, was Bernhard Huber alles drauf hat: Und dieser gewaltig federleichte und gewaltig intensive Schmetterlings-Muskateller tänzelt am Gaumen derart, dass man nur eines möchte: mehr davon!

aufziehen. Die Weine der Gemarkung Weil am Rhein – die auch die heutige Lage Weiler Schliff umfasst – wurden bereits im »Großherzoglich Badischen Anzeigen-Blatt« vom 12. 1. 1825 als einzige aus dem südlichen Markgräflerland als höchste Gütestufe 1a klassifiziert, und bereits vor 100 Jahren wuchsen in diesem hochwertigen Kalkstein-Terroir Burgunder. Fest in dieser lokalen Tradition verankert sind die satten, dichten, aber keinesfalls zu bombastischen Weine des Ehepaars Schneider, wo bereits der Gutedel richtig Rückgrat und geradezu feinen Wohlgeschmack verbreitet. Absolut eigenständig in ihrer Würze und Art schmecken die weißem Burgunder, die von einem längeren Feinhefelager profitieren, zarte Cremigkeit, gehaltvolle Sortenart und feine Fruchtigkeit entwickeln – vor allem in der Selektionslinie CS. Besondere Weine wie der immens kalibrierte Pinot noir Weiler Schlipf werden in der Barrique ausgebaut, und beim Pinot noir könnte vielleicht der Holzeinsatz noch etwas dezenter sein und die Frucht noch etwas transparenter. Der Spätburgunder CS *** ist so abgeklärt, wie ein Artist es sein muss, der auf dem Hochseil Kunststücke vollbringen will. Alle Rotweine werden mindestens für 18 Monate im Holzfass ausgebaut, und der Basis-Spätburgunder entwickelt darin einen unwiderstehlichen Charme! Insgesamt steht das Weingut Schneider für eine vitale lokale Weinkultur mit Tradition, die keinesfalls »schlipft«, sondern dank ihrer Tiefe und ihrer Lebendigkeit haftenbleibt.

Feinhefelager
Manche Weiß- und Rotweine werden auf dem Hefedepot, das sich nach Abschluss der Gärung am Fassboden bildet (grobe Hefe) gelagert. Das hält den Jungwein frisch und verleiht ihm Stoff, bringt aber das Risiko mit sich, dass der Wein einen dominanten oder gar fehlerhaften Hefeton annimmt. Aus diesem Grund werden die Weine meist nach der Gärung abgestochen, aber nicht gleich filtriert und lagern dann auf der so genannten Feinhefe.

Schlumberger, Dörflinger, Jähnisch und Schneider sind allesamt überzeugende Beispiele für den Weißwein-Aufschwung des Markgräflerlandes, und auch eine kleine, aber feine Genossenschaft wie das Pfaffenweiler Weinhaus ist dank dem kompromisslosen Qualitätsstreben von Heinrich Stefan Männle mittlerweile auf Erfolgskurs. Der trockene Gutedel etwa ist ein eleganter, feinsaftiger, zartcremiger Wein mit Anklängen an Boskop und Zitrusfrüchte. Immer stärker im Kommen ist der geradlinige, reintönige und herrlich mineralische Weiße Sauvignon, als Spätlese trocken fast schon ein Flaggschiff des Hauses. Das ist eine überzeugende Quersumme aus lebendiger Frische und exotisch anklingender Frucht – ein weiterer Beleg dafür, dass neben den revolutionären Spätburgunder Rotweinen eine neue, aufregende Weißweinkultur peu à peu im südwestlichen Zipfel Deutschlands entsteht.

Pfaffenweiler Weinhaus
Weinstraße 40
D-79292 Pfaffenweiler
Tel. +49 (0) 76 64/9 79 60
Fax +49 (0) 76 64/97 96 44
E-Mail: info@pfaffenweiler-wein.de
www.pfaffenweiler-wein.de
Öffnungszeiten: Mo.–Fr. 8–12 und 13–17 Uhr, Sa. 9–12 Uhr

Nur einige Kilometer weiter nördlich von Pfaffenweiler beginnt der Breisgau, und das Tal weitet sich. Großzügig scheint der Schwarzwald den saftigen Streuobstwiesen, sanften Hügeln, prächtigen Waldstücken und nun versprengter wirkenden Weinbergsflecken den Vortritt zu lassen. Vielleicht ist es gerade der wildere, ursprünglichere Charakter der Landschaft, der eine individuelle Entwicklung von lokalen, überaus spannenden Weinstilen begünstigt.

Zum Breisgau zählt auch das unter Naturfreunden zum Geheimtipp avancierte Glottertal, wo ein etwas kühleres Kleinklima Frische, Rassigkeit und feine Fruchtigkeit in den Weinen begünstigt. Genau darum geht es beim Weingut Otto und Martin Frey in Denzlingen! Selbst die trockenen Spitzenweine haben mitunter nur 11,5 Volumenprozent Alkohol, sind angesichts ihrer unbestreitbaren Qualität überaus günstig und besitzen Pfiff. Glasklar, zart sich anschmiegend am Gaumen bereiten die kleinen, köstlichen Früchte im Grauen Burgunder Alte Reben ungemeine Trinkfreude. Noch mehr vom Boden und seinem individuellen Herkunftsort verrät der Graue Burgunder Gneis mit faszinierender Würze. Ebenso überzeugend ist das Pendant vom Chardonnay: fruchtsüß, feinwürzig, schön geradeaus, fast karg, zum Vorwärtstrinken, nicht Nippen. In eine neue Kategorie stößt schließlich der trockene Grauburgunder Aigi vor. Martin Frey rekurriert mit dem Aigi auch stilistisch auf eine Zeit um die vorletzte Jahrhundertwende, denn »vor 100 Jahren hat man dem Weinen mehr Zeit gegeben und sich selbst überlassen«. Laut Frey ist Aigi ein alter Gewannname für den südwestlichen Hang in Denzlingens Rebberg in der Zeit um 1800, der heute unter Glottertäler Eichberg firmiert. Später wurde dieses Stück für die Denzlinger Bauern gerodet und klein parzelliert.

Weingut Otto und Martin Frey
Im Brühl 1
D-79211 Denzlingen
Tel. +49 (0) 76 66/52 53
Fax +49 (0) 76 66/23 14
E-Mail: weingut-frey@t-online.de
www.frey-weine.de
Öffnungszeiten:
Di. und Fr. 16–19 Uhr, Sa. 9–16 Uhr und nach Vereinbarung

Beim Weinausbau setzt Frey auf einen technikreduzierten Stil mit natürlicher Klärung, alkoholischer Gärung im Holzfass und einer ausgedehnten, sehr langen Hefelagerung im traditionellen großen Holzfass, bei dem der Wein die wichtigen Reifephasen durchlaufen und seinen eigenen Charakter finden soll. Das Ergebnis setzt Maßstäbe für das Glottertal. Es ist vor allem die Finesse aus kühl schmeckender, mineralischer Würze, physiologisch reifer Frucht und edler Adstringenz, die dem Aigi einen ganz eigenen Ausdruck verleiht. Hier ist Martin Frey auf dem richtigen Weg, um dem feingliedrigen, saftigen Stil des Weinguts noch mehr an Intensität, Kick und Nachhaltigkeit zu geben. Filigran schmecken auch die Spätburgunder, die fette Brummer konterkarieren und mit Stil und Schliff keinesfalls südliche Aromagranaten imitieren. Diese Differenziertheit der Frucht in diesem Teil von Baden überzeugt durchaus!

Einen volleren, kräftigeren Stil pflegt hingegen das Weingut Bernhard Huber aus Malterdingen, doch der Gehalt kommt aus optimaler Reife, und die typische jugendliche Festigkeit ist Ausdruck von echtem Charakter und Rückgrat. Falls man jemals Zweifel an der Alterungsfähigkeit und Klasse deutschsprachiger Spätburgunder hatte: Mitunter brauchen die besten Huber-Weine erst sechs bis acht Jahre, um ihre feinen, komplexen Aromen vollständig freizusetzen. Vielleicht brauchte jemand wie Huber aber eben gerade auch den Breisgau, um bei Malterdingen das riesige, ein wenig verstreute Weinbergspuzzle zu einem in bunten Farben schillernden, prachtvollen Bild zusammenfügen zu können. Als Barbara und Bernhard Huber ab dem Jahrgang 1987 im Keller unter ihrem Haus begannen, ihren Wein selbst auszubauen und dem früher populären »Malterer« wieder mehr auf die Sprünge zu helfen, war dieses eine stille Version, die von hiesigen Kollegen teils argwöhnisch belächelt wurde.

Weingut Bernhard Huber
HeimbacherWeg 19
D-79364 Malterdingen
Tel. +49 (0) 76 44/12 00
Fax +49 (0) 76 44/82 22
E-Mail: info@weingut-huber.com
www.weingut-huber.com
Öffnungszeiten: Mo.–Fr. 14–18 Uhr, Sa. 10–12 Uhr

Bernhard Huber, der auf hohe Stockdichte und niedrige Erträge setzt, war schon Anfang der 1990er-Jahre einer der gefeierten Shootingstars der Szene, änderte dann aber in der zweiten Hälfte der 1990er-Jahre etwas seinen Stil. Inspiriert von dem burgundischen Spitzenbetrieb Domaine Dujac aus Morey-St.-Denis setzte Huber bis zum Jahrgang 1999 auf Ganztraubenpressung, wodurch die Rotweine vordergründig weicher und süßlicher wurden. Zudem waren die Fässer damals recht stark getoastet und die Eichenholznoten vielleicht etwas zu dominant. Heute hat Huber zu einer anderen Balance gefunden, und in dem Maße, wie sich die gewachsene Traubenqualität steigerte, wurde auch der individuelle Herkunftsgedanke vitalisiert.

Eine ausgedehnte Maischestandzeit gibt den Rotweinen ein stabiles Rückgrat für die Reife.

Schon vor über 700 Jahren wurde der Spätburgunder von Zisterziensermönchen, die aus Burgund kamen, in Malter-

dingen kultiviert. Deren *curia*, der Gutshof der Mönche der Abtei Tennenbach, lag im Gewann Mönchhofmatten, also am heutigen Standort des Weingutes. Die Mönche faszinierte die geologische Formation, die sie aus Burgund kannten: der fein kruselig verwitterte Muschelkalkboden. Er ist in der felsigen, skelettreichen Steillage Hecklinger Schlossberg hell und gelblich, im Malterdinger Bienenberg durch Eiseneinlagerungen eher rötlich-gelblich. In der Bombacher Sommerhalde schimmert der Boden rötlich-tonig und ist ebenfalls komplett mit Muschelkalkadern durchzogen.

»Der hohen Weinkultur der Zisterziensermönche verdanken wir, dass heute in Rebsortenbüchern und diversen Weinlexika der Spätburgunder neben der Bezeichnung Pinot noir auch unter dem Synonym ›Malterdinger‹ genannt wird. Unter diesem Begriff war der Wein bis ins späte Mittelalter in der Schweiz, im Allgäu und im bayrischen Donautal bekannt«, so Huber.

Damit erwarben sich die Zisterziensermönche für die Entwicklung der Weinkultur am Fuß des Schwarzwaldes ähnliche Verdienste wie ihre Glaubensbrüder vom Kloster Eberbach im Rheingau. Allerdings war es zwischenzeitlich um die Herkunftslage schlecht bestellt. Die Ausweitung des eigentlich steil aus der Rheinebene hervorlugenden Malterdinger Bienenbergs auf mittlerweile rund 130 Hektar machte aus ihm eine Großlage, zum Rhein geneigte Westlagen ebenso wie kleine Kessellagen nunmehr inklusive.

Ab 2004 füllt Huber beste Spätburgunder nun wieder unter altem Gewann-Namen ab, haderte allerdings mit der badischen Version des Großen Gewächses vom Verband Deutscher Prädikatsweingüter (VDP). Denn der VDP-Regionalverband untersagte im Sinne der Tradition und möglichst unverfälschten Authentizität bis zum Jahrgang 2007 eine Anreicherung mit Zucker, und das war im bundesweiten Gefüge eine Sonderstellung für diese Weinkategorie. Huber hat jedoch andere Wünsche: Er möchte einerseits am liebsten in einem Bereich von 90 bis 95 Grad Öchsle lesen, wo die Beeren seiner Ansicht nach »ganz präzise vollreif, aber nicht überreif schmecken und die Säure noch lebendig ist« – und dann eben etwas anreichern, wie es in Burgund gängig ist.

»Ohne das Chaptalisieren fehlt mir dann oft die Wärme im Wein«, sagt der Malterdinger. Allerdings, so möchte

Links:
Die Weine sind immer nur so gut wie ihr Macher: Bernhard Huber ist ein lebenslustiger, wacher, aber ungemein konzentrierter, sorgfältiger Winzer, der richtig anpacken kann.

man einwenden, gibt es auch beeindruckende Beispiele gerade in Burgund, wo die Beeren auch bei etwa 90 bis 95 Grad Öchsle geerntet werden – und die Pinots auch ohne Chaptalisation bzw. Anreicherung mit Zucker verspielte Eleganz, reintöniges Aroma und einen betörenden Duft zeigen können. Ein überzeugendes Beispiel für die ranke, schlanke, aber dennoch nachhaltige Stilistik ist etwa die Domaine de Montille aus Volnay.

Wie auch immer, der VDP ist inzwischen auf Bundeslinie eingeschwenkt. »Ab dem Jahrgang 2007 haben wir uns den Bundesvorgaben angeschlossen«, sagt Claus Burmeister, seines Zeichens Geschäftsführer vom Weingut Burg Ravensburg im Kraichgau (siehe Seite 16) und Vorsitzender des VDP-Baden, »das Mindestmostgewicht für die Spätlese muss erreicht werden, je nach betrieblicher Philosophie darf aber chaptalisiert werden.« Gute Nachrichten jenseits eines strikten Dogmas auch für Bernhard Huber, der vom Jahrgang 2007 gleich mehrere Große Gewächse vom Spätburgunder abfüllen möchte.

Dann schenkt Huber sein Großes Gewächs aus dem Hecklinger Schlossberg 2004 aus, der für ihn im Spitzenquartett der Lagen-Spätburgunder »schwächste Wein«. Bernhard Huber hat diesen Rotwein einen kleinen Tick später und mit einem etwas höheren natürlichen Alkoholgehalt geerntet, da er eben im Keller keinen Zucker mehr zugeben durfte. Und tatsächlich wirkt dieser Wein vordergründig beeindruckend, sehr reif, dicht, füllig, aber mit Anklängen von eingekochten Früchten. Allerdings ist es der Jahrgang 2006 von diesem Wein, der bei Huber für eine »positive Überraschung« gesorgt hat – ein Volltreffer. Denn 2006 lag das geerntete Ausgangs-Mostgewicht der vollreifen Trauben verglichen mit 2004 bei niedrigeren 98 Grad Öchsle, und der natürliche Alkoholgehalt reduzierte sich dann nach der Maischegärung auf (für Spätburgunder) moderate 12,8 Volumenprozent.

Öchsle, Oechsle
In Deutschland gebräuchliche, auf Christian Ferdinand Oechsle (1774–1852) zurückgehende Maßeinheit zur Bestimmung des Mostgewichts. Der Öchslewert gibt an, um wie viel Gramm schwerer ein Liter Most gegenüber einem Liter Wasser ist, danach wiegt ein Liter mit 90° Öchsle 1090 Gramm.

Maischegärung
Die Gärung des Mosts erfolgt auf der Maische, d. h. im Kontakt mit den Beerenschalen.

»Ziemlich dünn«, dachte sich der erfahrene Rotweinwinzer, doch diese Ansicht wandelte sich im Februar nach der Ernte. Während des Ausbaus in der Barrique wurde der Wein nämlich »runder, voller, ausgewogener«. Dies brachte Huber ins Grübeln, ob sich nämlich die verspielte Eleganz des Spätburgunders, die er persönlich so sehr schätzt, beim

Markgräfler Spätburgunder nicht gerade auch – oder insbesondere – bei etwas moderateren Alkoholwerten noch klarer herausstellen lässt, und tatsächlich zeigt der Wein auf der Flasche seine kühle Schattenseite, aber auch eine ungewöhnlich elegante, geradeaus gespürte Frucht, die genau so schmeckt, wie sie gewachsen ist. Die Säurefrische ist exemplarisch!

Zudem sind die Böden in diesem Teil von Baden etwas fetter und weniger skelettreich als in Burgund, wodurch diese badischen Spätburgunder tendenziell vielleicht eine Spur weicher und fülliger schmecken – auch sind die Reben im Schnitt nicht so alt wie in der Bourgogne. Festzuhalten bleibt jedenfalls, dass selbst so ausgefuchsten Rotweinspezialisten wie Bernhard Huber noch nachhaltige Erfahrungen mit einem Spätburgundertypus fehlen, dessen Alkoholgehalt unter 13 Volumenprozent liegt und der die Palette an Ausdrucksmöglichkeiten noch auf spannende Art erweitern kann. Dies erhält auch besonderes Gewicht im Kontext von einigen in der Weinkritik auch sehr hoch bewerteten »Spitzenweinen« aus dem Markgräflerland und dem Breisgau, deren Freizügigkeit vielleicht besser einer eher nördlichen Ästhetik unterworfen werden könnte.

In die richtige Richtung geht jedenfalls der Bombacher Sommerhalde R, ein beeindruckender, resolut einladender Wein. Kühle nächtliche Winde begünstigen bei dieser Lage Frische und Fruchtigkeit. Mit – etwas abgerundeten – 13 Volumenprozent Alkohol auf dem Etikett schmeckt der Wein straff, animierend und charakterstark. Der Malterdinger Bienenberg R von Terrassen aus den Filetstücken der Lage besitzt ebenfalls eine klar definierte, athletische Kraft, mit jeder Menge roten Früchten und wohlriechenden Veilchen im Marschgepäck. Der Wildenstein R aus dem Gewann Willistein ist zwar ein noch üppigerer, fast mächtig wirkender Roter, aber man spürt eine abgrundtiefe Mineralität und das Potenzial für Jahre der Reife. Allerdings liegt der Alkoholwert beim Jungfernjahrgang 2004 mit 13,8 Volumenprozent vielleicht etwas hoch – was ein wenig auf Kosten der Finesse geht. Spätere Jahrgänge dieses überaus komplexen Weins sind noch präziser und bekömmlicher geraten. Die Eleganz und die Differenziertheit auf solch hohem Niveau sind hier der Paukenschlag. Und auch wenn der einstige Spitzenwein Alte Reben mehr in den Hintergrund tritt, so

Nachfolgende Doppelseite: Burgunder wollen mit den Füßen im Kalk stehen – und genau das tun sie in den besten Lagen von Südbaden.

überzeugt er nach wie vor durch präzise Gerbstoffe, langsam sich auffächernde Festigkeit und Schmelz. Was für eine herrliche Kirschfrucht! Das möchte man auch zum normalen trockenen Spätburgunder Malterdinger Bienenberg sagen: in seiner Preisklasse eine fast schon unverschämt luxuriöse Trinkempfehlung. Beeindruckend ist eben auch, dass ein so versierter Rotweinspezialist wie Huber weiterhin offen ist und sein Konzept vom harmonischen, konzentrierten, im positiven Sinn durchaus fruchtigen Spätburgunder immer präziser und bekömmlicher auf die Flasche zieht. So sieht Bernhard Huber den idealen Alkoholgehalt für seine Spitzen-Spätburgunder mittlerweile in einem idealen Bereich zwischen 13 und 13,5 Volumenprozent – so mancher Spitzenrote aus früheren Jahrgängen lag teils etwas darüber und kaschierte mit seiner Wärme etwas die Finesse. So steht die eigenständige Sehnigkeit von Hubers Roten heute für ein Raffinement, das für die Entwicklung der Spätburgunder im Markgräfler Land und im Breisgau wegweisend ist.

Viel dahinter haben aber auch die Weißen, die ihr Muskelspiel nicht offen zeigen. Für die oft eher blumig-weich schmeckende Auxerrois-Traube kommt der Kabinett trocken erstaunlich gradlinig und beschwingt daher, und der Müller-Thurgau ist alles andere als ein harmloses Allerweltsfrüchtchen. Fruchtig, rassig und irgendwie, Verzeihung, genial schmeckt der Muskateller Kabinett Malterdinger Bienenberg mit natürlicher Traubensüße: Manche Jahrgänge haben nur sieben Volumenprozent Alkohol, dafür aber 700 Prozent Weingeschmack. Ebenso verführerisch schmeckt die originelle trockene Cuvée Malterer vom Chardonnay und Freisamer (eine Kreuzung zwischen Silvaner und Ruländer), während das Große Gewächs vom Weißen Burgunder Malterdinger Bienenberg gleichermaßen erdverbunden wie faszinierend ist. Ein Kapitel für sich sind aber die teils vorzüglichen Chardonnays, bei denen Huber ebenfalls ab dem Jahrgang 2004 einen neuen Lagenwein vorstellt: den Hecklinger Schlossberg, der seine ganze luftige, geradlinige Architektur erst langsam entfaltet. Neben dem an einen guten Chablis erinnernden trockenen Chardonnay und der in der Barrique ausgebauten, langen, festen, an Vanille und Haselnüsse erinnernden R-Version aus alten Reben (1954 ist Chardonnay irrtümlich gepflanzt worden, was zu spät festgestellt wurde) ist er die nächste feine Ausprä-

Müller-Thurgau
Ende des 19. Jahrhunderts gezüchtete weiße Rebsortenkreuzung aus Riesling x Madeleine Royal (eine Variante vom Gutedel).

Cuvée
In erster Linie ein Wein, der aus dem Verschnitt verschiedener Rebsorten zumeist eines Gebiets zusammengestellt wird oder aus verschiedenen Kelterungen derselben Sorte.

Silvaner
Typisch fränkische Rebe, im gesamten deutschsprachigen Raum weit verbreitet. Ergibt erdig-mineralische bis blumig-fruchtige, stoffige Weine.

gung der sorgfältigen Handwerkskunst von Bernhard Huber.

Zweifellos hat er fast schon Kultstatus wie einige seiner besten Weine, der Kultstatus ist hier aber nichts Kitschiges oder Überhöhtes: Bernhard Huber ist ein analytisch-kühler Enthusiast. Die Liebe zum Burgunder ist bei ihm die Triebfeder, in gewissenhafter, unermüdlicher Arbeit in rund 20 Jahren Puzzleteil um Puzzleteil zu einem vielschichtigen, facettenreichen Bild der immer aufregenderen deutschen Rotweinkultur zusammenzufügen.

Eine klare Sprache, Liebe und Sorgfalt drücken sich auch im Etikett der Shelter Winery in Keuzingen/Kaiserstuhl aus, wo drei illustrative Zeichnungen in dezenter Farbigkeit ein Blatt, eine Schnecke und eine Hummel zeigen.

Shelter Winery
Mühlestraße 17
D-79341 Kenzingen
Tel. +49 (0)76 44/92 76 63
Fax +49 (0)76 44/92 77 75
E-Mail: espe@shelterwinery.de
www.shelterwinery.de
Öffnungszeiten:
nach Vereinbarung

»Unsere Pumpe ist die Schwerkraft, und Geduld ersetzt den Filter«, meinen Hans-Bert Espe aus Osterode, der mehrere Jahre Gutsverwalter im Traditionsweingut Graf Wolff Metternich in Durbach war, und Silke Wolf aus Paderborn. Sie lernten sich während des Studiums in Geisenheim kennen, sahen sich nach dem Abschluss in Weinregionen auf der ganzen Welt um und waren fasziniert von Oregon. 2004 folgte dann der Entschluss: Wir machen uns im Breisgau selbständig und konzentrieren uns auf das Wesentliche: den Spätburgunder. Sensationell niedrig ist mit 18 Hektolitern pro Hektar der durchschnittliche Ertrag für den Pinot-noir-Rotwein. Doch genau darin liegt für Hans-Bert Espe der Schlüssel zum Erfolg: »Dank der enorm niedrigen Erträge sind die Beeren eher physiologisch reif, und das Mostgewicht ist auch keinesfalls überzogen. So können wir relativ früh lesen und erhalten dadurch die Frische.«

Die Reben wachsen in Malterdingen und Kenzingen teils in der aufwändigen Lyra-Erziehung, wo die geteilte Laubwand wie zwei sonnenhungrige Kollektoren die Sonnenenergie auffängt. Energiegeladen schmeckt auch der herrlich vitale, substanzreiche Pinot-noir-Rotwein, dessen Kraft in der Tiefe liegt. Es ist aber kein Hinabfallen, sondern eher ein sanftes Gleiten. Kein vorlauter Gedanke an Holz, aber Schellackpolitur, köstliche Vanille, Kirsche, Kräuter und eine fast schon ätherische Note. Ein sich harmonisch auffächernder Dreiklang aus Frucht, Säure und Mineral in sehr

In der Lyra-Erziehung fungiert die geteilte Laubwand wie zwei Sonnenkollektoren.

stimmiger Tonlage, deren klare, gradlinige Ansprache an Blatt, Schnecke und Hummel erinnert. Vor allem fasziniert, dass an diesem Wein bei niedrigsten Erträgen und enorm hoher Dichte nichts übertrieben, satt oder wuchtig wirkt – wie leider so oft nicht nur in diesem Teil von Baden. Das Aromenprofil des Pinot noir wird mit herrlichen Noten von Unterholz und frisch gepflügter Erde immer eigenständiger und präziser, der Alkoholgehalt ist ebenfalls bekömmlich. Die Frische und Saftigkeit in den Gerbstoffen geben auch dem neuen Einstiegs-Spätburgunder Leben, der eine Heiterkeit und Vitalität ausstrahlt wie die aufstrebende, pulsierende Region – die doch nur an eine fast verschüttet gegangene Tradition anknüpft und aus dem Windschatten des Kaiserstuhls herauskommt.

Richtig nach Spätburgunder schmeckt auch der weiße Blanc de Noir trocken, der einen anmutigen, fruchtigen Geschmack entfaltet, während der Sparkling Sekt Brut trocken (auch aus Spätburgunder) straff und sehr erfrischend ist. Ab 2006 wird der Sparkling in 600-Liter-Fässern ausgebaut und geht nun mehr in die Champagner-Richtung: cremiger Extrakt umhüllt eine Perlage der Sonderklasse. Ein ungewöhnlich leckerer Stoff!

Weingut Stadt Lahr
Familie Wöhrle
Weinbergstraße 3
D-77933 Lahr
Tel. +49 (0) 78 21/2 53 32 und 95 71 90
Fax +49 (0) 75 32 /44 67 47
E-Mail: info@weingut-stadt-lahr.de
www.weingut-stadt-lahr.de
Öffnungszeiten: Mo.–Fr. 9–18 Uhr, Sa. 9–16 Uhr, So. ab 11 Uhr

Einige Kilometer weiter nördlich in Lahr feilen Hans und Markus Wöhrle vom WEINGUT STADT LAHR – FAMILIE WÖHRLE an einer Revolution des badischen Weißweins. 1979 pachteten Hans und seine Frau Monika Wöhrle das Weingut, brachten es auf Vordermann und stellten seit dem Jahr 1990 auf ökologischen Weinbau um. Heute ist der Betrieb im Besitz der Familie und Sohn Markus Wöhrle, ein Geisenheim-Absolvent, für den Keller zuständig – er hat vier Jahre lang bei dem fast schon legendären Kellermeister Hans-Günther Schwarz auf dem Weingut Müller-Catoir in Neustadt-Haardt in der Pfalz gearbeitet, war dessen Zögling und rechte Hand. Tatsächlich erinnert die Lebendigkeit und Intensität des Geschmacks, der sich durch eine subtile Traubigkeit und nachhaltige Mineralität auszeichnet, an den großen Pfälzer Lehrmeister.

»Keinen Eingriff in das innere Gefüge des Weins«, lautet das Motto der Familie Wöhrle, und das ist in Baden keineswegs eine Selbstverständlichkeit. Durch die ökologische Bewirtschaftung, die Begrünung der Weinbergsflächen durch

Mehr als nur Wärme und Schmelz: Im nördlichen Breisgau feilt Markus Wöhrle an der Revolution des badischen Weißweins, der durch Traubigkeit, Biss und Mineralität brilliert.

Einsaaten rebenfreundlicher Pflanzen, das Einbringen von Grünkomposten und den völligen Verzicht auf chemisch-synthetische Pflanzenschutz- und Unkrautbekämpfungsmittel sowie künstliche Mineraldünger ist die Flora und Fauna im Weinberg besonders aktiv und der Humusanteil hoch. Die Reaktivierung der Böden ist also die Quintessenz der Philosophie. Dadurch kann die Rebe besonders viele Spurenelemente aufnehmen, und die Säure wird durch die Mineralstoffe gestützt.

Um die Frische und Klarheit zu erhalten, werden die Weißweine – bis auf die Großen Gewächse – im Stahltank ausgebaut, und bereits der trockene Auxerrois-Kabinett er-

Weißburgunder
Der Weiße Burgunder/Weißburgunder wird auch Pinot blanc (in Frankreich) und Pinot bianco (in Italien) genannt. In Baden bringt er tendenziell elegantere und etwas subtilere Weine als der eng verwandte Grauburgunder.

innert an einen strahlend blauen Weinhimmel, während das Pendant vom Weißburgunder wie ein Stachel im Fleisch der fetten, wuchtigen, manipulierten badischen Weißweine sitzt. Für die Weine von Markus Wöhrle ist die nur peu à peu anklingende Fülle erstaunlich! Dann die Weißburgunder Spätlese trocken: mit ihrem süßen Blütenduft ebenso substanziell wie kernig in der Mineralität. Frischer Wind kommt, und das Segel wird gestrafft, es geht auf große Fahrt! Bereits an der ersten Station lockt ein richtiger Aromatopf: Der trockene Grauburgunder Kabinett steckt voll badischem Schmelz und köstlichen gelben Früchten, die mit einem Hauch von Honig beträufelt sind. Dann endlich, am Horizont, schimmert das Ziel: noch exotischere Früchte, leuchtende Quitten, Honig, Nüsse und der Duft von nassen Steinen nach einem Regenguss. Das alles steckt in dem stilistisch vielleicht überzeugendsten Wein des Betriebes – der trockenen Grauburgunder Spätlese –, bei dem die Reben mit ihren Mammutrüsseln viele Mineralien aus dem Boden gesaugt haben.

Das sind fast perfekte Weine, die aber noch geradlinig genug sind, um nicht zu perfekt zu sein. Vielleicht wollte Markus Lahr bei den beiden im Jahrgang 2005 vinifizierten Großen Gewächsen vom Weiß- und Grauburgunder dann aber doch einen kleinen Tick zu hoch hinaus. Denn warum brauchen die vermeintlichen Spitzenweine eines badischen Weinguts immer so viel Holz, wenn doch der schwungvolle normale Stil des Hauses so überzeugend ist? Zweifellos ist das Traubenmaterial von einer Güte, um es etwas straffer und frischer bloßzulegen, statt es mit Eiche zu überfrachten.

Und genau dieses gelingt Wöhrle nun immer besser: Natürlich, ein richtig guter Grauburgunder aus Baden hat diese Extraportion an Aromen wie Vanille, Toast, geschmolzene Butter, geröstete Nüsse, Mineralien und gelbe Früchte, die auch im Großen Gewächs Lahrer Kronenbühl von Wöhrle steckt. Aber das alles ist eng geschnürter, fester verpackt und stimmiger. Fast schon brutal gut. Dem gegenüber steht die fordernde, eigenständige Würze und mineralische Pikanz des deutlich strafferen, in dieser Kategorie ungewöhnlich frisch schmeckenden Weißburgunders, der seine Tiefe nur schluckweise enthüllt. Das Fordernde ist hier der vierdimensionale Strang aus süß, säurefrisch, salzig und holzwürzig.

Die dank des lebendigen Säurespiels nördliche Poesie Badens jedenfalls, die heitere, durch und durch deutsche Seite wirkt in diesem nördlichen Teil des Breisgaus absolut stimmig. Immer beeindruckender geraten die Rotweine von Markus Wöhrle mit dem Spätburgunder SC von neuen, teils in der Lyra-Erziehung bestockten Pinot-Klonen aus dem Burgund an der Spitze, der voller kleiner Waldbeeren zu stecken scheint. Und wie bei Huber werden alte Gewanne wieder stärker ins Bewusstsein der Weinfreunde gerückt.

So wachsen die Reben der Familie Wöhrle an der Großlage Schutterlindenberg, quasi dem Lahrer Hausberg, auf fruchtbaren Löss- und Lehmterrassen mit Kalkverwitterungsgestein. In typischer Kegelform mit dem weithin sichtbaren Lindenwald auf der Kuppe als Ausläufer des Schwarzwaldes in die Oberrheinebene ragen die Filetstücke des Lahrer Kronenbühles, einer weinrechtlichen Einzellage, oberhalb von Lahr heraus. Konsequenterweise wurde ab dem Jahrgang 2004 daher auf den Lagennamen Schutterlindenberg zugunsten des Kronenbühls verzichtet. Als nächstes Großes-Gewächs-Projekt nimmt die Familie Wöhrle die weinrechtliche Anerkennung des vier Hektar großen Gewannes Kirchgasse in Angriff, einer traditionsreichen Kernlage des Kronenbühl, wo die Weine ausgeprägt mineralisch und facettenreich schmecken.

Löss
Feinstaubsediment, das durch Wind abgelagert wurde. Es kommt in meterdicken Schichten vor. Löss stellt einen optimalen Weinbergsboden dar, weil es eine sehr hohe Wasserspeicherfähigkeit hat und reich an Nährstoffe ist. Tendenziell sind Weine, die auf Löss wachsen, saftig und zugänglich.

Nichts ist so sicher wie der Wandel. Mit guten und teilweise auch genialen Weinen treten das Markgräflerland und der Breisgau sehr energisch aus dem Schatten von Ortenau und Kaiserstuhl heraus – wenngleich die Messlatte der besten Kaiserstühler Betriebe wie Salwey (siehe Seite 131) bis dato nur vom Weingut Huber erreicht wird und einige der neuen vermeintlichen Spitzenweine noch verspielter und eleganter sein könnten. Dabei wird der Stil der Herausforderer aus einem schillernd-leuchtenden Streifen von Baden immer stimmiger und ausgewogener. Auf dass der Badener Weinstil mit neuen, aufregenden Facetten vom Kalkstein noch intensiver funkeln kann!

Breisgau und Markgräflerland in Zahlen

Rebsorte	**1982**	**2006**	**Trend**
Gesamtrebfläche	4461 ha	4683 ha	⬀
Weiße Rebsorten insgesamt	85,83% = 3829ha	58,96 % = 2761 ha	⇩⇩
Riesling	0,72 % = 32 ha	1,26 % = 59 ha	⇧
Müller-Thurgau	36,54 % = 1630 ha	15,22 % = 713 ha	⇩⇩
Ruländer (Grauer Burgunder)	9,57 % = 427 ha	6,81 % = 319 ha	⇩
Silvaner	1,08 % = 48 ha	0,17 % = 8 ha	⇩⇩
Weißer Burgunder	2,98 % = 133 ha	7,62 % = 357 ha	⇧⇧
Chardonnay	k.A.	1,26 % = 59 ha	⇧
Gutedel	27,37% = 1221 ha	21,74 % = 1018 ha	⇩
Auxerrois	0,49% = 22 ha	0,32 % = 15 ha	⇩
Gewürztraminer	1,75% = 78 ha	1,07 % = 50 ha	⇩
Sauvignon blanc	k.A.	0,47 % = 22 ha	⬀
Sonstige	5,34 % = 238 ha	3,01 % = 141 ha	⇩
Rote Rebsorten insgesamt	14,17% = 632 ha	41,04 % = 1922 ha	⇧⇧
Blauer Spätburgunder	13,7 % = 611 ha	34,1 % = 1597 ha	⇧⇧
Portugieser	0,02% = 1 ha	0,02 % = 1 ha	⇨
Schwarzriesling	0,09 % = 4 ha	0,23 % = 11 ha	⬀
Regent	k.A.	3,33 % = 156 ha	⇧
Cabernet Mitos	k.A.	0,90 % = 42 ha	⇧
Sonstige	0,36 % = 16 ha	2,46 % = 115 ha	⇧

Quellen: Badischer Weinbauverband e.V.; Staatliches Weinbauinstitut Freiburg; Deutschlands Weinbauorte und Weinbergslagen, von Fritz Goldschmidt. Mainz, Verlag der Deutschen Wein-Zeitung 1910

Auch hier waren keine Zahlen für den Zeitraum um 1900 zu bekommen. Laut Fritz Goldschmidt wächst der beste Wein des Breisgaus im Glottertal, »doch ist die Menge dieses sehr starken Rieslings- und Traminerweines« gering. Ansonsten herrscht im ganzen Breisgau, mit Ausnahme des Glottertales, der Elbling vor. Beim Rotwein wird Heimbach besonders hervorgehoben. Besonders rühmt Fritz Goldschmidt aber das Markgräfler Land, das historisch in Baden wohl eine besonders exponierte Stellung innehatte: »Am meisten bekannt geworden auf dem Weltmarkt sind wohl die Markgräfler Weine.« Sie zeichnen sich für den Verfasser durch besondere Eigenart aus, sind ganz vorzügliche Tischweine und gewinnen bei längerem Lager sehr an Bukett und Charakter. Daher werden sie in der Region am liebsten dann konsumiert, »wenn sie einige Jahre hinter sich haben, und so kommt es denn auch, dass man verhältnismäßig sehr viel alte Weine hier antrifft«. Der Gutedel wurde als Sorte von Fritz Goldschmidt schon damals besonders hervorgehoben und konnte, im Gegensatz zu heute, seine Qualität auch als gereifter Wein entfalten.

WEITERE EMPFOHLENE WEINGÜTER

Weingut BiAn
Im Brünnelinsgraben 1
D-77955 Ettenheim
Tel. +49 (0) 78 22/44 63 20
Fax +49 (0) 78 22/44 63 19
E-Mail: info@weingut-bian.de
www.weingut-bian.de
Öffnungszeiten: nach Vereinbarung

Ein knapper Name, ein klares, frisches Programm: BiAn steht für die beiden jeweils ersten Anfangsbuchstaben von (Bi)eselin und (An)dreas. 2002 hatte Andreas Bieselin den ersten Jahrgang seines Weinguts in Ettenheim gelesen – mit 21 Jahren! Die Eltern lieferten früher zwar Trauben an die Winzergenossenschaft, dennoch interessierte Andreas Bieselin der Beruf des Winzers nie sonderlich. Das änderte sich erst durch ein Praktikum während der Schulzeit bei der badischen Rotweinikone Bernhard Huber in Malterdingen, wo er sich dann auch um einen Ausbildungsplatz bewarb.

Noch heute schwärmt der junge Winzer, der mittlerweile durch seine Frau Olivia unterstützt wird und seine Kenntnisse im toskanischen Gut Poggio al Sole vertiefte, von seinem einstigen Chef Huber. Wie dieser setzt Bieselin rigoros auf Qualität: Terrassierungen weichen Steillagen, um eine bessere Sonneneinstrahlung zu erreichen, sorgfältige Klonenselektionen bei Neuanlagen sind ebenso obligatorisch wie Bodenbegrünung. Die Weinlese erfolgt in kleinen Kistchen, die niedrigen Erträge sollen älteren Winzer schon die Tränen in die Augen getrieben haben, und im Keller dürfen die Weine ausgiebig reifen. Die vollmundigsten, kräftigsten Rotweine, vor allem Spätburgunder und neuerdings eine Cuvée aus

Cabernet franc und Merlot, reifen in 225-Liter-Fässern.

Das Ergebnis sind ungewöhnlich eigenständige, markante Weine. Spätburgunder Barrique 1 und 2 sind die Steckenpferde, und vor allem die Zweier-Version erstaunt! Das ist jede Menge vorwärts preschende Kraft, doch ist diese nicht ungezügelt, sondern sehnig, muskulös und mit einem direkten Drive. Markante Röstaromen von Kaffee, auch etwas Lakritze geben Komplexität und Pfiff. Fruchtiger, mit schönen Schokotanninen schmeckt das Pendant Barrique 1 nach einem intensivem badischem Spätburgunder. Und der Weißburgunder dient nur einem einzigen Zweck: Die Früchte in einen höheren Energiezustand zu versetzen. Bei aller Markanz und einer kräftigen Eichenholzaromatik kommt hier nicht die Frucht zu kurz, und das verrät Talent und gutes Handwerk – aber auch etwas vom vielleicht noch immer unterschätzten natürlichen Potenzial der Region.

»Der Breisgau ist ein bisschen der Underdog in Baden«, meint Bieselin, »schwer zu sagen, ob es daran liegt, dass es nur wenige, überregional bekannte Weingüter gibt und die Winzergenossenschaften allesamt Vollablieferer an den Badischen Winzerkeller sind. Oder daran, dass sich der Breisgau nicht an einer bestimmten Profilrebsorte festmachen lässt – wie es zum Beispiel am Bodensee mit dem Müller-Thurgau, im Markgräflerland mit dem Gutedel, am Kaiserstuhl mit dem Grauburgunder oder der Ortenau mit ihrem Riesling bzw. Klingelberger der Fall ist. Dabei hat die Region optimale Bedingungen: teilweise Böden aus Löss und Lehm mit Muschelkalk im Untergrund, etwa ähnlich wie im Burgund. Tagsüber strömen warme Winde über die Burgundische Pforte zu uns, nachts sorgt die Luft aus den Seitentälern und dem nahe liegendem Schwarzwald für Abkühlung, und die Rebflächen sind gut zu bewirtschaften. Die Weine sind fruchtig und spritzig mit einer gewissen Mineralität und machen einfach Spaß. Eigentlich müsste man sich im Breisgau nicht verstecken, wie auch die Erfolge von Bernhard Huber zeigen. Ein bisschen mehr Selbstvertrauen täte dem Bereich gut, dann würden vielleicht auch mehr Junge die Arbeit ihrer Eltern, die meist nur Winzer im Nebenerwerb sind, weiterführen«, so Bieselin. An Selbstvertrauen und Engagement mangelt es dem jungen Winzer jedenfalls nicht. Er macht es vor, wie es gehen kann!

Weingut Blankenhorn
Basler Straße 2
D-79418 Schliengen
Tel. +49 (0) 76 35/8 20 00
Fax +49 (0) 76 35/ 82 00 20
E-Mail info@gutedel.de
www.gutedel.de
Öffnungszeiten: Mo.–Fr. 8–12 und 14–18 Uhr, Sa. 9–13 Uhr und nach Vereinbarung

Weingut Dirk Brenneisen
Am Weiler Weg 2
D-79588 Egringen
Tel. +49 (0) 76 28/80 09 87
Fax +49 (0) 76 28/94 17 98
E-Mail dirk.brenneisen@web.de
www.weingut-brenneisen.de
Öffnungszeiten: nach Vereinbarung
Brenneisen ist ein Geheimtipp, dem die Konsumenten eigentlich das Weingut einlaufen müssten. Denn hier gibt es genau die Qualitäten, die man sich wünscht. Bezahlbar, klasse gemacht, reif in der Frucht und frisch in der Säure. Durchgegoren und nicht angereichert. Naturweine, wenn man so möchte. Der im großen Holzfass vergorene, nicht geschönte, nur minimal filtrierte Weißburgunder etwa ist eine echte Spaßgranate, zum Abheben saftig. Wo bekommt man sonst solch eine köstliche, genau auf den Punkt reife Frucht von Williams-Christ-Birne, die so präzise und stimmig auskalibriert ist? Und wer möchte den unfiltrierten Spätburgunder Läufelberg verschmähen, wenn er einmal einen Schluck von dieser köstlichen Enthüllung feinster Brombeer- und Kirschennoten genommen hat? Vielleicht ist auch der Muskat-Gutedel schon eine kleine Sensation: Duftigkeit, Saftigkeit und Harmonie in diesem Riesen von angeblichem Zwergwein verblüfft und irritiert – aber nur so lange, bis das Glas ausgetrunken ist (also recht schnell). Was soll man schon machen, wenn es diese Bergbachfrische gibt, diese munter stimmende Zechwein-Heiterkeit im allerbesten Sinne? Laut Dirk Brenneisen ist der Muskat-Gutedel keine Cuvée, sondern eine enorm seltene Spielart des Gutedels, entstanden durch Mutation. Diese Weine wirken natürlich, dagegen sind die tiefer gelegten Bombastburgunder und die in Künstleausstattungen abgefüllten, im Keller auf Italien und Neue Welt getrimmten Marmeladenroten schon extraterristische Mutationen!
Brenneisens Rotweine werden generell in Holzfässern ausgebaut (in der Spitze bei den Lagenweinen wie Läufelberg und Himmelreich für 24 Monate in gebrauchten und teilweise neuen Barriques), die Weißweine bis auf den Gutedel und den herrlich süffigen, fast schon knackigen Muskat-Gutedel ebenfalls. Dabei bleiben die Weine im Holzfass sehr lange auf der Hefe, zwischen sieben bis zwölf Monate. »Der Einfluss der Hefelagerung und der Mikrooxidation im Holzfass verleihen dem Wein Struktur, Mundfülle und Charakter«, erklärt der Winzermeister aus Egringen, der sein Weingut ab 2000 aufgebaut hat, »auf Schönungsmittel wird weitgehend verzichtet! Durch diese Ausbauweise entstehen eigenständige Weine, die bei der Qualitätsweinprüfung oft missverstanden werden. Um aber diese Eigenständigkeit zu erhalten, wird seit dem Jahrgang 2006 auf die AP-Nr. verzichtet.«
Diese Weine stehen für eine ganz eigenständige Markgräfler Weinkultur mit Rückhalt und Charakter – und das zu absolut fairen Preisen.

Weingut Mario J. Burkhart
Talmweg 1
D-79364 Malterdingen
Tel. +49 (0) 76 44/92 68 53
Fax +49 (0) 76 44/92 68 54
E-Mail:
mario@weingut-burkhart.com
www.weingut-mjb.de
Öffnungszeiten: nach Vereinbarung
So gut können badische Landweine schmecken! »Ich habe mich für die Herstellung von Landwein entschieden«, erklärt Mario J. Burkhart, »weil ich keinen uniformen Wein herstellen möchte. Der Wein soll seine jahrgangsspezifischen Schwankungen haben und soll nicht immer gleich schmecken. Und was mir persönlich sehr wichtig ist: Er soll so sein wie ihn die Natur mit mir gemeinsam macht!« Und das passiert nach dem schonendsten Prinzip: Abstich nur an bestimmten Tagen in der Pflanzzeit bei Mondferne, keine Pumpe, keine Schönungsmittel, alles im Gefälle mit leichtem Gegendruck im Tank, damit die leicht flüchtigen Aromastoffe im Wein bleiben, bis er ins Glas eingeschenkt wird. Und dann berichtet Burkhart, der seit 2002 rund zwei Hektar Rebfläche auf Löss und Muschelkalk in Malterdingen bewirtschaftet, von ablehnenden Urteilen bei der Qualitätsweinprüfung etwa wegen eines Depots in der Flasche: »Meine Weine passen einfach nicht in ein gängiges Schema, und wurden schon für untypisch befunden. So habe ich nun in der Landwein-Kategorie endlich die Freiheiten, die ich brauche.«
Was heißt schon »untypisch«, wenn das »Typische« nach Mainstream schmeckt? Burkhart hat zwar einige extreme Weine, wie den enorm dichten, cremigen, im französischen Stil ausgebauten Rarus Blanc mit holzig-würzigen Röstaromen und Fruchtanklängen von Pfirsich, Mango und Williams-Christ-Birne, doch vielleicht ist sein ganz normaler Spätburgunder neben dem Rarus Noir sein größter

Geniestreich. »Untypisch« heißt etwa beim Pinot Noir 2005: nur 11,5 Volumenprozent Alkohol, aber voller, intensiver, supersaftiger Burgundergeschmack! Wo sonst bekommt man diese Finesse und dieses Aroma bei solch niedrigem Alkohol?

Natürlich hat Mario Burkhart auch ein richtiges rotes Kaliber im Angebot. Der Rarus Noir ist nichts für Warmduscher. Kraft pur aus der Einzellage Fahrental, aufgrund der Konzantration tief purpurfarben, durchaus international im Ausbau in der Barrique, hoch im Alkohol, niedrig in den Erträgen – aber dicht und fruchtig-frisch genug, um noch vom kleinen Holzfass zu profitieren. Große Weine brauchen mitunter sogar das kleine Holzfass – aber nur dann, wenn sie die Röstaromen einbinden, verdauen und schlucken. Letztendlich soll die fruchtige Materie nur verfeinert, unterstützt und getragen werden. Beim Rarus Noir ist das der Fall. Solch ein Wein macht auch klar, dass die besten Breisgauer Spätburgunder keine Leichtgewichte sind – und auch nicht sein können –, dass aber der goldene Weg irgendwo zwischen Burgund und dem traditionellen deutschen Spätburgunder liegt. Eichenholz ja, fruchtige Frische ebenso ja. Holz- und Alkoholexzesse: Nein! Kratzbürstiges, trokkenes Tannin: ebenfalls klares Nein!

Weingut Feuerstein
D-79423 Heitersheim
Hauptstraße 8
Tel. +49 (0) 76 34/22 89
Fax +49 (0) 76 34/59 57 59
E-Mail: info@weingut-feuerstein.de
www.weingut-feuerstein.de
Öffnungszeiten: nach Vereinbarung

Weingut Ernst Heinemann
Mengener Straße 4
D-79238 Ehrenkirchen-Scherzingen
Tel. +49 (0) 76 64/63 51
Fax +49 (0) 76 64/60 04 65
E-Mail:
weingut-heinemann@t-online.de
www.weingut-heinemann.de
Öffnungszeiten: Mo.–Fr. 9–12 und 13.30–18 Uhr, Sa. 9–12 und 13–16 Uhr und nach Vereinbarung

Weingut Holub
Weinstraße 4
D-79336 Herbolzheim-Tutschfelden
Tel. +49 (0) 76 43/9 14 14 12
Fax +49 (0) 76 43/9 14 14 14
E-Mail: info@weingut-holub.com
www.weingut-holub.de
Öffnungszeiten: Mo.–Fr. 9–17 Uhr

Weingut Jaegle
Balgerstraße 8
D-79341 Kenzingen
Tel. +49 (0) 76 44/41 05
Fax +49 (0) 76 44/93 00 31
E-Mail: weingut.jaegle@t-online.de
www.weingut-jaegle.de
Öffnungszeiten: Mo.–Do. 16.30–18.30, Fr. 15–18.30, Sa 9–13 Uhr

Weingut Lämmlin-Schindler
Müllheimer Straße 4
D-79418 Mauchen
Tel. +49 (0) 76 35/4 40
Fax +49 (0) 76 35/4 36
E-Mail:
weingut@laemmlin-schindler.de
www.laemmlin-schindler.de
Öffnungszeiten: Mo.–Fr. 9–12 und 14–16.30 Uhr und nach Vereinbarung

Weingut Clemens Lang
Reinachstraße 19
D-79112 Freiburg-Munzingen
Tel. +49 (0) 76 64/58 63
Fax +49 (0) 76 64/5 94 16
E-Mail: info@weingutlang.de
www.weingutlang.de
Öffnungszeiten: nach Vereinbarung

Staatsweingut Freiburg und Blankenhornsberg
Merzhauser Straße 119
D-79100 Freiburg
Tel. +49 (0) 76 14/0 16 50
Fax +49 (0) 76 14/01 65 70
E-Mail: staatsweingut@wbi.bwl.de
www.wbi-freiburg.de
Öffnungszeiten: Mo.–Fr. 8–12 und 13–17 Uhr

Weingut Zalwander
Hauptstraße 50
D-79331 Köndringen
Tel. +49 (0) 76 44/92 38 37
Fax +49 (0) 76 44/92 38 37
E-Mail: weingut@zalwander.de
www.zalwander.de
Öffnungszeiten: nach Vereinbarung
Einer der originellsten und viel versprechendsten Aufsteiger in ganz Baden. Zalwander bedeutet auf alemannisch »zu zweit«, und das steht für ein gemischtes Doppel: den Schwaben Odin Bauer, der als Kellermeister beim Weingut Freiherr von Gleichenstein für den rasanten Aufschwung des traditionsreichen Kaiserstühler Guts aus Oberrotweil mitverantwortlich ist, und den Badener Elmar Lehmann, beide Winzer und Önologen. Seit 2002 erzeugt das kongeniale Duo auf 1,3 Hektar Weinbergen mit Muschelkalk- und Lösslehmböden in den Gemarkungen Köndringen und Mundingen dichten, ausdrucksstarken Wein von nur drei Rebsorten: Grauburgunder, Spätburgunder und Lemberger.

Zalwander steht in großen, schwarzen Lettern auf dem Etikett. Das puristische Bauhaus-Prinzip greift auch im Keller: klassische Ausbauweise, geringer technischer Aufwand. Nach der Reife in burgundischen Stückfässern kommen die Weine ungeschminkt, ungeschönt und unfiltriert auf die Flasche. Sie sind keine fruchtigen Allerweltscharmeure, sondern markante, selbstbewusste und durchaus körperreiche Charaktere. In der Jugend durchaus eckig und kantig, zeigen sie mitunter einen dezenten

Hefeton, der aber einer Statur weicht, die so aufrecht in Baden steht, dass man an ihr nicht vorbeikommt. Obwohl das Duo keine Rücksicht auf Traditionen nehmen muss (und etwa den originellen, in dieser Gegend recht raren Lemberger etabliert), werden die Weine doch in klassischer Manier gemacht. Ganz geradeaus, ganz gradlinig, ganz schön gekonnt.
Grauburgunder heißt die Einstiegsdroge. Der Ausbau im burgundischen Stückfass spendiert diesem Wein eine Extraportion Schmelz, überdies Aromen von Vanille und geschmolzener Butter. Gerüst geben die festen, geschmeidigen, gut eingebundenen Gerbstoffe, dazu gesellen sich köstliche Noten von gehacktem Orangeat und im Glas tanzenden Mineralien. Der Lemberger benötigt etwas Zeit, um die kräftigen Tannine einzubinden. Doch dann beeindrucken Würze, Säurefrische und intensive Beerenfrucht von Schwarzen Johannisbeeren. Genau das Richtige für eingefleischte Italienfans, die mal was gutes Deutsches probieren möchten.
Am stärksten sind jedoch die Spätburgunder, die ebenfalls von mindestens ein, zwei Jahren der Flaschenreife profitieren. Sie sind tief, kräftig, erstaunlich voll und setzen in der Spitzenversion EEE (für »Einzigartiger Erstklassiger Erdenhard«) aus der Steillage Erdenhard mit über 30-jährigen Rebstöcken auch mineralische Akzente.

Weingut Zimmermann
Auf dem Schliengener Berg
D-79418 Schliengen
Tel. +49 (0) 76 35/6 65
Fax +49 (0) 76 35/4 63
E-Mail: info@zimmermann-wein.de
www.zimmermann-wein.de
Öffnungszeiten: Mo.–Fr. 9–12 und 13–17 Uhr, Sa. 9–12 Uhr und nach Vereinbarung

HOTELS UND RESTAURANTS

BAD KROZINGEN

Hotel-Restaurant Storchen
Felix und Nabor Straße 2
D-79189 Bad Krozingen
Tel. +49 (0)76 33/53 29
Fax +49 (0)76 33/70 19
www.storchen-schmidhofen.de
Öffnungszeiten:, Mi.–So. täglich, Mo.–Di. Ruhetag
Regionale Gerichte und Fisch stellen die Spezialitäten da.
Preiskategorie: €€

BOLLSCHWEIL

Gasthaus Zum Rössle
St. Ulrich 11
D-79283 Bollschweil
Tel. +49 (0)76 02/2 52
Fax +49 (0)76 02/92 01 39
E-Mail: info@gasthausroessle.de
www.gasthausroessle.de
Öffnungszeiten: Mi.–Fr. ab 17 Uhr, Sa., So., und feiertags ganztags, Mo. und Di. Ruhetag
Wunderbar altes Gasthaus, mit langer Geschichte.
Preiskategorie: €€

FREIAMT

Gasthaus Zur Krone
Familie Manfred Kern
Mußbach 6
D-79348 Freiamt
Tel. +49 (0)76 45/2 27
Fax +49 (0)76 45/91 61 96
E-Mail: info@krone-freiamt.de
www.krone-freiamt.de
Öffnungszeiten: Mo.–Fr. ab 17 Uhr, Sa.-So. 12–14 und ab 17.30 Uhr, Mi. Ruhetag
Von der hausgemachten Schlachtplatte bis zum Gänsebraten ist alles köstlich!
Preiskategorie: €

FREIBURG

Gasthaus Bären
Hofackerstraße 96
D-79110 Freiburg
Tel. +49 (0)7 61/8 10 06
Fax +49 (0)7 61/8 81 89 91
E-Mail: info@baeren-freiburg.de
www.baeren-freiburg.de
Öffnungszeiten: Mo.–So. 10–24 Uhr
Ein ganz besonders kinderfreundliches Gasthaus!
Preiskategorie: €€

Hotel Colombi
Rotteckring 16
D-79098 Freiburg
Tel. +49 (0)7 61/2 10 66 17
Fax +49 (0)7 61/3 14 10
E-Mail: reservierung@colombi.de
www.colombi.de
Stadthotel der Luxusklasse.
Preiskategorie: €€€

Hotel-Restaurant Oberkirch
Münsterplatz 22
D-79098 Freiburg
Tel. +49 (0)7 61/2 02 68 68
Fax +49 (0)7 61/2 02 68 69
E-Mail: info@hotel-oberkirch.de
www.hotel-oberkirch.de
Öffnungszeiten: Mo.–Sa. 7–24 Uhr, So. Ruhetag
Allerfeinste regionale Küche!
Preiskategorie: €€

GLOTTERTAL

Wirtshaus Zur Sonne
Talstraße 103
D-79286 Glottertal
Tel. +49 (0)76 84/2 42
Fax +49 (0)76 84/93 35
E-Mail: info@sonne-glottertal.de
www.sonne-glottertal.de
Öffnungszeiten:, Do. ab 17 Uhr, Mo., Di., Fr., Sa., So 12–14 und ab 17 Uhr (ab 18 Uhr warme Küche), Mi. Ruhetag
Original Schwarzwälder Gastlichkeit, bezaubernd!
Preiskategorie: €

KENZINGEN

Scheidels Restaurant/Hotel zum Kranz,
Offenburgerstraße 18
D-79341 Kenzingen
Tel. +49 (0)76 44/68 55
Fax +49 (0)76 44/93 10 77
E-Mail: info@scheidels-kranz.de
www.scheidels-kranz.de
Öffnungszeiten: Mi.–So. 11.30–14 und 17.30–22 Uhr, Küche, Mo. abend und Di. Ruhetag
Ausgezeichnete Küche mit gutem Fisch!
Preiskategorie: €€

LAHR

Hotel-Restaurant Adler
Reichenbacher Hauptstr. 18
D-77933 Lahr
Tel. +49 78 21/90 63 90
Fax +49 78 21/9 06 39 33
E-Mail: adler@adler-lahr.de
www.adler-lahr.de
Restaurant: Di. ab 16 Uhr, Mo.–So. 7–24 Uhr
Preiskategorie: €€

Hotel-Restaurant Grüner Baum
Burgheimerstraße 105
D-77933 Lahr
Tel. +49 (0)78 21/2 22 82
Fax +49(0)78 21/98 99 09
E-Mail: info@gruenerbaum-lahr.de
www.gruenerbaum-lahr.de
Öffnungszeiten: Mo.–So. 12–14 und 18–22 Uhr, Mi. Ruhetag
Badische Küche trifft mediterranes Temperament, eine köstliche Begegnung.
Preiskategorie: €€

MALTERDINGEN

Hotel de Charme und Landhaus Keller
Gartenstraße 21
79364 Malterdingen
Tel. +49 (0)76 44/9 27 70
Fax +49 (0)76 44/9 27 72 42
E-Mail:
info@hotel-landhaus-keller.de
www.landhaus-keller.com
Wohlfühlatmosphäre durch perfekte Farbgebung in den einzelnen Zimmern!
Preiskategorie: €€

MÜLLHEIM

Taberna in Müllheim, Gaststätte und Weinhandel
Marktplatz 7
D-79379 Müllheim
Tel. +49 (0)76 31/17 48 84
Fax +49 (0)76 31/17 48 85
E-Mail:
taberna-muellheim@t-online.de
www.taberna-muellheim.de
Öffnungszeiten: Mo.–Do. 11–14 und 17–24 Uhr, Fr., Sa. 10–14 und 17–24 Uhr, So. und feiertags Ruhetag
Eine ganz besondere Küche, jeden Tag eine neue Karte mit neuen Kombinationen. Klassische badische Küche trifft auf neue italienische Spezialitäten, eine Gaumenreise.
Preiskategorie: €€

MÜNSTERTAL

Romantik-Hotel Spielweg
Spielweg 61
D-79244 Münstertal
Telefon: +49 (0) 76 36/70 90
Telefax: +49 (0) 76 36/7 09 66
E-Mail: fuchs@spielweg.com
www.spielweg.com
Das traumhaft malerisch gelegene Hotel Spielweg beherbergt eines der besten Restaurants Badens mit eigener Käseherstellung.
Preiskategorie: €€€

Gasthaus/Pension Zähringer
Stohren 10
D-79244 Münstertal
Tel: +49 (0)76 02/2 56
Fax +49 (0)76 02/6 85
E-Mail: info@zaehringerhof.de
www.zaehringerhof.de
Öffnungszeiten: Mo. 10–14 Uhr, Mi.–So. 10–24 Uhr, Di. Ruhetag
Gut bürgerliche Küche, mit Gerichten und Gewürzen aus der Region.
Preiskategorie: €

OBERRIED-HOFSGRUND

Hotel Die Halde
Halde 2
D-79254 Oberried-Hofsgrund
Tel. +49 (0)76 02/9 44 70
Fax +49 (0)76 02/94 47 41
E-Mail: info@halde.com
www.halde.com
Auf 1147m Höhe erlebt man die Natur neu und entspannt.
Preiskategorie: €€

OTTERSWEIER

Restaurant Post Hofmaier & Hofmaier
Hauptstraße 106
D-77833 Ottersweier
Tel. +49 (0)72 23/8 06 22 84
E-Mail: info@hofmaier-hofmaier.de
www.post-emmendingen.de
Öffnungszeiten: Di.–Sa. 11.30–15 und 18–24 Uhr, So. durchgehend von 11.30–21 Uhr, Mo. Ruhetag
Entspannen auf höchstem Niveau, mit klassisch badischem Essen!
Preiskategorie: €€

SULZBURG

Eric's Weingalerie
La Maison Eric
Eric Grandgirard
Im Brühl 7
D-79295 Sulzburg
Tel. +49 (0)76 34/61 10
Fax +49 (0)76 34/6 92 28
E-Mail: info@la-maison-eric.de
www.erics-weingalerie.de
Öffnungszeiten: Mi.–So. 12–14 und18.30–24 Uhr
Preiskategorie: €€

Hotel und Restaurant Hirschen
Hauptstraße 69
D-79295 Sulzburg
Tel. +49 (0)76 34/82 08
Fax +49 (0)76 34/67 17
E-Mail:
hirschen-sulzburg@t-online.de
www.hirschen-sulzburg.de
Öffnungszeiten: Mi.–So. 12–15 und 18.30–21 Uhr, Mo. und Di. Ruhetag
Beheimatet 500 verschiedene Weinsorten, Luxus pur.
Preiskategorie: €€€

WEIL AM RHEIN

Gasthaus Zur Krone
Rheinstraße 17
D-79576 Weil am Rhein
Tel. +49 (0)76 21/6 23 04
Fax +49 (0)76 21/6 53 50
E-Mail: info@krone-maerkt.de
www.krone-maerkt.de
Öffnungszeiten: Mi.–So. ab 14 Uhr, Mo., Di. Ruhetag
Die Fischspezialisten vom Rhein!
Preiskategorie: €€

KAISERSTUHL

Tanz auf dem Weinvulkan

Von Manfred Lüer

Den bis zu 557 Meter hohen Kaiserstuhl in Südbaden umgibt etwas Geheimnisvolles. Er weckt Emotionen und strahlt trotz allem etwas Unbezwingbares aus: eine feurige Gluthauch-Welt für sich, in die man tiefer eintauchen muss, um ihren Charakter und den ihrer Weine zu verstehen.

Früher war der Kaiserstuhl, der seine Vulkankegel so vorlaut aus der Oberrheinischen Tiefebene herausstreckt, eine Arme-Leute-Gegend. Es gab zwar Weinbau, aber spärlich und ganz selten von hoher Qualität, überwiegend von Bauern in klein parzellierten und aufwendig zu bewirtschaftenden Weinbergen betrieben. Der Wein wurde vorwiegend für den Eigenverbrauch produziert oder an die örtlichen Genossenschaftskellereien abgeliefert.

Die Genossenschaften waren – trotz manch furchtbarer Weine in den 1950er- und 1960er-Jahren – für den Kaiserstuhl enorm wichtig, denn zumindest brachten sie etwas Geld in die Region. Vorbildlich war schon damals die 1933 gegründete Winzergenossenschaft Königschaffhausen, die zuletzt in eine moderne Kellereinrichtung investiert hat. Aktuell können die Genossen vor allem mit fruchtbetonten, rebsortentypischen Weiß- und Grauburgundern und sehr nachhaltigen Weinen Selection aus besten Weinbergen der Lagen Hasenberg und Steingrüble glänzen. Nach Brombeere und Kirsche duften die bereits mehrfach ausgezeichneten Spätburgunder-Selectionsweine aus der Rotweinlage Königschaffhauser Steingrüble. An der Spitze steht der Spätburgunder Regnum, von den ältesten Anlagen, zur süßlichen Frucht kommen hier noch komplexe Noten von Tabak und Leder.

Auch bei der 1929 ins Leben gerufenen Winzergenossenschaft Achkarren ist der Weinstil grundsolide, und insbesondere die Weißen wurden immer saftiger und konzentrierter. Neben lebhaften, animierenden trockenen Kabinettweinen von Weiß- und Grauburgunder ist die dichte Saftigkeit des trockenen Chardonnay Bestes Fass Achkarrer Schlossberg von eigenständigem Charme. Die fruchtigen

Winzergenossenschaft Königschaffhausen
Kiechlinsberger Straße 2
D-79346 Königschaffhausen
Tel. +49 (0) 76 42/9 08 46
Fax +49 (0) 76 42/25 35
E-Mail:
info@koenigschaffhauser-wein.de
www.koenigschaffhauser-wein.de
Öffnungszeiten: Mo.–Fr. 8–12 und 13.30–17 Uhr, Sa. 9–12 Uhr gilt für die Monate Januar bis März; Mo.–Fr. 8–17.30 Uhr, Sa. 9–14 Uhr gilt für die Monate April bis Dezember

Winzergenossenschaft Achkarren
Schlossbergstraße 2
D-79235 Vogtsburg-Achkarren
Tel. +49 (0) 76 62/9 30 40
Fax +49 (0) 76 62/93 04 93
E-Mail: info@winzergenossenschaft-achkarren.de
www.achkarrer-wein.com
Öffnungszeiten: Mo.–Fr. 8–12.30, 13.30–17.30 Uhr, Sa. 9–13 Uhr

KAISERSTUHL-TUNIBERG
TOURISMUS E.V.
Marktplatz 16
D-79206 Breisach
Tel. +49 (0)76 67/94 01 55
E-Mail info@kaiserstuhl.cc
www.kaiserstuhl.cc

KAISERSTUHL

WEINANBAU STÄDTE & DÖRFER

Unsere Top Ten

6 Totenkopf

7 Wissenschaftlicher Lehrpfad am Limberg
www.lehrpfad.de

KARTENAUSSCHNITT

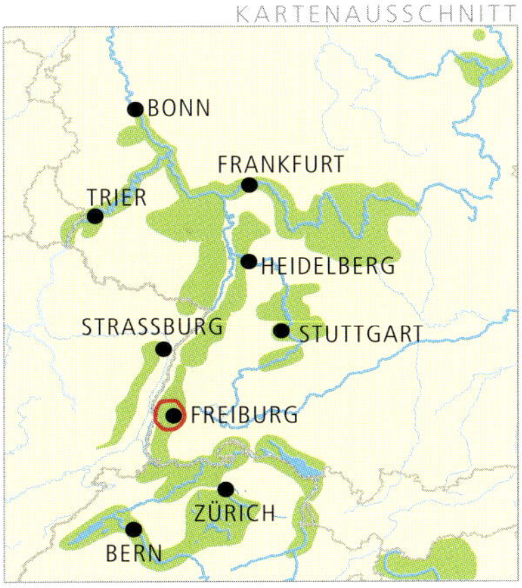

Winzergenossenschaft Sasbach
am Kaiserstuhl eG
Jechtinger Straße 26
D-79361 Sasbach
Tel. +49 (0) 76 42/9 03 10
Fax +49 (0) 76 42/90 31 50
E-Mail: info@sasbacher.de
www.sasbacher.de
Öffnungszeiten:
Mo.–So. 8–12.30 und 13.30–17 Uhr, Sa. 9–12 Uhr

und edelsüßen Weine sind süffig und harmonisch ausbalanciert: Die Ruländer Auslese Bestes Fass Achkarrer Schlossberg etwa ist klar, konzentriert und hat viel reife Frucht von Aprikose und Litschi – es fehlt aber etwas an Schwung und Tiefgang.

Deutlich investiert hat auch die WINZERGENOSSENSCHAFT SASBACH aus dem Jahr 1935, und die kraftvolle Spätburgunder Auslese Sasbacher Rote Halde hat mit ihren Aromen von Kirsche, Vanille und Bitterschokolade richtige Ausstrahlung und einschmeichelnde Statur. Feinduftig und mit frischer, klarer Cassisnote gerät der quicklebendige Muskateller Kabinett Sasbacher Limburg – und der in der Barrique ausgebaute Cabernet Sauvignon Sasbacher Rote Halde ist ein warmherziger, feinwürziger Roter. Das sind positive Beispiele für eine in der Summe nicht immer völlig überzeugende Genossenschaftskultur, die insgesamt noch zu sehr auf der Schnittstelle zwischen Tradition und Moderne zu verharren scheint. Viele Weine sind zu gefällig, wirken auch stilistisch eher mediterran inspiriert und besitzen oft eine recht banale und letztendlich austauschbare Geschmacksarchitektur. Und doch waren die Genossenschaften nach dem Zweiten Weltkrieg ein markanter Eckpfeiler für die aufstrebende Weinkultur am Kaiserstuhl, weil sie den vielen Kleinwinzern ein Auskommen gaben und dank ihrer Mittel und Möglichkeiten den Weinbau weiter vorantreiben konnten.

Traumhafter Blick aus der Käsleberg am Kaiserstuhl in die Vogesen.

■ In Frankreich haben wir gesehen, dass man Wein nicht für die Mode produzieren soll, wenn man wirklich Qualität machen will, sondern nach dem Boden, den vorhandenen Gegebenheiten, also dem damals in Frankreich schon oft benutzten Gedanken vom Terroir.

Franz Keller III., Adler Wirtschaft, Hattenheim

Der Kaiserstuhl besitzt kaum eine glorreiche, alte Weintradition, und es mangelte früher an klassischen Strukturen mit großen Weingütern. Eine der wenigen rühmlichen Ausnahmen war das WEINGUT FREIHERR VON GLEICHENSTEIN in Oberrotweil. Nach eher durchwachsenen Jahren mit braven und recht konventionellen Weinen zeigt dieser Betrieb unter der Ägide von Johannes Freiherr von Gleichenstein und Kellermeister Odin Bauer nun ansteigende Form – die Fruchtaromen im Glas leuchten immer intensiver und die Weine der Hofgarten-Linie strahlen mehr. Die Weiß- und Grauburgunder sind betont frisch, klar und im trockenen Kabinettbereich geradezu beschwingt-süffig, während die trockene Spätlese Grauer Burgunder aus dem Oberrotweiler Henkenberg ein richtiges Maul-voll-Wein ist. Transparenz und Duftigkeit vereinen sich in der Spätburgunder Oberbergener Bassgeige, während die würzigeren Pendants aus dem Oberrotweiler Eichberg mehr Schmackes bieten. Zu einem Klassiker avanciert ist die Barriquevariante: Noten von Toast, Rauch, Gewürzen und Brombeere bieten eigenständiges badisches Trinkvergnügen, die Tannine sind wunderbar eingebunden und der früher recht hohe Alkoholgehalt wird immer moderater.

Weingut Freiherr von Gleichenstein
Bahnhofstraße 12
D-79235 Oberrotweil
Tel. +49 (0) 76 62/2 88
Fax +49 (0) 76 62/18 56
E-Mail: weingut@gleichenstein.de
www.gleichenstein.de
Öffnungszeiten: Mo.–Fr. 9–18 Uhr, Sa. und So. 11–17 Uhr und nach Vereinbarung

Zu einem Spitzenrotwein nicht nur für die Region, sondern für ganz Wein-Deutschland, hat sich der Eichberg Barrique RG gemausert, der ab dem Jahrgang 2006 als Baron Philipp firmiert. Er bietet faszinierende Aromen von Brombeeren und Kirsche und eine spannende Allianz aus frischer Herbe und saftiger Reife. Absolut gekonnt ist der Barriqueeinsatz vom engagierten Kellermeister Bauer, der die Burgunderart für die Reife unterstützt. Ein sicher großkalibriger Wein, der seine Herkunft nicht verleugnet, aber mit seiner klaren, präzisen Art auf hohem Niveau Trinkvergnügen bietet.

Solch ein Kaliber ist keinesfalls ein Zufallsprodukt, sondern das Ergebnis eines besonderen Engagements von Johannes Freiherr von Gleichenstein, der über ein Lagenportfolio verfügt, wie kaum ein anderes Weingut am Kaiserstuhl. Indes wurde dieses lange nicht adäquat genutzt. »Da mein Vater immer nach dem Motto gehandelt hat ›Was mir nicht schmeckt, oder was ich nicht vertrage, kann ich auch nicht gut verkaufen‹, war Rotwein für ihn nicht wirklich ein Thema«, erzählt Freiherr von Gleichenstein, »da bei ihm bei

Rotwein beides zutraf. So hatte ich das Glück, mit der Übernahme des Betriebes auf ein riesiges, nicht ausgeschöpftes Rotweinpotenzial zugreifen zu können. Aber auch bei den Weißen haben wir sehr stark an den Qualitätsstellschrauben gedreht. Nur ging da der Weg nicht über verbesserte Technik, sondern vor allen Dingen über qualitätsoptimierende Maßnahmen im Weinberg. Im Keller hieß das Motto eher ›Back to the roots‹, also schonende Arbeitsweise statt Hightech.« Endlich ist also dieser so renommierte Betrieb wieder strikt auf Qualitätskurs. Der eher fruchtbetonte, klare Stil bereitet großes Vergnügen, könnte teils aber noch einen kleinen Tick mehr Tiefe, Ausdruck und Charakter haben – wie die Unikatslandschaft selbst.

Endlich wird das Rotweinpotenzial beim Weingut von Gleichenstein wieder ausgeschöpft.

Das natürliche Potenzial am Kaiserstuhl ist zweifellos großartig – nur nahm lange Zeit davon kaum jemand Notiz. Mit über 30 Arten ist der Kaiserstuhl z. B. eines der Zentren Europas für seltene Orchideen. Zwischen den Rebzeilen wachsen wilde Traubenhyazinthen, an den Böschungen Schwertlilien. Klimatisch ist der Kaiserstuhl extrem, die durchschnittlichen jährlichen Temperaturschwankungen betragen 18,5 Grad Celsius! Durch die Burgundische Pforte drückt einerseits mediterrane Warmluft auf die Sonnenbank Badens, die mit ihrem trockenheißen Klima im Regenschatten der Vogesen liegt, andererseits verzeichnet die Region im Schnitt sogar noch etwas mehr Frost- als Sommertage.

Die Oberrheinische Tiefebene erinnert an eine Badewanne, in der sich das Wetter staut. Im Sommer wähnt man sich tagsüber manchmal in Afrika, des Nachts sorgen die Gebirge für starke Abkühlung. Durch diese Gegensätze entwickeln sich Aromen subtiler, Säurefrische bleibt länger erhalten. Solche Extreme sind einmalig in Deutschland, doch musste erst jemand wie der Weinhändler und Winzer Franz Keller II. aus Vogtsburg-Oberbergen kommen, der allen konventionellen Überzeugungen zum Trotz die Möglichkeiten des Kaiserstuhls erkannte und voll ausschöpfte.

Die Kontakte von Franz Keller II. ins Burgund, etwa zu einem Spitzenbetrieb wie der Domaine Armand Rousseau in Gevrey-Chambertin, schulten bereits in den späten 1940er-Jahren seinen Blick für große Weine. Sein Sohn Franz Keller III. von der »Adler Wirtschaft« in Hattenheim erinnert sich gut an die Aufbruchstimmung am Kaiserstuhl: »Wir brauchen kein Marketing, sagte sich mein Vater, wir brauchen gute, trockene Weine. Durch die Verbindung zu Frankreich hat man halt dort richtig mit den Weinen angefangen und sich auch gegen Widerstände durchgesetzt. Mein Vater hat gesagt, wenn man etwas macht, dann richtig, und wir haben hier das Potenzial für richtige große Weißweine. Dass das bei den Rotweinen auch so geht, das wusste man damals noch nicht und traute sich vielleicht auch noch nicht genug zu.«

Hier beginnt nun also die Geschichte des modernen Kaiserstuhls als Wiege des geradlinigen, frischen, trockenen, hellfarbenen Grauburgunders, der dem damals üblichen, gold- bis bernsteinfarbigen, klebrigen und wuchtigen Ruländer eine klare Absage erteilte. Am Anfang stand vor allem der unbeirrbare Glaube, einen neuen, ästhetisch akzeptablen Weinstil kultivieren zu können. Und dabei waren Burgund und Elsass die Vorbilder. Doch die angeborene Sturheit dieses Menschenschlags vom Vulkankegel verbot es quasi, den besten Winzern, den Franzosen, alles blindlings nachzumachen, sondern sie hielten dabei hartnäckig an den vielfältigen Vorgaben des Kaiserstuhls fest.

Obwohl die rund 4150 Hektar Rebfläche überschaubar sind, ist die geologische Struktur komplex. Der westliche Teil des Kaiserstuhls entstand durch Vulkanismus, der östliche gehört hingegen zur kalkreicheren Vorbergzone. Manche Weinberge fallen steil ab, doch schon in der nächsten Kurve taucht ein Gewirr schmaler Terrassen auf, die an asiatische Reisfelder erinnern, und nach einer weiteren Biegung breitet sich eine monotone Landschaft mit gesichtslosen Monsterterrassen aus. Diese sind im Zuge der Flurbereinigung entstanden, als Planierraupen den Löss verschoben und man meinte, durch Massenerträge und Produktionskostensenkung diesen Landstrich aufmöbeln zu können. Bereits in den 1950er-Jahren wurde begonnen kleinere Terrassen zusammenzulegen. In den 1960er-Jahren entstanden Großflächen nach dem Motto: »quadratisch, praktisch, gut«. Dieser Umbau einer durch den Löss stark erosionsanfälligen Landschaft fand seinen Höhepunkt in den fußballfeldgroßen, an Kartoffeläcker erinnernden Weinplantagen der 1970er-Jahre. Heute wird mit öffentlichen Mitteln der Rückbau dieses einst gleichfalls staatlich bezuschussten Terrassenbaus gefördert.

Nachfolgende Doppelseite: Nicht alles ist heil am Kaiserstuhl: Die gesichtslosen Monsterterrassen entstanden vor Jahrzehnten im Zuge der Flurbereinigung und erinnern an Mondlandschaften.

Doch trotz dieser Irrwege ist der Zauber des Kaiserstuhls ungebrochen. Die würzigen, langlebigen und finessenreichen Weine profitieren von einem sauberen Ausreifungsgrad und wachsen auf verwittertem Vulkangestein, Lehm und Löss. Die Lössschichtungen können bis zu 30 Meter betragen – ein ideales Terrain für Reben, Wildpflanzen, Bienenfresser und Smaragdeidechsen. Bereits der Heimatdichter Franz Schneller pries: »Löss ist der ›Speck‹ auf der Vulkanruine.« Zu Recht wird der Kaiserstuhl als die großartigste deutsche Lösslandschaft bezeichnet!

Am Kaiserstuhl ist die Rebwelt längst nicht so heil, wie sie oft scheint: Spitzenerzeuger kritisieren das Klonmaterial.

Auf umfangreiche, geschlossene Lössflächen trifft man vor allem im Norden, Osten und Südosten, bei Endingen, Bahlingen, Eichstetten und Bötzingen – was von der vorherrschenden Windrichtung aus Südwest herrührt. An der windabgewandten Leeseite im Nordosten konnte sich der Löss leicht ablagern.

Löss ist gut durchlüftet, reich an Mineralien, speichert gut Niederschläge. Das so genannte äolische Sediment aus den Eiszeiten besteht aus feinsten Körnchen von Kalk und quarzhaltigen Teilchen, angeweht aus den nördlichen Kalkalpen. Während an der nordöstlichen Leeseite der Löss heller, sandiger und puderiger ist, kann man im anstehenden Löss die verschiedenen Schichtungen beobachten, wobei teilweise der Kalk ausgewaschen wurde und zu schwerem, dunklem, tonigem Lösslehm verwitterte. Und auch das Vulkangestein ist ganz unterschiedlich, reicht von karg und stark gesteinshaltig bis zu tuffig, weich und brockig: Die Kieshalde lässt grüßen.

Einen Teil des heutigen Ruhms verdankt der Kaiserstühler Wein also dem Löss, obwohl immer wieder versucht wurde und wird, das vulkanische Gerippe als seine eigentliche Seele anzupreisen. Allerdings wäre dann die Seele des Kaiserstuhls dunkel, ja, pechschwarz! Hell dagegen und durchzogen mit rostbraunen Adern schimmern die Lösswände – und ebenso hell strahlen die neuen, aufregenden Weine, wie sie ein Pionier wie Franz Keller II. schon vor Jahren im Sinn hatte.

Oft sind Löss und Vulkangestein auch kaum zu trennen. Die Mischung ergibt eine ideale Balance für Extrakt und Säure. Wächst ein Wein auf reinem Löss, ist er blumiger, spritziger, fruchtiger, während das verwitterte Vulkangestein für mehr Ecken und Kanten mit mineralischer Würze sorgt. Der Lösswein ist zarter und fleischiger, das vulkanische Pendant mächtiger und fester. In diesem Zusammenspiel ergibt sich erst das wahre, differenzierte Bild des Kaiserstuhls – quasi seine Quintessenz.

Parallel zum deutschen Wirtschaftswunder entwickelte sich am Kaiserstuhl auch eine neue, französisch inspirierte Hochküche. Wein zum Essen musste für Franz Keller II., den »Rebell vom Kaiserstuhl«, Extrakt haben, aber auch saubere Fruchtaromen ohne rosinige Noten von Botrytis und eine Säure, die Speichelfluss und Appetit anregte – und bekömmlich für die Verdauung sowie verträglich war. Das hatte Keller in seinem französischen Stammlokal, dem Drei-Sterne-Restaurant Haeberlin in Illhäusern/Elsass, gelernt.

Botrytis
Botrytis cinerea ist ein Schlauchpilz, der die Rebe und/oder Traube bei entsprechender Witterung befallen kann und in zwei Formen auftritt: 1. Die unerwünschte Graufäule befällt die grünen Teile der Rebe und lässt sie abfaulen. 2. Die zumeist erwünschte Edelfäule befällt die im fortgeschrittenen Reifestadium befindlichen Traubenschalen und macht sie porös, so dass es durch die nun einsetzende Verdunstung des Fruchtwassers der immer weiter einschrumpfenden Beeren zu einer Konzentration der Geschmacks- und Inhaltsstoffe kommt. Aus solchen Beeren werden edelsüße Weine erzeugt.

Doch damals waren *Fernsehweine* Mode. Also dicke, fette »Ruländer-Schnecken«, die man abends beim Fernsehen genoss und zu denen man gar nichts zu essen brauchte, weil sie allein über Fruchtzucker und Alkohol eine ganze Mahlzeit ersetzten! Die Parole hieß: »Wir möchten Wein produzieren für ganz Deutschland, denn alle trinken Bier, wir möchten jedoch, dass auch alle Wein trinken.« Darin steckte zwar ein basisdemokratischer Ansatz, aber auch ein fauler Kompromiss. Denn damit alle Wein trinken, musste er auch allen schmecken – auch den Biertrinkern. Die Folge waren: süßlangweilige Müller-Thurgau-Früchtchen und leicht süß-soßige Silvaner sowie Extremweine mit wuchtigem Alkohol wie Fass Nr. 7 Ruländer Achkarrer Schlossberg, wo man nach dem dritten Schoppen einen Herzinfarkt befürchten musste.

Dagegen rebelliert Fritz Keller, der Sohn von Franz Keller II., noch heute. 1990 übernahm er das inzwischen 50 Hektar große Weingut Franz Keller Schwarzer Adler mitsamt dem Gourmet-Restaurant Schwarzer Adler vom Vater. Die Weine sind vielleicht noch frischer und feiner abgestimmt als früher. Kaum verwunderlich angesichts Kellers Kritik an den hochgezüchteten »Infantilaromen«, dem »Fruchtsalat-Bananarama« und den »Kaputtklonen«, die mit der Flurbereinigung im großen Stil gepflanzt wurden und deren pralle Trauben nur zu banalen Weinen führen, die geradezu einen Frontalangriff auf die Geschmacksnerven darstellen.

Weingut Franz Keller
Schwarzer Adler
Badbergstraße 23
D-79235 Vogtsburg-Oberbergen
Tel. +49 (0) 76 62/9 33 00
Fax +49 (0) 76 62/71 9
E-Mail: keller@franz-keller.de
www.franz-keller.de
Öffnungszeiten:
Mo.–Fr. 8–18 Uhr, Sa. 8–13 Uhr
und nach Vereinbarung

Tatsächlich waren die Weine der beiden Linien Classic und Selection hier schon längst ein Begriff, bevor der Deutsche Weinbauverband versuchte, sie zu neuen Weinkategorien für »geschmacklich trockene« Weine zu etablieren. Stattdessen setzt das Weingut Schwarzer Adler in Vogtsburg-Oberbergen auf richtig durchgegorene Weine. In ihnen glüht zwar ein feuriger Kern, aber der zarte Schmelz fließt nicht wie Lava am Gaumen, sondern kühlt sogar die typische Kaiserstühler Glut. Ein Wein wie der Grauburgunder A ist pure Faszination: Am Gaumen explodiert lediglich eine Aromenbombe, denn Süße, Bum-Bum-Alkohol und Blei-Volumen können nicht derart köstlich zerplatzen.

Das Bewusstsein, dass am Kaiserstuhl auch Rote von internationalem Format reifen, haben die Winzer erst nach und nach erlangt.

Doch ob nun Weiß- und Grauburgunder Selection S oder A, wobei A die Spitzencuvée aus den jeweils hochwertigsten Reben eines Jahrgangs markiert: All diese Weine bilden quasi die Quersumme des Kaiserstühler Portfolio. Dabei schätzt Fritz Keller – anders als viele seiner Kollegen – den Löss ebenso hoch ein wie das Basaltgestein. Er möchte, dass seine Weine nicht magersüchtige Hungerhaken sind, sondern Fleisch auf den Knochen haben. So verschneidet er für die Selection-Weine nicht nur Löss und Basalt, sondern auch Höhenlagen. »Von tieferen Lagen bekomme ich mehr Frucht, weiter oben werden die Weine frischer und brillanter«, begründet er das.

Und wenn Fritz Keller von den »Kaputtklonen« spricht, so deutet er an, dass längst noch nicht alles so heil am Kaiserstuhl ist, wie es scheint. Tatsächlich scheint die Region sich insgesamt noch zu wenig um das geeignete Rebmaterial zu bemühen, worin Keller beim Weiß- und Grauburgunder sogar ein noch stärkeres Defizit sieht als beim Spätburgunder. Denn beim Spätburgunder sind burgundische Klone groß in Mode. Die etwa 15-jährigen Reben bilden auch einen Hauptanteil beim beeindruckenden, ungemein souveränen Spätburgunder Selection A, in den je nach Jahrgang auch Most aus nicht geklonten uralten Reben fließen kann.

Selbst in einem Hitzejahrgang wie 2003 wirkt dieser Wein – erste Liga in Gesamtdeutschland – nie überzogen, sondern bündelt seine Kraft, die Jahre braucht, um sich aufzuschließen. Was dann kommt, hat es in sich: mal viel Pfeffer, Lackduft, reife Kirschen, dann wieder dieser herrliche Gänsebraten-Weihnachtsduft, mit viel Schmackes, Ausdruck und Dampf. Dahinter stecken eine enorme stilistische Sicherheit und ein feiner, ausgewogener Holzeinsatz. Der Spätburgunder Selection S fällt dagegen nicht ab, sondern er bewahrt stärker noch den Wert der Traube, schmeckt fruchtiger, filigraner. Aber ist seine Frische, seine puristischere Art geringer einzustufen? Wohl kaum. Der S enthält einen höheren Anteil Wein aus deutschen Klonen, schmeckt irgendwie deutscher. Doch drückt seine Unbeschwertheit die heitere Seele Deutschlands aus – insbesondere in diesem kulinarischen, lebensfrohen Teil des Landes.

Zum richtigen Saufen – dieses Wort fällt bei Keller so herrlich spontan – sind die Weißburgunder Spätlese trocken Oberbergener Bassgeige, ein Kaiserstühler par excellence, und der würzig-geradlinige Weißburgunder Classic Oberbergener Pulverbuck – vom Löss. Beide Weine bringen Charakter auf ebenso ansprechende wie unspektakuläre Weise zum Ausdruck – welche Feinabstimmung! Herrlich süffig schmecken Müller-Thurgau und die beiden Jeden-Tag-Weine in Weiß und Rot. Eben nicht überdreht und bei teilweise 11,5 Volumenprozent mit klar anmutiger Linie, die bereits der Vater vorgegeben hat.

Trotz – oder gerade wegen – des extremen Klimas wollte Pionier Franz Keller II. nämlich schon damals leichte säurebetonte, saftig grüne – im Sinne von süffig – Weine machen. Die Weine in Literflaschen aber – etwa vom Lehberg, einer Silvaner-Lage, oder dem Ölberg, der sich für Spätburgunder, aus dem oft Weißherbst wurde, eignete –, waren wirklich schwere Brocken. »Da kannst du nur ein Viertele saufen«, riet der Patron seinen Gästen deshalb. Diese tranken dann doch drei oder vier und bekamen ordentlich Kopfweh. Die leichteren, schlankeren Weiß- und Grauburgunder dagegen wurden als Qualitätswein in die 0,75-Flasche gefüllt. Das jedoch waren genau die Weine, die im Schwarzen Adler die Kaiserstühler Weinkultur geformt haben – und davon konnten die Leute flaschenweise trinken.

Weißherbst
Deutsche Spezialität, die goldschimmernd bis hellrot, frischfruchtig, mild-würzig ist. Weißherbst muss u. a. aus einer roten Rebsorte gekeltert werden und ein Qualitätswein b. A. sein. Es wird dasselbe Verfahren wie bei der Herstellung von Weißwein angewendet.

Und so stand mit dem Jahrgang 1978 zum ersten Mal am Kaiserstuhl die Rebsorte Grauburgunder auf einem Flaschenetikett, allerdings noch in Klammern, hinter dem Wort Ruländer. Eine Anzeige folgte prompt, doch das hielt den Adler-Patron nicht davon ab, im nächsten Jahrgang selbstbewusst den Grauburgunder vor dem nun in Klammer geschriebenen Ruländer zu platzieren.

Noch heute wirkt dieses damals unterschätzte schlanke Credo unglaublich modern und zeitgemäß! Und ebenso verhält es sich mit den vermeintlich grünen Tönen im Wein. »Grün« kann zwar unreif heißen, in der Tat kein Gütesiegel, – »grün« im Sinne von frischer, animierender Frucht kann aber den Trinkspaß ganz beträchtlich steigern, vorausgesetzt natürlich, dass der Wein nicht dünn ausfällt.

Wie verträgt sich das mit der Mostkonzentration, setzt sie Fritz Keller doch seit Jahren für hochwertige Rotweine ein? Angesichts der heißeren letzten Jahre und der Maßnahmen im Weinberg, die größtenteils auf noch intensivere Reife und Konzentration abzielen, hat dieses Thema an Brisanz verloren. Keller wendet diese Methode nur in Jahren mit einem regennassen Herbst an und dann eben auch nur bei den gehaltvollsten Roten, denn »darunter bringt das im Grunde nichts«, meint der Winzer. Er konzentriert den Most dann allerdings nur zu drei, vier Prozent. Ist es in einem zunehmend globalen Wettbewerb jedoch vielleicht nicht schlüssiger, dem Schmeckt-wie-gewachsen-Argument und einem technikreduzierten Ansatz zu vertrauen, wie sie die deutsche Weintradition in ihrer Hochblüte um 1900 verkörperte?

Weingut Dr. Heger
Bachenstraße 19
D-79241 Ihringen
Tel. +49 (0) 76 68/2 05 oder 78 33
Fax +49 (0) 76 68/93 00
E-Mail: info@heger-weine.de
www.heger-weine.de
Öffnungszeiten: Mo.–Fr. 9–12 und 13.30–17.30 Uhr, Sa. 10–14 Uhr, und nach Vereinbarung

Das genau ist das entscheidende Argument für Joachim Heger vom rund 20 Hektar großen WEINGUT DR. HEGER in Ihringen, der 1992 den vom Großvater Dr. Max Heger gegründeten Betrieb übernahm. Heger hat ein klares Konzept: fast keine Aufzuckerung der Moste, keine Mostkonzentration, um den Alkoholgehalt und die Fülle des Weins zu erhöhen und die trockenen Weine schön durchgären lassen, bis sie staubig-trocken schmecken. Also beste Franz-Keller-II.-Manier!

Die Namen Heger und der berühmte Ihringer Winklerberg sind quasi siamesische Zwillinge, untrennbar miteinander verbunden. Der Winklerberg ist Extrem hoch drei: extreme Hitze, extreme Schräge und extrem steinige Böden – das Synonym für Volumen, Größe und Kraft, obwohl der Achkarrer Schlossberg, die zweite Spitzenlage von Heger, seine barocke Opulenz unverblümter zur Schau stellt. Die aristokratische Haltung des Winklerberg ist allerdings unübertroffen, auch wenn der Schlossberg manchmal auf die Überholspur einbiegt. Die Winklerberg-Grandeur findet ihren höchsten Ausdruck in einigen der beeindruckendsten Weiß- und Grauburgunder überhaupt, mit denen sich Joachim Heger einen Ruf für ausgeprägte Charakterweine geschaffen hat: in den trockenen Spätlesen mit bis zu drei Sternen, wobei diejenigen aus dem Holzfass vielleicht am beeindruckendsten sind. In der Spitze firmieren diese Weine nun als Großes Gewächs (und werden übergangsweise noch zusätzlich mit drei Sternen deklariert). Insbesondere beim Weißburgunder zeigt sich der aktuelle Stilwandel, ja Umbruch bei Joachim Heger exemplarisch. Die jugendliche Prägung vom neuen Holz ist verschwunden zugunsten einer puristischen Traubigkeit und nervigeren Säure mit mehr Schliff und Eleganz. Allerdings wirken diese Weine tiefgründiger und kommen jetzt mehr quasi von hinten durch die Brust und dann mitten ins Herz!

So läutet der feingliedrige, komplett durchgegorene, puristische Weißburgunder Großes Gewächs Winklerberg mit drei Sternen aus dem großen Holzfass ein neues Kapitel ein: moderat im Alkohol, ebenso animierend in der Frucht, floral im Bukett wie frisch in der Säure. Er braucht Zeit zur Entfaltung, bleibt trotz aller Konzentration und Dichte elegant und von feinnerviger Art. Trotz des immensen Volumens zeigt ein solcher dezent exotischer Wein noch Mineral und Säure. Das macht diesen Weißburgunder zu einem deutschen Wein: seine Heiterkeit!

Animiert vom Kollegen Wolf-Dieter Salwey aus Oberrotweil, der für Joachim Heger immer schon »tolle Weine aus dem alten, großen Holzfass gemacht hat«, überzeugt bei den Winklerberg-Selektionen mit drei Sternen das Große Gewächs vom Grauburgunder aus dem Holzfass: durch den Schmelz schimmert der Charakter des Winklerbergs noch transparenter hindurch.

»Die Barrique übertüncht nur die Salzigkeit vom Winklerberg«, sagt Heger, »denn eigentlich liegt die Stärke der Winklerberg-Weine in ihrer feingliedrigen, mineralischen Art.« Diese kommt eindrucksvoll bereits bei den ganz hervorragend reifenden Versionen vom Weiß- und Grauburgunder ohne Sterne zum Ausdruck. Unbeschwerte, pulsierende Energie strahlen auch die Winklerberg-Rieslinge aus: das trockene Große Gewächs mit drei Sternen scheint in einem viel kühleren Klima gewachsen zu sein. So behände ist der Säureschliff, so niedrig der Alkohol. Und doch: Die rauchigen, mineralischen und würzigen Noten, gepaart mit Limettenfrucht, deuten auf das extreme Klima hin. Was für eine Über-

Nachfolgende Doppelseite: Keimzelle für die ersten trockenen Grauburgunder am Kaiserstuhl: Blick auf Vogtsburg-Oberbergen mit dem berühmten Weingut und Restaurant Schwarzer Adler.

Kaiserstuhl schmecken

OBERROTWEILER EICHBERG GRAUER BURGUNDER SPÄTLESE TROCKEN * GROSSES GEWÄCHS**
Weingut Salwey/Oberrotweil

In außergewöhnlich guten Jahren wie 2005 ist das vielleicht der beste Grauburgunder Deutschlands, ebenso packend wie raffiniert-kühl in der Frucht und kernig in der Textur. Grandioser Salwey-Stil: großzügig und doch voller gebündelter Energie!

WEISSBURGUNDER CLASSIC OBERBERGENER PULVERBUCK
Weingut Franz Keller – Schwarzer Adler/Vogtsburg-Oberbergen

Ein absoluter Klassiker zum Vorwärtstrinken, nicht Nippen! Würzige Unterlage für die Geradeaus-Frucht, die Durst macht auf den nächsten Schluck: klar, süffig und genau auf dem Punkt. Nichts für Etikettentrinker, sondern für richtige Genießer!

WEISSER BURGUNDER AUSLESE TROCKEN * BARRIQUE R**
Weingut Reinhold und Cornelia Schneider/ Endingen

Frankophile werden sich die Augen reiben. Was für ein Weißburgunder! Komplett in der Barrique ausgebaut, aber die geniale Fruchtmaterie verdaut das locker. Das ist monolithische, mineralische Gestalt, Aprikose vom Feinsten, garniert mit Vanille, feinwürzig und elegant – ein Riese!

SILVANER KABINETT TROCKEN
Weinhaus Joachim Heger/Ihringen

Silvaner vom Kaiserstuhl sind ein Geheimtipp und haben doch lange Tradition. Bei moderatem Alkohol hat dieser staubig trockene, schlanke Wein kernig-frische Art wie auch hellen, heiteren Duft und einen wohlproportionierten Körper. Da sage noch einer, am Kaiserstuhl wachsen nur fette Weine!

SPÄTBURGUNDER ENDINGER ENGELSBERG HOLZFASSAUSBAU
Weingut Knab/Endingen

So viel Sortencharakter, Schmelz und Ausdruck bekommt man im Basissegment sonst kaum. Klar und direkt kommt dieser Spätburgunder zur Sache, die saftige Kirschfrucht hat richtig Pinot-noir-Charakter und ist ein Charmeur mit einem gewissen Tiefgang. Chapeau!

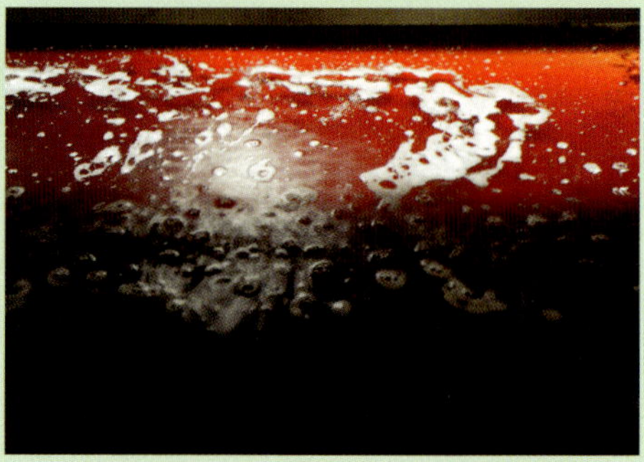

raschung – ebenso wie die trockene Muskateller-Spätlese mit drei Sternen. Und kandierte Zitrusfrüchte spült die Riesling-Auslese ins Glas.

Eine ganz andere Welt eröffnet sich hingegen im Achkarrer Schlossberg, der opulenter, schmalziger und barocker ist – für den Barrique-Ausbau geradezu prädestiniert, der aber auch zugunsten eines dezent salzigen, mineralischen Auftritts weiter reduziert werden soll. Die Lössauflage ist höher als im Winklerberg, es ist schwierig, »die Eleganz herauszuarbeiten«, so Heger. Hier hat der Grauburgunder seinen großen Auftritt. Von mächtiger Statur und voll überbordender Aromen: Melonen, Nüsse, Äpfel, Vanille. Der Geschmackseindruck: feine Würze, riesig viel Schmelz.

Die Spannung zwischen Winkler- und Schlossberg bleibt auch bei den Rotweinen erhalten. Ab dem Jahrgang 2004 ist die Stilistik umgestellt worden, und die Vollreife tritt ein wenig zurück zugunsten eines saftigeren, frischeren, mehr an burgundische Pinots noirs erinnernden Geschmacks. Das steht den Weinen richtig gut! Ein Klassiker des Hauses ist der Spätburgunder Mimus, aus einer Parzelle im Winklerberg. Ab dem Jahrgang 2004 fließt der Ertrag von neu angepflanzten französischen Klonen mit ein, der Geschmack wild gewachsener, kleiner Beeren verströmt sein Parfum, in das sich kräutrig-würzige Noten mischen. Wärmer glüht das Feuer im Spätburgunder Großes Gewächs trocken mit drei Sternen aus dem Schlossberg: ein hinreißender Duft von Kirschen und roten Johannisbeeren. Die sanft pflaumige unterlegte Würze wird hier noch gesteigert, die Extraktsüße ist von viel Schmelz begleitet. Ganz und gar kerzengerade setzt das Pendant vom Winklerberg ganz auf Finesse: mit knusprig-brillanter Säure, frischer Mineralik und einer noch edleren Adstringenz.

Joachim Heger wagte insgesamt einen großen Schritt und setzt mit seinem neuen, transparenten, aber in der Jugend nicht immer gleich zugänglichen und verständlichen Stil ein deutliches Ausrufezeichen in der Region. Die Zeit der überholzten Monsterweine scheint, zumindest bei den Spitzenerzeugern, am Kaierstuhl längst passé!

Zum Heger'schen Wein-Imperium gehören auch das WEINGUT FISCHER in Nimburg-Bottingen sowie das WEINHAUS JOACHIM HEGER in Ihringen, das Weine einer Erzeugergemeinschaft vermarktet – hier gibt es leichte, fast schon

Weingut Fischer
Auf der Ziegelbreite 8
D-79331 Nimburg-Bottingen
Tel. +49 (0) 76 63/17 47
Fax +49 (0) 76 63/5 01 75
E-Mail: info@fischer-weine.de
www.fischer-weine.de
Öffnungszeiten: Mo.–Fr. 14–17.30 Uhr, Sa. 10–14 Uhr und Sa. nach Vereinbarung

Weinhaus Joachim Heger
Bachenstraße 21
D-79241 Ihringen
Tel. +49 (0) 76 68/2 05 oder 78 33
Fax +49 (0) 76 68/93 00
E-Mail: info@heger-weine.de
www.heger-weine.de
Öffnungszeiten: Mo.–Fr. 9–12 und 13.30–17.30 Uhr, Sa. 10–14 Uhr und nach Vereinbarung

Restzucker
Der Restzucker (RZ) bezeichnete in g/l die Menge an Zucker im Wein. Heutzutage bleibt dieser meist durch ein natürliches Ende der Gärung oder durch ein gezieltes Abstoppen der Gärung (entweder durch Zusatz von Schwefel und/oder Kühlung und/oder durch Filtration) im Wein erhalten. Der Restzucker besteht im Wesentlichen aus Fructose (Fruchtzucker), weil die Glucose (Traubenzucker) von der Hefe zuerst in Alkohol und Kohlendioxid umgewandelt wird, sowie auch aus einem Minimum an nicht vergärbaren Zuckerarten.

Weingut Bercher
Mittelstadt 13
D-79235 Vogtsburg-Burkheim
Tel. +49 (0) 76 62/9 07 60
Fax +49 (0) 76 62/82 79
E-Mail: info@weingutbercher.de
www.weingutbercher.de
Öffnungszeiten: Mo.–Sa. 9–11.30 und 13.30–17 Uhr

spritzige und florale, trockene Weine. Solch feinnervige Silvaner hätte man am Kaiserstuhl kaum vermutet, dabei sind sie ein jahrhundertealtes Erbe des Vulkankegels.

Die Silvaner sind kernig, mit dezent fruchtigen Aromen von Birne, Apfel und Aprikose. Null Gramm Restzucker hat der Kabinett trocken vom Weinhaus Heger, mit nur elf Volumenprozent Alkohol flattert er, als sei er frisch geschlüpft. Trotzdem ist das kein simpler Leichtwein, sondern er hat richtig viel Innenleben, bringt am Gaumen den Geschmack von Blumen und Mineral.

»Ihringen ist Deutschlands größer Silvanerort«, erzählt Heger. »Um 1900 waren hier 70 Prozent der Fläche mit Silvaner bestockt, denn der bringt nicht nur gute Weine, sondern ist auch relativ unempfindlich gegen Fröste und gegen den Sauerwurm-Befall, der uns hier arg zusetzte.« Tatsächlich offenbart sich hier die nördliche Seite Badens – wie auch in den anderen heiter-delikaten Basisweinen von Joachim Heger. Und ganz zweifellos gibt es am Kaiserstuhl nicht nur diese super-extremen Burgunderlagen, die man vorschnell mit dem Gebiet identifiziert, sondern auch Weinberge, wo leichte, mineralische, feinfruchtige Weißweine wachsen. Eben genau diese Weine, die mit typisch badischem Schmelz zum Trinken geschaffen sind!

Den fetten, gold- bis bernsteinfarbigen Ruländer-Schnecken hat auch das 24 Hektar große Weingut Bercher in Burkheim schon früh eine klare Absage erteilt. Die Brüder Rainer und Eckhard, die das Weingut nun schon in der zehnten Generation führen, setzten bereits in den 1970er-Jahren beim Rotwein auf die klassische Maischegärung. Damals wurden sie belächelt, waren doch zur Zeit des Weinwirtschaftswunderdenkens die Vorzüge der Maischeerhitzung *en vogue*. Heute haben sie das Zepter an die nächste Generation – Arne und Martin Bercher – gegeben, deren Weine absolut stimmig sind und auch stilistisch dem Bercher-Profil folgen. Martin und sein Vater Eckhardt Bercher kultivieren Reben und Weinberge, während Arne und Rainer Bercher bei der Vinifizierung den individuellen Charakter der Weine herauskitzeln. Das Weingut gehört zu den wenigen Betrieben, die auch im trockenen Bereich das deutsche Prädikatssystem schätzen und dagegen protestieren, dass ein Großes Gewächs als banaler »Qualitätswein bestimmter Anbaugebiete« deklariert wird – und daher etwa chaptalisiert werden darf. Für sie sollte das deutsche Pendant zu einem französischen Grand Cru eine klassische Spätlese trocken sein, basta. »Alle unsere Großen Gewächse sind trockene Spätlesen«, sagt Arne Bercher, »nach der Qualitätsweinprüfung dieser Weine werden sie zu Qualitätsweinen herabgestuft, damit sie den VDP-Vorgaben entsprechen, wonach Große Gewächse Qualitätsweine sein sollen.«

Den Bercher-Brüdern geht es um die unverfälschte Verbindung von Schlankheit und Kraft, um die helle Seele des Kaiserstuhls. Voraussetzung dafür ist höchstpenible Traubenselektion. Und auch wenn das Gut kein Bio-Betrieb ist, so arbeitet es dank Öko-Kriterien so naturnah wie möglich. Die Weine sollen erfrischen, richtig trocken sowie voller Extrakt und Würze sein. Auch wenn trockene Kabinettweine bei Rankings meist nicht brillieren, Wein ist eben letztlich Geschmackssache – und: Wie gut schmecken schon Punkte?

Der Stil des Hauses mit transparenter Frucht und Delikatesse ohne Firlefanz ist absolut überzeugend. Das beginnt schon beim trockenen Muskateller S aus dem Burkheimer Schlossgarten: zarter Wildrosenduft, mit einer Frucht, die vom Tau benetzt zu sein scheint. Und dann die trockenen Riesling Kabinettweine: herrliche Frische und subtile Musik. Vom Löss kommt der Schlossberg mit blumiger Frucht und Anklängen von Walnuss, Birne und Apfel. Kräftiger und einen Hauch fruchtiger im Aroma schmeckt der Riesling Sasbacher Limberg: mit Noten von rosa Grapefruit, Limettenschale und Aprikose, kantiger und mineralischer als der Schlossberg und mit Vulkangesteinswürze.

»Die Kabinettweine machen bei uns 80 Prozent aus«, sagt Eckhardt Bercher stolz und schenkt den trockenen Grauburgunder Kabinett aus dem Schlossgarten ein: die gezügelte Kraft eines arabischen Vollbluts, heißblütig zwar, aber voller Eleganz. Eine zarte Säure kitzelt den Gaumen, der Extrakt fest, doch mit subtilem Schmelz. Noch beeindruckender ist der Grauburgunder Kabinett aus dem Jechtinger Eichert: köstliche Walnussfrucht, jugendlich kantig, mineralische Würze und feine Säure. Die Grau- und Spätburgunder aus dem durch vulkanischen Boden geprägten Eichert zeigen mineralischen Charakter, dezent hervorgehoben durch den Eichenholzfassausbau. Als eigentliche Spitzenlage des Gutes gilt der Burkheimer Feuerberg mit

Arbeit im Weinberg: Aufrollen des Drahtes nach der Rodung auf den Drahtrahmen.

Kaiserstuhl

WEINANBAU WALD STÄDTE & DÖRFER

Weinlagen

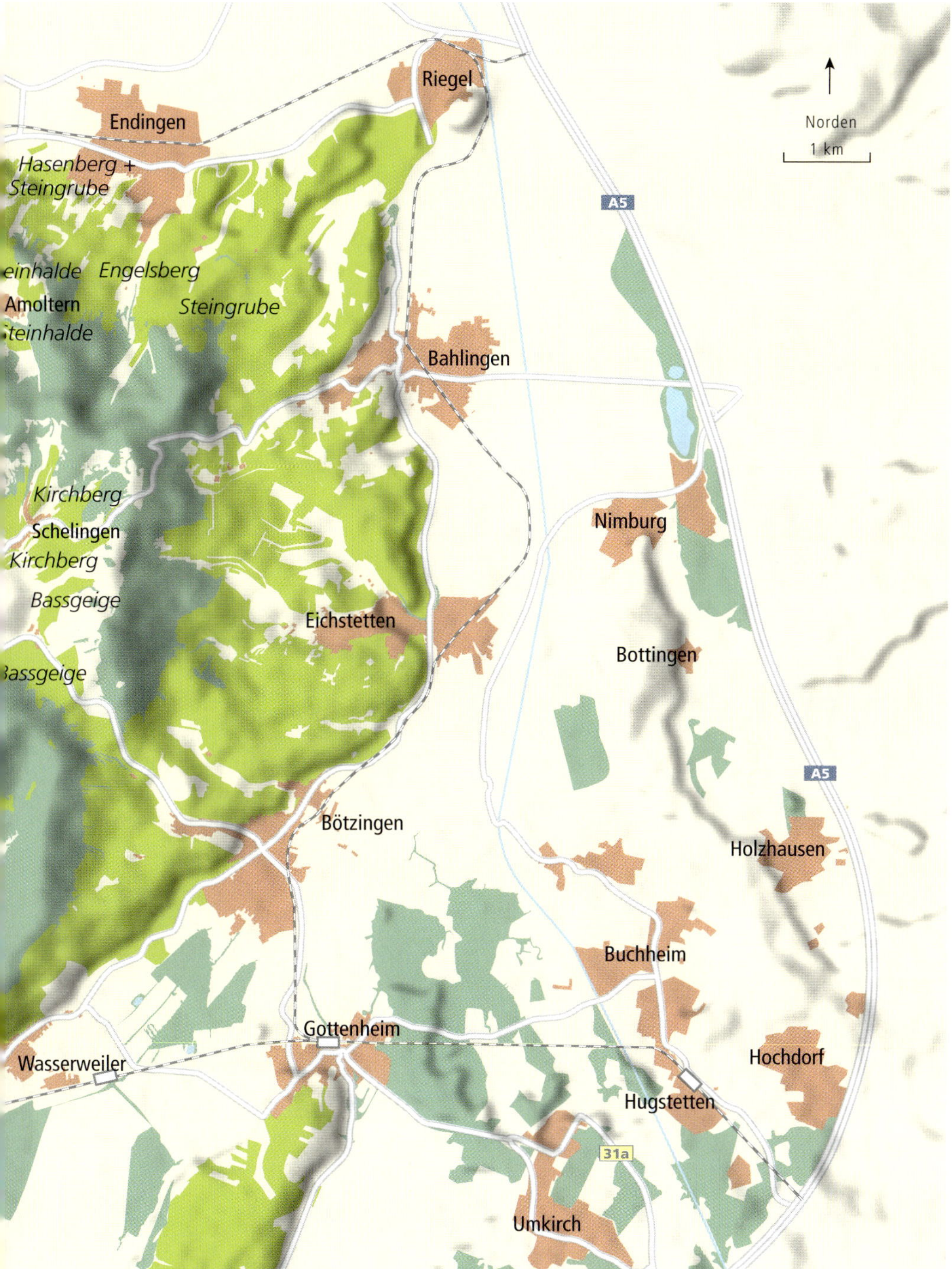

Riegel
Endingen
Hasenberg +
Steingrube
Norden
1 km
A5
einhalde
Engelsberg
Amoltern
Steingrube
Steinhalde
Bahlingen
Kirchberg
Schelingen
Kirchberg
Nimburg
Bassgeige
Eichstetten
Bottingen
Bassgeige
A5
Bötzingen
Holzhausen
Buchheim
Gottenheim
Wasserweiler
Hochdorf
Hugstetten
31a
Umkirch

seinem dunklen Vulkangestein, der für ebenso kräftige wie elegant-komplexe Weine sorgt. Die Grauburgunder leuchten, Mineralität und feine Säure kühlen dabei die Üppigkeit.

Aus dem Feuerberg kommen zweifellos auch die besten Rotweine von Bercher. Nach über zehn Jahren glimmt in der trockenen Auslese noch immer die Glut des Vulkans, der Alkohol bringt Süße ins Spiel und die reife Kirschfrucht leuchtet, darüber schwebt zarter Lackduft. Noch filigraner und nachhaltiger ein 1999er: Rauch umspielt Frucht, auch da brilliert wieder diese supersaftige Kirschfrucht, und die Mokka-Gerbstoffe haben sich erst jetzt geöffnet. Selbst in einem Hitzejahr wie 2003, wo alles feuriger ist, bleibt das Große Gewächs aus dem Feuerberg auf der kompakt-brillanten, konturenscharfen Seite. Eine richtig rauchende Cassisbombe zwar, mit viel Mokka und – natürlich – auch satter Kirsche, aber da ist sie wieder, diese durchtrainierte, spielerische Bercher-Kraft.

Weingut Johner
Gartenstraße 20
D-79235 Bischoffingen
Tel. +49 (0) 76 62/60 41
Fax +49 (0) 76 62/83 80
E-Mail: info@johner.de
www.johner.de
Öffnungszeiten:
Mo.–Fr. 14–17 Uhr, Sa. 10–12 und 14–16 Uhr und nach Vereinbarung

Wenn es um Kraft, Konzentration und den modernen Kaiserstuhl geht, hat auch das Weingut Johner in Bischoffingen ein Wort mitzureden. Nach zehnjähriger Tätigkeit im Ausland – etwa als Kellermeister im englischen Weingut Lamberhurst – gründete Karl Heinz Johner erst 1985 sein inzwischen 17 Hektar großes Weingut und sorgte schon mit den 1986er-Weinen für Furore. Trotz erklärtem Vorbild Burgund ließ sich Johner ebenso von den Überseeländern inspirieren. So weckt die Architektur des Betriebes Assoziationen an Australien oder Kalifornien, wo auch Johners Sohn Patrick, inzwischen Mitinhaber des Betriebes, gearbeitet hat. Zudem haben die Johners sich seit 2001 mit einem eigenen Weingut im Wairarapa-Tal unweit von Wellington/Neuseeland ein zweites Standbein aufgebaut, wo Heinz Johner fast die Hälfte seiner Zeit verbringt und wo der Betrieb laut Patrick Johner »von einer doppelten Geschwindigkeit der Erfahrung profitiert«.

In den ersten Jahren drehte sich hier alles um die Barrique –, und die Forcierung eines »neuen deutschen Weinstils mit internationalem Format« trotzte der Kaiserstühler Tradition und dem deutschen Weingesetz. Obwohl anfangs sogar der Rivaner (alias Müller-Thurgau) in der Barrique ausgebaut wurde und die Johners auch mit als Erste in Deutschland überhaupt mit den so genannten neuen önologischen Verfahren wie Mostkonzentration offen experimentierten, zeigt sich aktuell eine Rückbesinnung auf einen puristischeren Ansatz. Der Holzeinsatz wird wieder etwas zurückgenommen. Und noch ein Thema möchte Karl Heinz Johner lieber abhaken: »Konzentration stört die natürliche Harmonie im Wein«, meint er jetzt überzeugt.

Alte Reben am Kaiserstuhl: vermutlich Müller-Thurgau.

Sohn Patrick dagegen plädiert dafür, dem Erzeuger eine größere Freiheit bei der Verarbeitung des Traubengutes zu geben. Zweifellos eine Anspielung auf die Möglichkeiten in Neuseeland, die im deutlichen Kontrast zum »neidvollen badischen Ländle« steht. Das ist die eigentliche Leistung der Johners am Kaiserstuhl: Sie zeigen, dass es auch anders geht. Die Quintessenz ist die Synthese von Löss und Vulkangestein. »Vulkan ist der Gentleman im Nadelstreifenanzug mit dem Bowler auf dem Kopf, der gemessenen Schrittes geht, aber einen nicht sofort anlächelt«, sagt Karl Heinz Johner, den Schalk im Nacken, »während die Weine vom Löss oder Lehm offenherziger sind. Und erst wenn beides zusammen kommt, fängt der Gentleman plötzlich zu lächeln an.« Und genau dieses ansteckende Lächeln strahlen die Weine aus. Trotz des Schusses Eiche und untergründiger Cremigkeit zeigen sie sanfte Frische und viel originellen Pfiff!

Der Rivaner ist leicht, elegant und feinwürzig – mit dem Aroma eines zarten Sauvignon blanc. Er wächst vor allem auf Löss und gepresstem, sandigem Lehm. Der Sauvignon blanc hat noch mehr von dieser geheimnisvollen Würze, aber auch tropische Fruchtaromen und einen noch grasigeren, aber nicht aufdringlichen Ton. Schmelz, Würze und Kraft sind auch die Insignien der Cuvée aus Weißburgunder und Chardonnay.

Rivaner
Synonym für die weiße Rebsorte Müller-Thurgau. Relativ duftige leichte Weine (oft mit Muskatnote) mit moderatem Säuregehalt.

Die Weine der besten Rebparzellen stammen aus Verwitterungsböden. Erfüllen sie die strengen internen Kriterien, werden sie als SJ-Weine – Selektion Johner – vermarktet. Der Weißburgunder SJ etwa von der reinen Vulkanlage Steinbuck beeindruckt mit rauchigen Facetten, filigraner Mineralität. Es wetteifern gelbe Früchte und weiße Blumen, trotz reifer Noten von Honig und Nüssen setzt der Nachhall mit einer Cassisnote auch rote Akzente.

Der Chardonnay SJ ist eines der Aushängeschilder des Gutes: Präsenz, Eleganz und Tiefe sprengen eindeutig die Dimensionen dieser Rebsorte am Kaiserstuhl – schon seit dem Jahrgang 1996. Bei diesem Wein schmeckt man deutlich ein burgundisches Vorbild, jene unnachahmliche Liaison zwischen Dichte und Zartheit, dieses nur schwer beschreibbare Miteinander von energiegeladener Extravaganz und raffiniertem Ausdruck. Sicherlich einer der besten Chardonnays im deutschsprachigen Weinraum! Vanille und Toast aus den kleinen Eichenfässern sind dezenter, die früher zugängliche Frucht von Zitrus und Ananas ist präsenter, das samt mineralischem Finale erzählt etwas von der gezähmten Glut des Kaiserstuhls. Nicht zu vergessen ist der Grauburgunder SJ von den mit 35 Jahren ältesten Reben des Gutes, der eine wahnsinnig intensive Würze zeigt.

Gereifte Jahrgänge vom Flaggschiff Spätburgunder SJ von den Vulkanböden des Bischoffinger Steinbuck und dem Oberrotweiler Eichberg weisen hingegen nicht immer die Traubigkeit und den Schwung der Sorte auf – obwohl ihre sanfte Wärme und Geschmeidigkeit beeindruckend sind. Neuere Jahrgänge schmecken beeriger, frischer, lebendiger. Es scheint, als sei der Schwung zurückgekehrt. Hier fließt auch der Ertrag aus einer speziellen Anlage mit 30-jährigen deutschen Klonen ein, die für eine ganz besondere Kraft und Wärme sorgen. Neu ist der Pinot noir Steinbuck, aus burgundischen Klonen. Die Reben haben nun ein Alter von zehn Jahren und beginnen, ihre Klasse zu zeigen: ein burgundisch-kirschiger Wein, vollmundig, satt, rein, mit richtigen Schokotanninen. Genau das Richtige für Vorurteilstrinker, die meinen, dass alle deutschen Spätburgunder stets mit unreifen, harten Grünkomponenten aufwarten.

Es scheint, als habe sich das Gut mit seinem durchaus modernen, ganz eigenen, intensiven Stil im Rotweinbereich neu konsolidiert. Intensiv und fruchtbetont schmeckt die Basis-Cuvée Maximilian, benannt nach Irene Johners Großvater. In ihm werden Acolon, Cabernet Dorsa, Cabernet Dorio, Merlot und Spätburgunder miteinander verschnitten, und man schmeckt in diesem Alltagswein eine verschwenderische Note von Kirschen, Brombeeren und Heidelbeeren. Da mitten hinein passt der normale Blaue Spätburgunder mit seiner Johner-typischen Aromatik von Kirsche und Brombeere – allerdings kostet dieser fast schon so viel wie anderswo ein Spitzenwein.

Acolon
Rote Neuzüchtung von der Staatlichen Lehr- und Versuchsanstalt für Wein- und Obstbau in Weinsberg aus Lemberger und Dornfelder, die farbintensive, füllige, beerig-würzige Weine ergibt.

Im Gegensatz zum extrovertierten Karl Heinz Johner ist das Kaiserstühler Urgestein Wolf-Dietrich Salwey ein Fels in der Brandung, der jeglichen Trends zu trotzen scheint. Bereits 1964 hat er sich erst im Glottertal selbständig gemacht, dann rund zehn Jahre später das inzwischen auf 23 Hektar angewachsene WEINGUT SALWEY in Oberrotweil übernommen. In drei Jahrzehnten führte er den Betrieb an die Spitze von Kaiserstuhl und ganz Baden und hat die Federführung an seinen ältesten Sohn, Konrad Salwey, der den An- und Ausbau der Weine verantwortet, übergeben. Das Sortiment des kongenialen Kaiserstühler Duos ist ein famoser Querschnitt durch die Vielfalt der Region, die Weine sind eine Quersumme von dem, was möglich ist, was gut geht und was nicht.

Weingut Salwey
Hauptstraße 2
D-79235 Oberrotweil
Tel. +49 (0) 76 62/3 84
Fax +49 (0) 76 62/63 40
E-Mail: weingut@salwey.de
www.salwey.de
Öffnungszeiten:
Mo.–Fr. 9–12 und 14–17 Uhr,
Sa. 9–12 und 14–16 Uhr

Vor allem verfolgen die Salweys einen technikreduzierten Ansatz und pflegen einen unverkennbaren Stil. Die Spätburgunder haben viel Gerbstoff und Würze, wirken deutlich kerniger als die von Johner, doch glüht in ihnen ein warmes Feuer, das aus der Tiefe kommend immer mehr zu leuchten beginnt. Einen überdreht hohen Alkoholgehalt sucht man bei den Weinen des Vorzeige-Betriebs fast immer vergeblich. Gerade an den vermeintlich *kleinen* Gewächsen wie dem exzellenten Glottertäler Eichberg Spätburgunder-Weißherbst merkt man den Unterschied zwischen der Alltagsweinwelt am Kaiserstuhl und den Mini-Granaten von Salwey.

Das Weingut Salwey zählt mit seinen geradlinigen Weinen zu den führenden Erzeugern der Region.

Um sich zukünftig noch stärker auf das Wesentliche konzentrieren zu können, sollen nun Rebsorten wie Riesling, Chardonnay und Müller-Thurgau reduziert werden. Und wie das Wesentliche schmecken kann, das vermitteln bereits die delikaten Silvaner und der federleichte, trockene Weißburgunder, der weder mit Blütenaromen noch mit saftiger Frische geizt, wohingegen derWeißburgunder Kabinett trocken herrlich durchtrainierte Muskeln auf den Rippen hat.

Der Weg des Verzichts ist die Salwey'sche Antwort auf den Extremkegel Kaiserstuhl, am deutlichsten spürbar beim Grauburgunder. Der Kabinett trocken ist richtig schön trocken. Ein feiner Schluck badischer Lebensfreude, dem auch seine Erzeuger nicht abgeneigt sind: Vergiss internationalen Pinot grigio, scheint dieser Wein zu sagen. Mehr davon!

Dieses »Mehr« gibt es bei den imposanten Spitzenweinen. Sie haben Körper, aber sind keineswegs nur samtig einschmeichelnd. Das würde auch nicht zu den energischen

Winzern passen. So verwundert es kaum, dass etwa das Große Gewächs Grauburgunder aus dem Oberrotweiler Eichberg richtig Schmackes hat. Im Asche- und tuffhaltigen Gestein des Oberrotweiler Eichberg können die Reben in den Bröckelfelsen tief wurzeln und eine Fülle von Mineralien aufnehmen. Vulkanischen Ursprungs und mit dem Boden

Die besten Kaiserstühler Burgunder brauchen sogar Barrique – doch nur, wenn sie genügend Extrakt und Dichte haben.

des Eichbergs vergleichbar ist ebenfalls die Lage Henkenberg, die den Grauburgundern große Fülle und Nachhaltigkeit samt herrlichen Aromen von gerösteten Nüssen und Walnussöl verleiht. Mit der Reife scheinen diese Weine noch zu gewinnen, sie legen an Feinheit zu ,und ein Henkenberg-Grauburgunder hatte selbst nach zehn Jahren noch Pfiff, mit Noten von Honig, Akazienblüte und Aprikose.

Schluck für Schluck legen diese Weine ihren Kern frei: eine feine Würze, die so tief gestaffelt ist wie das Innere des Kaiserstuhls. Vielleicht ist es die größte Leistung der Salweys, dass sie viele verschiedene Ideale gleichzeitig anerkennen und um den Ausdruck der verschiedenen Bodenarten ringen: nicht nur leicht und trocken, sondern auch gehaltvoll mit Tannin und Tiefe. Dahinter steckt eine Flexibilität, die am Kaiserstuhl keineswegs selbstverständlich ist. Und dass das Ganze dann auch noch Charme hat und Spaß macht, zeigt auch solch ein lockerer Spruch: »Ein guter trockener Wein erzeugt spätestens nach fünf Minuten auf der Zunge ein derart trockenes Gefühl«, resümiert Wolf-Dietrich Salwey, »dass die Hand automatisch zum Glas geht.«

Halbstückfässer im Weingut Salwey: Dieser Betrieb trotzt mit gekonntem Ausbau souverän den modischen Holzexsessen!

Zum Glas geht die Hand ganz sicher auch bei den Spätburgundern. Früher waren die Roten aus dem Oberrotweiler Kirchberg schon mal eine Spur zu ungehobelt, kräftig, fest – aber dieser eiserne Griff hat sich inzwischen gelockert, zugunsten einer samtigen Umarmung, die einen nicht mehr loslässt. Die Großen Gewächse aus dem Oberrotweiler Eichberg und vor allem aus dem Oberrotweiler Kirchberg haben Kräuter, Würze und den Duft edler Hölzer. Durch den hohen Rappenanteil schmeckt ein Kirchberg auch pfeffrig. Gerade der steinig-karge Kirchberg ist für Salwey »ein richtiger Charakter-Weinberg«. Die Kirchberg-Spätburgunder sind etwas streng, dicht und mineralisch. Knalljung schmecken sie wie frisch von der Maische gezogen, intensiv nach der puren Beere, gereift entwickeln sie typische Kaiserstühler Eleganz. Kein Zweifel, unter der Regie von Konrad Salwey, der das eindrucksvolle Erbe seines Vaters weiterführt und mit dem Jahrgang 2002 erstmals die Weißweinbereitung verantwortet hat, ist der Betrieb in die deutsche Spitzengruppe vorgestoßen. Ihre originäre Interpretation eines gradlinigen, keinesfalls überfrachteten Kaiserstühler Stils, der Alkohol- und Holzexzessen mit souverän vorgetragenem Terroircharakter und glasklarer Frucht trotzt, nötigt hohen Respekt ab – wenngleich Konrad Salwey zukünftig bei den Weißweinen die Maischestandzeit verlängern wird, um »ein noch intensiveres, komplexeres Gaumengefühl zu bekommen«.

Maischestandzeit
Zeitspanne, während der der noch unvergorene oder gärende Rot- oder Weißweinmost bzw. Jungwein auf der Maische, den gemahlenen Trauben, liegt.

Um das ganze Ausmaß dieser leichten Eleganz im Kraftvollen, der Frucht im Frischen und des individuellen Ausdrucks im Übermäßigen zu verstehen, sollte man nach Endingen fahren. Der kleinstädtische Weinort ist mit seiner kopfsteingepflasterten Hauptstraße und den Patrizierhäusern am Ostrand des Vulkankegels eine Art Freiburg *en miniature*. Tatsächlich offenbart sich in den Burgundern vom

Weingut Reinhold und Cornelia Schneider
Königschaffhauser Straße 2
D-79346 Endingen
Tel. +49 (0) 76 42/52 78 und 92 41 30
Fax +49 (0) 76 42/20 91
E-Mail: weingutschneider@aol.com
www.weingutschneider.com
Öffnungszeiten: Fr. 14.30–18 Uhr, Sa. 9–14 Uhr und nach Vereinbarung

WEINGUT REINHOLD UND CORNELIA SCHNEIDER aber eine sture Entschlossenheit, die typisch Kaiserstuhl ist.

Bei Reinhold Schneider hilft der Ratschlag: »Schaue dem Winzer zuerst auf die Hände«, um der Faszination seiner Weine näherzukommen. Nicht nur das Ausmaß von Schneiders Handteller ist beachtlich, sondern vor allem die gegerbte, angeraute, zerfurchte Haut. Diese Hände erzählen eine Geschichte – die einzig wahre Geschichte des Kaiserstuhls. Eine Geschichte, die die alles entscheidende Grundlage für die Qualität der Weine beschreibt: Nur aus einer perfekten Beere wird vielleicht auch einmal ein perfekter Wein. So einfach ist das! Vom unentwegten Ringen um die kleinen, gesunden, reifen, aromatischen Beeren – davon erzählen die Hände des ehrgeizigen, aber bescheidenen Endinger Winzers.

Gebündelte Kraft ist zu simpel, um das Raffinement dieser Weine zu beschreiben: fruchtige, florale und mineralische Komponenten, ein lebendiges, gradliniges, schwungvolles Säurespiel. Dann setzt schnell das ein, was Schneider den Geschmack des Bodens nennt. Die Weine sind nämlich gutsintern nach Bodentypen eingestuft: A steht für Weine, die auf Lehmboden gewachsen sind, C für den Löss und R bezeichnet die Herkunft vom verwitterten Vulkan. Die besten Weine eines Jahrgangs werden überdies mit drei Sternen bezeichnet, und die Cuvée trio ist eine Assemblage aus den drei verschiedenen Bodentypen.

Assemblage
Das Zusammenfügen von verschiedenen Grundweinen, Weinbergslagen, Traubensorten und/oder Jahrgängen.

1981 gründeten die einstigen Genossenschaftswinzer Reinhold und Cornelia Schneider den rund sieben Hektar großen Betrieb, setzten auf naturnahe Bewirtschaftung der Weinberge, durchgegorene Weine und einen technikreduzierten Ansatz. Neue önologische Verfahren wie Mostkonzentration lehnen beide kategorisch ab. Konsequenterweise traten sie 2001 aus dem VDP Baden aus, weil sie dessen klare Stellungnahme bezüglich der neuen kellerwirtschaftlichen Möglichkeiten vermissten.

Im Anbau befinden sich primär die Burgundersorten Grauer und Weißer Burgunder, Auxerrois und Spätburgunder. Trotz bereits ganz erstaunlicher Resultate kritisiert Schneider das mangelnde Bemühen um die Qualität gerade der Weißburgunder-Klone. Die Qualität des Pflanzenmaterials ist für ihn ein entscheidender Faktor, hier gebe es noch eine Menge zu tun. Vor allem beim Grauburgunder, der noch deutlich mehr an Aromatik bringen könne, doch werde meist irgendein »Allerweltsklon wie 5286 angepflanzt, der einen Tick zuviel an Säure hat«, kritisiert der Winzer. Ein probates Mittel sei es, durch die so genannte Massenselektion die besten Stöcke von lokalen, alten Klonen zu vermehren. Eine Methode übrigens, auf die Schneider auch bei den Roten setzt. Das Bestocken mit französischen Klonen, etwa Dijon 115, 117 oder 777, die am Kaiserstuhl gang und gäbe sind, hält er wegen der Standardisierung des Geschmacks für inakzeptabel. Stattdessen setzt er auf hiesiges Erbmaterial – und ist damit am frankophilen Kaiserstuhl eine absolute Ausnahme.

Sohn Alexander, der beim Schweigener Weingut Friedrich Becker in der Pfalz gelernt hat, steht den Eltern inzwischen tatkräftig zur Seite. »Ich habe das Gefühl«, sagt Reinhold Schneider in diesem Kontext, »dass der Kaiserstuhl momentan in der Weinszene irgendwie abgehängt worden ist.« Seiner Ansicht nach sind die Pfalz und auch Teile von Rheinhessen dynamischer (»ständig rufen Winzer aus ganzen Teilen von Deutschland an und tauschen sich mit Alexander über neue Entwicklungen aus«), wohingegen es am Kaiserstuhl eher bedächtig und ruhig zugehe. Man müsse sich stärker positionieren und profilieren, um den Anschluss nicht zu verlieren. Denn immerhin habe der Kaiserstuhl bei der stilistischen Entwicklung der modernen Burgundersorten, insbesondere beim Grauburgunder, ja Pionierdienste geleistet.

Ironischerweise heißen die Grauburgunder bei den Schneiders Ruländer, und nach alter Väter Sitte ziert auch ein traditionelles Etikett mit einem alten Fuhrgespann das Etikett. Bei der Vinifizierung verzichten die Schneiders auf Schnickschnack, setzen wie Helmut Dönnhoff aus Oberhausen an der Nahe auf eine »Auf-dem-Punkt-Vinifizierung«, entscheiden also schnell, intuitiv und mit großer Erfahrung, was jeweils gerade im Keller zu tun ist. Als Resultat dieser Bauchentscheidungen mit Verstand und ohne Standardrezept sind die Weine tadellos ausgependelt und wahrhaft individuell. Der Weiße Burgunder Spätlese trocken Trio mit drei Sternen ist ein universeller Essensbegleiter. Dann die Überraschung vom Löss: der florale, lebendige, charmante Weißburgunder C mit aparten Birnenduft.

Vinifikation
Der gesamte Prozess der Weinbereitung vom Keltern bis zum Vergären des Mosts.

»Unser Löss hier in Endingen ist ein heller und junger«,

erklärt Schneider. »Er ist sehr kalkhaltig, noch nicht so fest gepresst, und die Reben können tief eindringen, weiter unten Mineralien und Wasser aufsaugen. Das macht die Weine runder und harmonischer.«

Eckiger, fester, würziger und kantiger schmeckt hingegen das Pendant vom Vulkangestein, die Spätlese R. Minerali-

Sohn Alexander hilft seinen Eltern Reinhold (M.) und Cornelia Schneider. Die Philosophie der Spitzenqualitäten heißt: Nur aus einer perfekten Beere wird ein perfekter Wein!

sche Stärke stützt hier die Finesse. Was dann folgt, ist ein absoluter Ausnahmewein: die Weiße Burgunder Auslese trocken R mit drei Sternen. Dieser Wein wird komplett in neuen Barriques ausgebaut. Erstaunlich: Die saftige Frucht verdaut diesen offensiven Holzeinsatz nicht nur, sondern die Eichenholztöne dienen mit zarter Vanillenote sogar nur als Stütze.

Genau diese Präzision ist das wesentliche Merkmal der großartigen Burgunder vom Endinger Weingut Schneider. Die Handschrift setzt sich auch bei den Ruländern fort. Sie sind glasklar und haben dieselbe kompakte Dichte und harmonische Sortenart. Auch hier ist die in der neuen Barrique ausgebaute trockene Auslese R mit drei Sternen ein Ausnahmewein. Man möchte Schluck für Schluck diesem Wein auf den Grund kommen, doch der Grund im Glas ist zu tief, um ihn erreichen zu können.

Wenngleich die Spätburgunder ebenfalls klar in der Frucht, feinwürzig und von eleganter Struktur sind, so haben sie es angesichts der überragenden Weiß- und Grauburgunder nicht gerade leicht. Beim R ist die Glut des erloschenen Vulkans zu spüren, bietet der Wein auffallend rauchige Noten, leuchtet sanft. In eine für Schneider neue Dimension stößt der mit dem Jahrgang 2004 erstmals vinifizierte Spätburgunder Parzelle Schönenberg R vor: ein intensiver Wein mit Kick-Boxer-Stärke am Gaumen. Dieser Wein bietet vor allem eine ungeheuer frische, gradlinige, straffe, ja brillante Frucht, die keine übertriebenen Vanille- oder Schokoaromen braucht, sondern echte Tiefe besitzt. Damit steht dieser Wein für eine originelle Kaiserstühler Weinkultur mit eigenständiger Würze, die auf Reife und Klarheit setzt – und eben nicht faule Ressentiments an einen gefälligen, modischen Kuschelstil macht.

Nur wenige 100 Meter vom Weingut Schneider entfernt liegt das Weingut Knab. 1994 übernahm der Weinbautechniker Thomas Rinker zusammen mit seiner Frau und Malerin Regina das auf 15 Hektar angewachsene traditionsreiche Gut. Auch hier strahlen die Burgunder etwas vom klaren Licht des Kaiserstuhls und der mitreißenden Lebensfreude aus. Die herb-frischen Weißburgunder duften fein exotisch nach Maracuja, während der Grauburgunder als Grand Seigneur zwischen knackigen Apfelaromen und reifen Honignoten changiert. Der Spätburgunder hat eine geradezu sinnliche Dimension – mit vollreifer Saftigkeit von roten Kirschen und zartem Schmelz.

Weingut Knab
Hennengärtle 1a
D-79346 Endingen
Tel. +49 (0) 76 42/61 55
Fax +49 (0) 76 42/93 13 77
E-Mail: knabweingut@t-online.de
www.knabweingut.de
Öffnungszeiten: Mo.–Fr. 17–18.30 Uhr, Sa. 10–14 Uhr und nach Vereinbarung

Die Toplage ist der Endinger Engelsberg, eine unspektakuläre Lage mit Lösslehm und Vulkanverwitterung, die spät im Herbst so richtig aus sich herauskommt. Denn wenn die Trauben bis in den Spätherbst hängen können, bekommen sie etwas vom Fön ab, der die natürliche Konzentration der Aromastoffe und auch der Säure fördert. Das Resultat sind stoffige Weine voller Frucht und Frische wie die im Stahltank ausgebaute Weißburgunder Spätlese trocken mit drei Sternen: Schmelz, Schmackes und Saftigkeit sind im Einklang, aber vielleicht könnte der – zumindest teilweise – Ausbau im Holzfass dies noch verstärken. Vielleicht wirkt deshalb das Pendant vom Grauburgunder noch einen Tick beeindruckender. Der Wein wird zu einem kleinen Teil in der Barrique ausgebaut. Schöne Nuss-

Weg von den mastigen, überreifen Roten! Der Kaiserstuhl trotzt in der Spitze einem obsoleten badischen Rotweinstil mit marmeladiger Schwere.

Weingut Michel
Winzerweg 24
D-79235 Achkarren
Tel. +49 (0) 76 62/4 29
Fax +49 (0) 76 62/7 63
E-Mail: weingutmichel@t-online.de
www.weingut-michel.com
Öffnungszeiten: Mo.–Fr. 10–11.30 und 13.30–17 Uhr, Sa. 10–13 Uhr und nach Vereinbarung

noten, ein Hauch Karamell und dezente Würznoten: ein gutes Burgunder-Riff.

Diese Handschrift setzt sich bei den Roten nahtlos fort. Richtig viel Kirsche bietet der ganz normale Qualitätswein trocken vom Spätburgunder »im Holzfass gereift« – zum bestechend günstigen Preis! Und auch die Barrique-Version aus dem Engelsberg kostet nicht viel mehr: zur Kirschfrucht gesellen sich Cassis- und Holznoten: Trink mich, trink mich, flüstert der Wein. Angesichts der samtigen Gerbstoffe kommt man der Bitte gerne nach.

Obwohl es in einem Hitzejahrgang wie 2003 auch eine mächtige Auslese trocken und gar eine Beerenauslese A gibt, bildet die Reserve mit drei Sternen quasi das Sternenstück. Kirschfrucht und Röstaromen spielen sich lustvoll die Bälle zu. Das wäre nicht möglich ohne die differenzierte Weinbergsarbeit.

Frucht, Spiel und Frische – das ist auch das Credo von Josef Michel, Inhaber des 1983 gegründeten WEINGUT MICHEL in Achkarren. Das Reich des sympathischen Familienbetriebs mit der beliebten Straußwirtschaft ist vor allem der vulkanisch geprägte Achkarrer Schlossberg, und der ist für Josef Michel ein richtiges »Powerhouse«. Also geht es ihm darum, die Vitalität und Delikatesse herauszukitzeln. Dabei beschränkt sich der Achkarrer auf das Wesentliche: die Burgundersorten, die klar, fruchtbetont und stoffig sind.

Der Graue Burgunder zeigt schon als trockener Kabinettwein gestandenen packenden Duft. Die elegant verpackte Kraft aus dem Achkarrer Castellberg, einer Löss-Lehm-Lage, wirkt fast noch charmanter als die Wucht des Schlossbergs. Spätestens bei den trockenen Spätlesen mit drei Sternen – den Selektionsweinen vom Schlossberg – entfaltet sich die ganze virile Kraft, am köstlichsten vielleicht sogar beim Weißburgunder, der Finesse und einen süßen Blütenduft mit in die Waagschale wirft. Das ist Power ohne Bombast und Schmackes ohne Schnickschnack – um die fruchtige Frische im Wein zu betonen, setzt Josef Michel auf Ganztraubenpressung, und vielleicht fehlt deswegen diesen Weinen, um ganz oben in der badischen Spitze mithalten zu können, noch der letzte Kick hinten am Gaumen. Leichtigkeit und spielerische Eleganz haben diese Weine auf jeden Fall, auch unbestreitbare Rasse und Klasse.

Die Spätburgunder sind ausgewogen, zeigen herbe Kraft und sind trotzdem geschliffen. Kurzer Anschnitt, frühzeitige Ertragsreduzierung, selektive Handlese und schonende Traubenverarbeitung machen sich bezahlt – vor allem bei den in der Barrique ausgebauten Spitzen-Rotweinen. Ab dem Jahrgang 2004 bekommt der rauchige, in die zärtliche Haut vollreifer kleiner Beeren eingepackte Spätburgunder Achkarrer Schlossberg Konkurrenz von dem energischen Roten aus dem Ihringer Winklerberg, der facettenreicher in der Würze ist und eine beachtliche Willensstärke an den Tag legt. Ein richtiges vulkanisches Energiebündel von einem richtig guten Kaiserstühler Weingut, auf dem vier Generationen unter einem Dach leben: unverkrampft, handfest und echt.

Schlank und stark zugleich – das passt auch für das WEINGUT MATTHIAS HÖFFLIN-SCHAMBACHHOF in Bötzingen. Dieser nach ökologischen Richtlinien wirtschaftende Bioland-Betrieb von Stella und Matthias Höfflein liegt im Schambachtal, wo neben den Rebkulturen viele Obst- und Gemüsesorten gedeihen und über 36 Vogelarten heimisch sind. Auf den höchsten Lössschichten des östlichen Kaiserstuhls wächst ein Wein, der die Lebendigkeit der intensiv gepflegten Böden widerspiegelt. Obwohl der Betrieb bereits 1974 gegründet wurde und Höfflin Franz Keller II. persönlich nicht kannte, zeigt sich hier ein ebensolches Faible für die durchgegorene »Leichtigkeit des Weins« – die aber keinesfalls harmlos daherkommt. Da ist richtig schön reife, feste Säure im Glas, und die Weine aus den klassischen Burgundersorten, Müller-Thurgau, Auxerrois, Gewürztraminer, Scheurebe und Silvaner verabschieden sich nicht zu früh am Gaumen – sie bleiben. Es handelt sich um guten Bio-Wein, der schnörkellos, direkt, mit richtig Stoff daherkommt – und ohne esoterische Quacksalberei.

Weingut Matthias Höfflin-Schambachhof
Schambachhof
D-79268 Bötzingen
Tel. +49 (0) 76 63/14 74
Fax +49 (0) 76 63/14 61
E-Mail: schambachhof@t-online.de
www.schambachhof.de
Öffnungszeiten: Mo.–Sa. 8–12 und 14–17 Uhr und nach Vereinbarung

Das biologische Bewirtschaften nach bestimmten Regularien darf nicht zum Sakrileg werden, und auch am Kaiserstuhl zeigen einige Bioweine leider handwerkliche Schwächen. Anders bei Matthias Höfflin, der bereits seit 20 Jahren Wein macht und weiß, wie er Aroma und Schwung in die Weine bekommt – und seiner ökologischen Überzeugung konsequent folgt. »Handverlesene Lebenslust« heißt das Motto, und eben genau dieses trifft auf seine Weine zu. Der Infantilisierung des Geschmacks leistet bereits der richtig trockene Grauburgunder Kabinett hartnäckig Widerstand: guter Stoff und Wiesenblume, Nuss, reifer Apfel und Quitte sind im Glas zu finden – nicht zu dick aufgetragen, sondern von einer feinen Würze untermalt. Wer von der aseptischen Reinsortigkeit genug hat, sollte den durchgegorenen Chardonnay & Weißburgunder probieren. Im Glas klingen gut abgestimmte, fröhliche, klare Töne. Und dann ist da noch der Chardonnay trocken, der nach ein, zwei Jahren der Reife herrlich nach Butterkeks, Vanille, Blumen und Mango schmeckt. Meist durchgegoren, säurefrisch und dabei veritabel elegant schmecken die Weiß- und Grauburgunder der Prestigelinie, die keine Wucht benötigen, um am Gaumen voll aufzublühen. Da soll noch einer sagen, die besten Weine vom Kaiserstuhl seien zu mächtig und breit angelegt!

Kein Deckrotwein bitte! Rainer Probst' Spätburgunder funkelt von alleine in tiefem Rot.

Spontane Trinkreflexe löst auch der im Holzfass ausgebaute Spätburgunder aus: süffige Himbeer- und Erdbeernoten und eine Veilchenfrische machen einfach richtig Spaß. Nicht zu leicht, nicht zu schwer und vor allem nicht mit dem Anspruch: »Ich bin ein dicker, fetter Wein.«

Prestige heißt die Spitzenlinie des Hauses auch beim Spätburgunder, sowohl aus der Barrique als aus dem großen Holzfass, und auch da zündet kein Turbo-Alkohol – stattdessen setzen diese starken Spätburgunder auf eine Finesse zwischen reifer, süß schmeckender (es ist kein Kuschelhäschen-Restzucker gemeint!) Frucht und lebendiger, direkter, straffer Säure. Das Rückgrat der besten Spätburgunder ist eben die Balance zwischen Reife und Frische, die die Höfflins immer besser herausarbeiten. Insbesondere die Würze der Holzfass-Version fasziniert! Noch dichter, kirschiger, tiefer und konzentrierter gerät die Barrique-Variante, bei der das Holz tatsächlich nur den Wein trägt und eine zarte Würze beisteuert. Die Weine haben sowohl an Statur als auch an Schliff und Komplexität gewonnen und sind exemplarische Beispiele für eine Kaiserstühler Bioweinkultur, die nicht nur handfest und mit Schmackes zur Sache kommt, sondern auch bekömmlich, klar und ehrlich ist. Fruchtige Eleganz hat hier seinen ganz besonderen Charme!

Fülliger-stoffiger-würziger gerät die Rotweincuvée Rufus, bei der die Barriquevariante die aus dem Holzfass übertrifft. Cassis, schwarze Beeren, Wildkräuter, schwarzer Pfeffer und eine zarte Prise Mokka im Nachhall stecken in diesem ungewöhnlichen Wein aus Spätburgunder und pilzresistenten Sorten wie Cabernet Carbon überzeugende Belege dafür, dass es am Kaiserstuhl nicht nur darum geht, die Burgunderbomben zu entschärfen, sondern dass man bei aller Konzentration innovativ und elegant im Stil sein kann – und schiere Wuchtbrummen und laute Eichenaromen gleichfalls ablehnen darf. Eine »Mitgift« in Form eines »dienlichen« Restzuckerschwänzchens entfällt zugunsten einer animierenden Frucht. Die frische und klare Aromatik der Höfflins hat eben genügend eigene Substanz, um ohne ein kaschierendes Element wie einen hohen Alkoholwert und etwa unvergorenen Traubenmost zum Nachsüßen auszukommen!

Animierend statt schwer – das ist auch das Credo des jüngsten Aufsteigers: des WEINGUTS HOLGER KOCH aus Bickensohl, einer echten *garage winery* des Kaiserstuhls. 1999 gründete Koch, der zuvor fünf Jahre lang Kellermeister bei Fritz Keller war, sein kleines, feines Weingut mit der Rebfläche der Eltern. Vorher wurden die Trauben an die Genossenschaft geliefert, und aus 0,5 Hektar Rebfläche sind nun 6,5 geworden, die Koch gemeinsam mit seiner Frau Gabriele Engesser und den Eltern bewirtschaftet. Großen Wert legt er darauf, dass sich seine konsequent spontan vergorenen Burgunder nicht gleich vollständig erschließen, sondern Schicht um Schicht.

Weingut Holger Koch
Mannwerk 3
D-79235 Bickensohl
Tel. +49 (0) 76 62/91 22
Fax +49 (0) 76 62/94 98 59
E-Mail:
hk@weingut-holger-koch.de
www.weingut-holger-koch.de
Öffnungszeiten:
nach Vereinbarung

Die Grundidee ist: Rückbesinnung auf Traubenaromen. »Daher lese ich nach Geschmack«, sagt Koch, »und probiere immer wieder die Beeren. Während meiner Weinbau-Ausbildung in Geisenheim hatte das Probieren von Trauben keine größere Bedeutung. Das lernte ich erst während eines Aufenthaltes bei Graf Neipperg im Bordelais.«

Koch legt den Finger fraglos auf einen wunden Punkt: Denn im deutschsprachigen Weinraum werden Zucker- und Aromenreife nicht immer gleichzeitig erreicht. Genau das ist das grundlegende Missverständnis und der gravierende Fehler des Weingesetzes von 1971, das Geschmack an Zuckerwerte koppelte. Da geht Koch einen deutlich anderen Weg, was der Verbraucher schätzt. Seine 40 000 Flaschen sind ruck, zuck! ausverkauft: »Ich möchte eher elegante Weine machen, die man zuerst vielleicht sogar unterschätzt, die aber nachhaltig überzeugen.«

Nachhaltigkeit ist Kochs Lieblingswort. Um diese zu fördern, setzt er auf nicht geklonte Reben aus dem Elsass und burgundische Spätburgunder-Klone, die er in puncto Aromatik den deutschen für überlegen hält. »Wir haben in den letzten Jahren etliche Weinberge mit Reben bepflanzt«, sagt Koch, »bei deren Auswahl die Fruchtintensität im Vordergrund stand. Diese Reben sind keine Klone, sondern eine ›Selection Massale‹, also Massenselektion aus uralten Anlagen im Elsass. Dies ist ein Rückgriff auf die Burgunder aus der Zeit vor der modernen Klonenselektion mit ihrem Bemühen um hohe Mostgewichte. Durch die Ausrichtung auf Zucker gibt es heute teilweise Reben, die auch bei hohen Zuckergraden kaum Aroma bringen. Wir hatten früher einige Spät- und Weißburgunder, die auch in schlechteren Jahren hohe Mostgewichte brachten, aber immer etwas ausdruckslos und wässrig geschmeckt haben. Diese Reben sind alle ersetzt und bringen mit den neuen Rebstöcken weit mehr an Ausdruck und Komplexität. Obwohl die Anlagen noch jung sind, bringen sie interessantere Weine hervor als alles, was wir bisher aus alten Klonenanlagen herausbekommen konnten.«

Dazu bietet ein neues Weinguts- und Wohngebäude laut Koch weit bessere Arbeitsbedingungen als bisher. Ausbau und Reife der Weine profitieren von einer natürlichen Kühlung mit Quellwasser, das in kleinen Schläuchen durch die Kellerdecken geleitet wird. So kann Holger Koch noch schonender und präziser seine Finesse herausarbeiten, die sich allerdings meist erst nach mehreren Schlucken zu zeigen beginnt.

»Körper, Kraft und Samtigkeit sind ein Nachteil von uns«, so Koch. »Ich möchte Kraft und Leichtigkeit.« Also gibt es »heimlich fette Weine«. Sie wachsen in Höhen zwischen 300 und 370 Metern, haben etwas von der Klarheit der Höhenluft und legen beim Trinken immer mehr an Nachhaltigkeit und Raffinement zu.

Gutsabfüllung
Wein von Weinbaubetrieben, die ihren aus eigenen Trauben von ihnen selbst gewonnenen Wein auch selbst abfüllen.

Drei Sorten stehen für vier Linien: Gutsabfüllung, also Edelstahl-Ausbau für frische Weine mit Substanz und Länge oder alternativ für im Holzfass mit natürlicher Hefe spontan vergorene Gewächse. Etwa blütenduftige Weißburgunder und zart-nussige Grauburgunder mit intensiver Lebendigkeit. Dann folgen die Selectionsweine mit einem Stern, die im 225 bzw. 500 Liter fassenden Holzfass ausgebaut sind. An der Spitze stehen die mit drei Sternen. Hier sind beim Spätburgunder die Fruchtnoten noch dunkler, die Würze noch tiefer, die elegante Dichte noch nachhaltiger; beim Grauburgunder ruhen gelbe Früchte auf einem festen mineralischen Bett.

Insbesondere dieser Grauburgunder belegt äußerst eindrucksvoll, was Koch aus hocharomatischen Niedrigertragsbeeren voller intensivem Geschmack an Finesse herauskitzelt. Denn profunde Mineralität und substantielle Frische bieten hier ein Counterpart zur typisch badischen Reife. Man muss diese Balance einmal geschmeckt haben, um zu verstehen, dass ein Grauburgunder zu solch einer natürlichen Intensität fähig ist – ohne jegliche Spur von Bombast oder Schwere. Würze, Säure und Mineralität vermitteln ein Wohlgefühl, das sich nur schwer in Worte fassen lässt. Diese originäre Interpretation eines salzig-pikanten Kaiserstühler Grauburgunders entlarvt viele monströse Pendants als vordergründig, alkoholbetont und zu stark vom Holz beeinflusst. Trotz aller Reife schmeckt Kochs durchgegorener Grauburgunder mit drei Sternen noch knackig. Die Süße kommt hier aus der physiologisch reifen Frucht, nicht von einer dienlichen Restsüße. Fruchtadern durchziehen einen festen Kern, der sich aber dank des Säurespiels und der Harmonie ganz schwerelos gibt. Das ist authentische Kaiserstühler Burgunder-Kultur pur!

Jahrelang Kellermeister bei Fritz Keller vom Schwarzen Adler und jetzt Senkrechtstarter einer garage winery: »Nachhaltigkeit« ist Holger Kochs Zauberwort.

Im Grunde folgen diese Weine – wie auch die aktuelle stilistische Entwicklung – nur dem Ur-Credo von Franz Keller II.: »mineralisch, kernig, eigenständig, geradeaus.« Im heutigen Kontext und im Zuge der Klimaerwärmung wirkt dieses zeitgemäßer und relevanter denn je. Denn vollreife, zartsüßliche, holzbetonte Kuschel- und Fernsehweine können nicht mehr viele vom Hocker hauen! Dabei zeigt sich in den besten Weinen der Charakter des extremen Kaiserstuhls darin, die Kraft auf klare, bodenständige Art zu bündeln und trotz des Volumens noch Mineralität und Säure zu bewahren. Das ist seine eigentliche Definition, und sie besitzt durchaus ein burgundisches Vorbild! In dem Ringen um den Dreiklang von Kraft, Säure und Mineralität versteckt sich also die eigentliche Geschichte der Region mit ihren sturen, aber ungemein lebenslustigen Winzern.

Kaiserstuhl/Tuniberg in Zahlen*

Rebsorte	1982	2006	Trend
Gesamtrebfläche	4798 ha	5182 ha	⇧
Weiße Rebsorten insgesamt	40,93 % = 1964 ha	53,57 % = 2776 ha	⇧
Riesling	0,65 % = 31 ha	1,22 % = 63 ha	⇧
Müller-Thurgau	37,56% = 1802 ha	20,82 % = 1079 ha	⇩⇩
Ruländer (Grauer Burgunder)	18,28 % = 877 ha	16,35% = 847 ha	⬂
Silvaner	8,37 % = 400 ha	2,22 % = 115 ha	⇩⇩
Weißer Burgunder	3,02 % = 145 ha	9,49 % = 492 ha	⇧⇧
Gutedel	0,02 % = 1 ha	0,04 % = 2 ha	⇨
Auxerrois	0,29% = 14 ha	0,16 % = 6 ha	⇩
Scheurebe	–	0,29 % = 15 ha	⬀
Muskateller	–	0,58 % = 30 ha	⇧
Sauvignon blanc	–	0,17 % = 9 ha	⬀
Chardonnay	–	0,83 % = 43 ha	⇧
Gewürztraminer	1,71% = 82 ha	0,85 % = 44 ha	⇩
Sonstige	4,7% = 94 ha	0,6 % = 31 ha	⇩⇩
Rote Rebsorten insgesamt	41,89 % = 2010 ha	46,43 % = 2406 ha	⇧
Portugieser	0,02% = 1 ha	–	
Blauer Spätburgunder	25,57% = 1323 ha	42,82 % = 2219 ha	⇧⇧
Regent	–	1,04 % = 54 ha	⇧
Cabernet Mitos	–	0,83 % = 43 ha	⇧
Sonstige	0,58% = 28 ha	1,74 % = 90 ha	⇧

Quelle: Badischer Weinbauverband e.V.; Staatliches Weinbauinstitut Freiburg; Deutschlands Weinbauorte und Weinbergslagen, von Fritz Goldschmidt. Mainz, Verlag der Deutschen Wein-Zeitung 1910
* Für 1982 waren nur Daten für den Kaiserstuhl mitsamt Tuniberg zu bekommen. Um eine Vergleichbarkeit zu gewährleisten, wurde für die Daten für 2006 auch der Tuniberg zum Kaiserstuhl gezählt.

Da genaue Zahlen für die Zeit um 1900 nicht vorlagen, gibt auch hier Fritz Goldschmidts Buch von 1910 näheren Aufschluss. Damals lag der Kaiserstuhl wohl deutlich im Windschatten des Markgräfler Landes und hat keine so reiche Tradition vorzuweisen. Die Verschiebung der Verhältnisse fand also erst deutlich später statt. Hervorragende Weinorte sind Achkarren, Ihringen, Burkheim und Bickensohl. Als Rebsatz sind Elbling, Ruländer, Traminer und Riesling gängig. »Ihringen und Burkheim erzeugen außerdem noch recht schöne Rotweine. Die kleinen und mittleren Weißweine sind von schöner gefälliger Art, die sehr an kleine Moselweine erinnert, während die besseren Sachen voll und kräftig sind und zum Teil Rheinweincharakter haben. Am Kaiserstuhl wird gleichfalls sehr viel Weißherbst gekeltert.«

WEITERE EMPFOHLENE WEIGÜTER

Weingut L. Bastian
Königschaffhausener Straße 8
D-79346 Endingen
Tel. +49 (0)76 42/60 09
Fax +49 (0)76 42/38 62
E-Mail: service@weingut-bastian.de
www.weingut-bastian.de
Öffnungszeiten: Mo.–Fr. 8–12 und 14–17 Uhr, Sa. 9–12 Uhr, So. Ruhetag

Weingut Michael Baumer
Kapellenstraße 16
D-79235 Vogtsburg-Oberbergen
Tel.+49 (0)76 62/94 91 91
Fax +49 (0)76 62/94 91 92
E-Mail weingut-michael-baumer@t-online.de
Öffnungszeiten: nach Vereinbarung

Weingut Bercher-Schmidt
Herrenstraße 28
D-79235 Oberrotweil
Tel. +49 (0)76 62/3 72
Fax +49 (0)76 62/6 33
E-Mail: familienweingut@bercher-schmidt.de
www.bercher-schmidt.de
Öffnungszeiten: Mo.–Fr. 9–12 und 14–18 Uhr und nach Vereinbarung

Hofgut Consequence
Talstraße 15
D-79235 Vogtsburg-Bicshoffingen
Tel. +49 (0)76 62/9 40 87
Fax +49 (0)76 62/9 40 86
E-Mail:
info@hofgut-consequence.de
www.hofgut-consequence.de
Öffnungszeiten: Mo.–Fr. 14–18 Uhr, Sa. 9–11 und 14–18 Uhr.
Schlüssige Weine mit Struktur und Persönlichkeit kommen vom diesem Betrieb am Kaiserstuhl. Die Weine benötigen etwas Luft, um ihre guten Anlagen zu offenbaren. Dann aber machen sie viel Spaß. Ein schönes Beispiel, wie schmackhaft und sauber heutzutage Weine vom Öko-Winzer sein können. Darauf kann man getrost mit dem süffigen Secco aus diesem Hause anstoßen!

Weingut Herbert Daniel Engist
Winzerweg 6
D-79236 Vogtsburg-Achkarren
Tel. +49 (0)76 62/3 73
Fax +49 (0)76 62/91 22 03
E-Mail: info@weingut-engist.de
www.weingut-engist.de
Öffnungszeiten: nach Vereinbarung

Weingut Friedrich Kiefer
Bötzinger Straße 13
D-79356 Eichstetten
Tel. +49 (0)76 63/10 63
Fax +49 (0)76 63/39 27
E-Mail: info@weingutkiefer.de
www.weingutkiefer.de
Öffnungszeiten: Mo.–Fr. 8–12 und 13–17.30 Uhr, Sa. 9–13 Uhr (Januar – März) 9–16 Uhr (April – Dezember)

Weingut Arndt Köbelin
Dillstraße 1
D-79356 Eichstetten
Tel.+49 (0)76 63/14 14
Fax +49 (0)76 63/91 26 66
E-Mail: arndt.koebelin@t-online.de
Auch wenn es der ein oder andere nicht wahrhaben will: Am Kaiserstuhl schmecken viele Weine gleich. Nicht so bei Arndt Köbelin. Hier überrascht schon im federleichten Riesling Kabinett feinherb bei nur elf Volumenprozent Alkohol die Differenziertheit, die heitere Säure und feinste, an Pfirsich erinnernde Aromen. Das soll ein Wein vom Kaiserstuhl sein? Aber ja! Kaiserstuhl ist eben nicht nur Wucht, sondern auch filigrane, klare, urbekömmliche Art, die auch bei den herrlichen Silvanern durchschlägt.
Aber dazu braucht es eben auch einen Winzer wie Arndt Köbelin, dem die Konsumenten eigentlich die Bude einrennen müssten. Denn hier ist nichts vorlaut oder aufgesetzt. Hier kommen klares Kaiserstühler Profil, zarte Traubigkeit und feine Sortenart zum Ausdruck. Dabei folgt der Ex-Kellermeister der Genossenschaft in Durbach, der 2005 mit seiner Lebensgefährtin Monika Doll die elterlichen Weinberge übernahm und sein eigenes Weingut gründete, nur der Maxime aller Qualitätswinzer im deutschsprachigen Raum: Im Keller geschieht nur so wenig wie irgend möglich.
Seit seinem 16. Lebensjahr macht Arndt Köbelin, Jahrgang 1970, Wein, u.a. als Kellermeister im Weingut Seifried in Nelson/Neuseeland. Seine alten Rebanlagen haben bis zu 40 Jahre auf dem Buckel, sie bringen nur kleine Trauben und mengenmäßig geringe Erträge hervor. Ihre tiefen Wurzeln saugen wie Mammutrüssel die wertvollen Mineralstoffe des Löss- und Vulkanverwitterungsgesteins des Kaiserstuhls auf. Bei Neuanlagen hingegen kommen bei Köbelin nur ungeklonte Rebsetzlinge aus uralten Mutterbeständen zum Einsatz, die nicht für die Massenproduktion gezüchtet sind.
Die Weißburgunder haben eine saftige Seele, einen zarten, warmen Burgunderton und eine differenzierte, feine Säure, die so herrlich zum Essen passt. Die Grauburgunder sind voller, wärmer, weicher, aber eben nicht penetrant fett. Die Frische und Zartheit bei vollem Körper ist frappierend und konterkariert die honiggelben »Ruländer-

Schnecken«. Filigrane Rieslinge machen ebenfalls Lust auf mehr, und bei den Spätburgundern ist nicht die Frucht der Sklave des Holzes, sondern umgekehrt: Die Dosis ist genau so bemessen, dass sie dem vollen Ton von Brombeeren und Kirschen noch mehr Rückgrat und innere Werte gibt. Insbesondere die Barrique-Version mit drei Sternen hat nichts vom Holzzuschnitt eines Baumarkts, sondern strahlt bei festem, dichtem Gerbstoff und gutem Extrakt die so wertvolle natürliche Fruchtigkeit und Säure eines Spätburgunders aus.

Weingut Konstanzer
Quellenstraße 22
D-79241 Ihringen
Tel. +49 (0)76 68/55 37
Fax +49 (0)76 68/50 97
E-Mail: info@weingut-konstanzer.de
www.weingut-konstanzer.de
Öffnungszeiten: Mo.–Fr. und Sa. 10–19 Uhr und nach Vereinbarung

Weingut Pix
Eisenbahnstraße 19
D-79241 Ihringen
Tel. +49 (0)76 68/ 8 79
Fax +49 (0)76 68/ 90 26 28
E-Mail: info@weingut-pix.de
www.weingut-pix.de
Öffnungszeiten: nach Vereinbarung
In dem Ihringer Betrieb, der bereits in den 1980er-Jahren begonnen hat, nach den Richtlinien der Bioland-Vereinigung ökologisch zu arbeiten, weisen alle Weine einen prägnanten Rebsortencharakter auf, und bereits der einfache Silvaner macht viel Freude. Das Sortiment überzeugt durch eine geschlossene und stimmige Leistung, die beiden trockenen Spätlesen aus Weiß- und Grauburgundern bilden die Spitze der bekömmlichen und charaktervollen Weine von den Kaiserstühler Lagen.

Weingut Reiner Probst
Castellbergstraße 21
D-79235 Achkarren
Tel. +49 (0)76 62/3 29
Fax +49 (0)76 62/3 29
E-Mail: weingutprobst@t-online.de
www.weingut-reiner-probst.de
Öffnungszeiten: nach Vereinbarung

Weingut Gregor und Thomas Schätzle
Heinrich-Kling-Straße 38
D-79235 Vogtsburg-Schleingen
Tel. +49 (0)76 62/9 46 10
Fax +49 (0)76 62/94 61 20
E-Mail: info@weingutschaetzle.de.
www.weingutschaetzle.de
Öffnungszeiten: Mo.–Fr. 8–12 und 13.30–18 Uhr, Sa. 9–16 Uhr und nach Vereinbarung

Weingut Richard Schmidt
Altweg 67
D-79356 Eichstetten
Tel. +49 (0)76 63/31 23
Fax +49 (0)76 63/94 08 58
E-Mail: info@schmidt-weingut.de
www.schmidt-weingut.de
Öffnungszeiten: nach Vereinbarung

Weingut Stigler
Bachenstraße 29
D-79241 Ihringen
Tel. +49 (0)76 68/2 97
Fax +49 (0)76 68/9 41 20
E-Mail: info@weingut-stigler.de
www.weingut-stigler.de
Öffnungszeiten: Mo.-Sa. 10–12 und 15–18 Uhr, außer Sa. nur bis 17 Uhr und nach Vereinbarung

Weingut Trautwein
Riegeler Straße 2
D-79353 Bahlingen
Tel. +49 (0)76 63/26 50
Fax +49(0)76 63/5 00 27
E-Mail: info@trautweingut.com
www.trautweingut.com
Öffnungszeiten: nach Vereinbarung

HOTELS UND RESTAURANTS

ACHKARREN

Hotel/Restaurant/Winzerstube
Die Achkarrer Krone
Schlossbergstraße 15–17
D-79235 Vogtsburg-Achkarren
Tel. +49 (0)76 62/9 31 30
Fax +49 (0)76 62/93 13 50
E-Mail:
info@hotel-krone-achkarren .de
www.hotel-krone-achkarren.de
Öffnungszeiten: Mo.-So. 11–22 Uhr
Feine badische Küche!
Preiskategorie: €€

BICKENSOHL

Winzerstube Engel
Neulindenstraße 22
D-79235 Vogtsburg-Bickensohl
Tel. +49 (0)76 62/2 34
Fax +49 (0)76 62/8 02 23
E-Mail; winzerstube@t-online.de
www.winzerstube-engel-bickensohl.de
Öffnungszeiten: Di.–So. ab Mittag, Mo. Ruhetag
Unbedingt zu empfehlen ist ein Besuch unter Palmen auf der mediterranen Gartenterrasse.
Preiskategorie: €€

BURKHEIM

Restaurant/Gästehaus
Siebter Himmel
Mittelstadt 3
D-79235 Vogtsburg-Burkheim
Tel. +49 (0)76 62/94 99 20
Fax +49 (0)76 62 94 99 21
E-Mail: info@siebter-himmel.eu
www.siebterhimmel.org
Öffnungszeiten: Hauptsaison (Mai bis Okt.) Di.–So. ab 11.30 Uhr, Mi. und Do. Pause zwischen 14.30 und 18.30 Uhr, Mo. Ruhetag
Der richtige Ort, um die Seele baumeln zu lassen.
Preiskategorie: €€

EICHSTETTEN

Gasthaus Ochsen
Altweg 2
D-79356 Eichstetten
Tel. +49 (0)76 63/15 16
Fax +49 (0)76 63/10 20
E-Mail:
ochsen-eichstetten@t-online.de
www.ochsen-eichstetten.de
Öffnungszeiten:, Di.–So. ab 17.30 Uhr, Mo. Ruhetag
Wunderbar badische Gerichte in rustikaler Atmosphäre.
Preiskategorie: €

ENDINGEN

Dutters Stube
Winterstraße 28
D-79346 Endingen-Kiechlinsbergen
Tel. +49 (0)76 42/17 86
Fax +49 (0)76 42/42 86
E-Mail: info@dutters-stube.de
www.dutters-stube.de
Öffnungszeiten: Mo. und Di. Ruhetag, Mo., Do., Fr. ab 18 Uhr, Sa. und So. 12–14 und ab 18 Uhr.
Über 100 Kaiserstühler Weine, das spricht für sich.
Preiskategorie: €€

IHRINGEN

Weinstube Holzöfele
Bachenstraße 46
D-79241 Ihringen
Tel. +49 (0)76 68/2 07
Fax +49 (0)76 68/9 44 07
E-Mail: weinstube@holzoefele.de
www.holzoefele.de
Öffnungszeiten: Mo.–So. 11.30–14 und 17.30–23 Uhr, Do. Ruhetag
Regionale Küche mitten in Ihringen am Rathausplatz.
Preiskategorie: €€

Hotel-Restaurant Winzerstube
Wasenweilerstraße 36
D-79241 Ihringen
Tel. +49 (0)76 68/9 03 58
Fax +49 (0)76 68/90 35 99
E-Mail:
info@winzerstube-ihringen.de
www.winzerstube-ihringen.de
Öffnungszeiten: Mi.–Sa. 7–24 Uhr, Mo. Ruhetag (April–Oktober), Mo. und Di. Ruhetag (November–März)
Ländlicher Charme und ausgezeichnete badische Küche, ein Erlebnis!
Preiskategorie: €

NIEDERROTWEIL

Gasthaus Zum Kaiserstuhl
D-79235 Niederrotweil
Tel. +49 (0)76 62/2 37
Fax +49 (0)76 62/9 35 07 27
E-Mail:
info@Gasthaus-zum-Kaiserstuhl.de
www.gasthaus-zum-kaiserstuhl.de
Öffnungszeiten: Di.–Sa. 12–14 und 18–21.30 Uhr, So. ab 15 Uhr, Mo. Ruhetag
Spezialitäten vom »Kräuterpapst« Lothar Koch, tolle Weinkarte, unprätentiöses Gasthaus mit günstigen Preisen und individuelle Gästewohnungen.
Preiskategorie: €

VOGTSBURG

Hotel und Gourmet-Restaurant Schwarzer Adler
Badbergstraße 23
D-79235 Vogtsburg-Oberbergen
Tel. +49 (0)76 62/9 33 00
Fax +49 (0)76 62/7 19
E-Mail: keller@franz-keller.de
www.franz-keller.de
Öffnungszeiten: Fr.–Di. 12–15 und 18.30–24 Uhr, Mi. und Do. Ruhetag
Fritz Keller, der den Betrieb leitet, teilt die Vorliebe seines inzwischen leider verstorbenen Vaters Franz für französisch inspirierte Weine und Küche und steht für ein Qualitätsbewusstsein ein, das nie künstlich aufgesetzt daherkommt.
Preiskategorie: €€€
Wer es bodenständiger und etwas günstiger mag, kommt im gegenüberliegenden Winzerhaus Rebstock auf seine Kosten.

Hotel/Restaurant Steinbuck
Steinbuckstraße 20
D-79235 Vogtsburg-Bischoffingen
Tel. +49 (0)76 62/91 12 10
Fax +49 (0)76 62/60 79
E-Mail: wernet@hotel-steinbuck.de
www.hotel-steinbuck.de
Öffnungszeiten: Mi. bis 17 Uhr, Mo., Do., Fr., Sa., So. ganztägig, Di. Ruhetag
Köstliche Weine aus Steinbuck!!
Preiskategorie: €€

Gasthaus Zur Sonne
D-79235 Vogtsburg-Schelingen
Tel. +49 (0)76 62/2 76
Fax +49 (0)76 62/60 43
E-Mail: info@sonne-schelingen.de
www.Sonne-Schelingen.de
Öffnungszeiten: Mi. ab 17.30 Uhr, Mo., Do., Fr., Sa., So. 12–14 und 18–22 Uhr, Di. Ruhetag
Saisonale Küche mit den besten Weinen vom Kaiserstuhl
Preiskategorie: €

ELSASS

Elsass oder Alsace? – das ist hier die Frage

Von Chandra Kurt

Was hat das Elsass hier zu suchen? – Die Recherche nach einer »deutschsprachigen Weinkultur« wird beim französischen Elsass besonders brisant. Die wechselvolle Geschichte macht sie auch heute noch zu einem Politikum und weckt starke Emotionen. Niemand möchte an der Zugehörigkeit des Elsass zur République Française zweifeln. Es gibt jedoch kaum eine andere Region, in der der Einfluss der Sprache – der deutschen und der französischen – noch so aktiv und fast schizophren gelebt und zelebriert wird wie im Elsass. Deutsche und französische (Sprach-)Kultur bestehen hier Tür an Tür und sind nicht selten total konträr. An dieser Stelle soll gezeigt werden, inwiefern deutsche Weinkultur im Elsass noch heute präsent ist – zwischen Mulhouse und Ribeauvillé oder zwischen Wintzenheim und Riquewihr.

Es gibt Weinregionen, die eine ganz klare Weinidentität besitzen – zum Beispiel das Burgund oder die Champagne. Seit Jahrhunderten werden die Weine mehr oder weniger ähnlich vinifiziert, und diese Ordnung ist sowohl für Kunden als auch für Winzer ein verlässliches Gerüst – man weiß, womit man es zu tun hat. Dann gibt es Regionen, die sich laufend neu erfinden und in denen immer wieder neue Weinstile kreiert werden (vom leichten Rosé bis zum mächtigen Rotwein), so etwa Portugals Douro-Tal, wo plötzlich neben dem Portwein eine neue Tischweinkultur entstanden ist (die übrigens durch zahlreiche deutschsprachige Winzer mit ausgelöst worden ist), oder die Maremma in Italien, wo es bis vor wenigen Jahrzehnten primär säuerliche Roséweine gab und jetzt üppige Rotweine erzeugt werden. Das Elsass befindet sich heute an einem Scheidepunkt, und die nächsten Jahre werden zeigen, ob sich die Region neu erfindet oder ob alles beim Alten bleibt.

Das Elsass scheint im Vergleich zu anderen französischen Regionen bislang von Absatz- und Imageproblemen relativ verschont. Nach wie vor lädt die pittoreske Gegend mit ihren bunten Hänsel-und-Gretel-Riegelwerkhäuschen Tausende von Tagestouristen ein, die mehr darauf achten,

ELSASS

COMITÉ RÉGIONAL DU TOURISME D'ALSACE
20A, rue Berthe Molly
F-68000 Colmar
Tel.: +33 (0)3 89 24 73 50
Fax +33 (0)3 89 24 73 51
www.tourisme-alsace.com

8 **Sundgauer Käs Kaller**
5, rue de la Montagne
F-68480 Vieux-Ferrette
Tel. +33 (0)3 89 40 42 22

9 **Riquewihr**
www.ribeauville-riquewihr.com

10 **Grand-Cru-Lage Mambourg**
in Sigolsheim

KARTENAUSSCHNITT

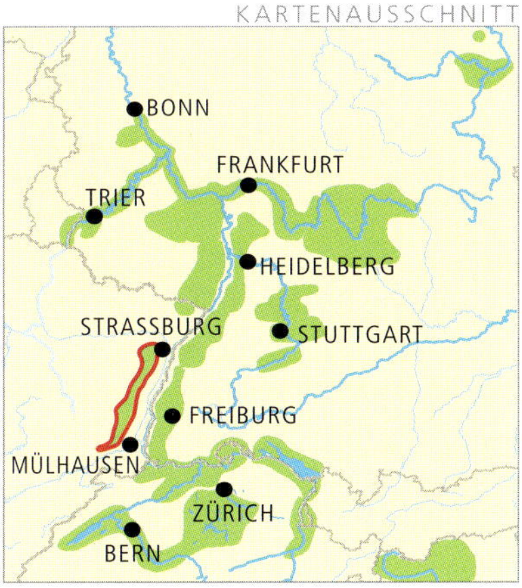

dass der Wein aus einem speziellen hochstieligen Elsässerglas serviert wird, als wie er tatsächlich schmeckt. Auch scheint der aromatische Gewürztraminer in den Verkaufsregalen der Discounter und Lebensmittelketten in und um Frankreich einen festen Platz zu haben, denn während andere Regionen Frankreichs (z. B. Problemfall Bordeaux!) in den Supermarktregalen durch Übersee ersetzt werden, scheinen die Weine aus dem Elsass nach wie vor ein Muss zu sein.

Das berühmte »St.Caterine« Holzfass von 1715 im Weingut Hugel in Riquewihr.

Ein weiterer Unterschied zum Rest der französischen Weinkultur ist, dass die Elsässer nicht die Dorf- oder Regionennamen groß auf dem Weinetikett herausstellen, sondern die Traubensorte. Und wie in Deutschland erbringt im Elsass der Riesling die größten Weine – auch wenn Weingenießer weltweit das Elsass eher mit dem Gewürztraminer in Verbindung bringen als mit dem Riesling.

Die Annahme, dass deutsche Kultur im Elsass präsent ist, hat einen einfachen Grund: Die geographische Grenzlage setzte das Elsass schon früh germanischen wie auch romanischen Einflüssen aus. Zwischen Frankreich und Deutschland gibt es zwei physische Grenzlinien: den Rhein und die 25 Kilometer westlich davon verlaufenden Vogesen. Der Rhein war lange eine politische Grenze (ist aber erst seit 1945 eine gesetzliche Sprachgrenze), während die Vogesen seit eh und je die klimatische und sprachliche Grenze bildeten. Die Rebe gelangte schon durch die Römer ins Elsass, durch die Merowinger und Karolinger wurde die Weinkultur neu belebt: So genossen die Karolinger große Mengen dieses »kräftigenden Weines, der frohgemut stimmt«.

> Botrytis hat im Elsass viel mehr Frische als in Bordeaux. Dort ergibt sie öligere Weine. Hier sind sie nach wie vor knackig.
>
> Catherine Faller
> Domaine Weinbach, Kaysersberg

Bereits vor dem Ende des ersten Jahrtausends wurden in 160 Ortschaften des Elsass Reben kultiviert. Im Mittelalter zählten die elsässischen Weine zu den kostbarsten Weinen innerhalb Europas. Während des 16. Jahrhunderts erreichte die elsässische Weinkultur ihren Höhepunkt. Diese

Blütezeit wurde im 17. Jahrhundert durch den Dreißigjährigen Krieg jäh unterbrochen, der Plünderungen, Pest, Bevölkerungsschwund und den Rückgang aller Handelstätigkeiten mit sich brachte. 1650 war es ein nahezu leeres Land, das für die Wiederbesiedlung von den Alpen her, aus Lothringen und dem Norden offen stand. Da sich die Region inzwischen in französischer Hand befand, war den Elsässer Weinen der traditionelle Absatzweg rheinabwärts durch Deutschland unterbunden. Für rund 100 Jahre bildeten die Schweiz sowie die Elsässer Städte Straßburg/Strasbourg und Kolmar/Colmar die wichtigsten Märkte. Interessant ist, dass während dieser eher schwierigen Zeit die Geschichte zahlreicher noch heute aktiver Weinfamilien ihren Anfang nahm. So etwa Hugel, Humbrecht, Dopff oder Trimbach. Nicht nur die Spannungen zwischen Deutschland und Frankreich spalteten das Elsass während des 17. Jahrhunderts, sondern auch die Kirche. So war Ribeauvillé (damals Rappoltsweiler) beispielsweise katholisch, die Nachbarstadt Riquewihr (damals Reichenweier), die in das Herrschaftsgebiet des Herzogs von Württemberg fiel, protestantisch. Wie dem auch sei: dieses politische Hin und Her spielte sich auch in den nächsten Jahrhunderten ab und hinterließ in Landschaft, Kultur und bei den dort lebenden Menschen Spuren.

Die von Catherine Faller und ihrer Schwester geführte Domaine Weinbach gehört zu den Spitzenbetrieben.

Der letzte große Eingriff in die Identität der Region fand während des Zweiten Weltkrieges statt. Schon zu Beginn wurde ein Viertel der elsässischen Bevölkerung, etwa 430 000 Menschen, nach Südwestfrankreich evakuiert. Nach der Besetzung durch die Deutschen im Jahre 1940 wurde das Elsass zusammen mit Baden als Gau Oberrhein unter dem Gauleiter Robert Wagner Hitlerdeutschland angegliedert. Man stellte es den Evakuierten damals frei, in ihre Heimat zurückzukehren, was etwa zwei Drittel von ihnen taten. Mit Gewalt, Terror und intensiver Propaganda versuchten die Nationalsozialisten, jede Erinnerung an Frankreich im Elsass auszulöschen und die Bevölkerung, die sie als »Volksdeutsche« betrachteten, zu germanisieren. Orts- und Vornamen wurden rigoros eingedeutscht, französische Bücher verbrannt, Radiostationen, Zeitungen und Vereine gleichgeschaltet und eine Hetzkampagne nach dem Motto »Weg mit dem welschen Plunder« gestartet. So wurde es beispielsweise Pflicht, den Ehering nach

so genannter »deutscher Sitte« rechts zu tragen, und ein »Bonjour« konnte sich in ein Ein-Weg-Ticket ins Umerziehungslager KZ Schirmeck verwandeln.

Auch wenn diese Zeit über ein halbes Jahrhundert zurückliegt und eine neue Generation Winzer am Werk ist, sind ihre Folgen noch lange nicht vergessen und die Wunden längst nicht verheilt. In den Gesprächen kommen die meisten älteren Winzer irgendwann auf ihre persönlichen Erlebnisse oder Erinnerungen daran zu sprechen. Auch reagieren Winzer ganz unterschiedlich auf die Frage, ob sie ihren Weinstil eher als deutsch oder eher als französisch sehen. So verwies mich Jean-Michel Deiss vom Top-Weingut Marcel Deiss bei dieser Frage fast vom Weingut, während Jean Trimbach von F. E. Trimbach in Ribeauvillé diese Frage als Kompliment verstand.

Doch zurück zum Wein: Das Elsass verfügt über drei Hauptweinbaugegenden: die Vogesenvorberge, die unteren Vogesenhänge auf kristallinem Terrain und die Schwemmlandfläche. Die Geologie des Elsass stellt ein regelrechtes Mosaik dar. Von Granit über Kalk, Lehm, Schiefer bis hin zu Sandsteinböden reicht die Palette an Untergründen. Auf diesen vielfältigen Bodentypen, die sich auf einer Fläche von 13 500 Hektar ausdehnen, gedeihen die zahlreichen Rebsorten. Das erste Gebiet (die Vogesenvorberge) erstreckt sich von Norden nach Süden über die drei Bruchbündel Zabern/Saverne, Ribeauvillé und Rouffach. Auch wenn das Zaberner Bündel nur wenige hochwertige Weinberglagen besitzt, findet man bei Molsheim auf Jura- und Triasböden etliche Grand-Cru-Lagen. Ganz anders sieht es um Ribeauvillé aus, wo aufgrund starker Winde aus den Vogesen in den Weinbergen praktisch keine Botrytis anzutreffen ist. Diese Gegend kommt einerseits in den Genuss des Wetterschutzes durch die hohen Vogesen und andererseits in den der vielfältigen Geologie der Vorberge, was zur Folge hat, dass diese Region zu den drei reichsten Grand-Cru-Regionen gehört (fast die Hälfte der Elsässer Spitzenlagen sind hier anzutreffen). Die meisten Elsässer Weinberge befinden sich auf Sedimentschichten in den Vorbergen der Vogesen, aber eine Reihe der berühmtesten Terroirs (z. B. Grand Cru Schlossberg unterhalb von Kaysersberg) liegen auf dem Granit der unteren Vogesenhänge. Die Granitböden sind grob und san-

Grand Cru
Französische Bezeichnung für Spitzenlagen.

Links:
Herbstliches Farbspiel vor der Kulisse der Vogesen.

Elsass schmecken

RIESLING CUVÉE FRÉDERIC EMILE
F. E. Trimbach/Ribeauvillé

Komplexer, mineralischer und zitrusfrischer Riesling, der im Vergleich zum klassischen Elsässer-Sortiment exotisch wirkt. Ihm fehlt die honigsüße Üppigkeit, für die das Elsass weltweit bekannt ist. Ein wunderbar reiner und strahlender Riesling voller Kraft und Frische, der im ersten Moment leicht mit einem deutschen Riesling verwechselt werden könnte.

RIESLING GRAND CRU SCHLOSSBERG CUVÉE SAINTE CATHERINE
Domaine Weinbach/Kaysersberg

Ein unheimlich komplexer, fetter und exotisch parfümierter Riesling, dessen Gärzeit bis zu einem Jahr dauern kann. Je nach Jahrgang variiert die Säure von fünf bis neun Gramm, was dem Wein trotz seines Gewichts Frische und Leichtigkeit verleiht.

ALTENBERG DE BERGHEIM GRAND CRU
Marcel Deiss/Bergheim

Seit dem zwölften Jahrhundert ist das Terroir des Altenberg berühmt dafür, große Weine zu produzieren. Die starke Neigung des Hangs, seine südliche Ausrichtung, die Ferne vom Vogesen-Hauptkamm und der Einfluss des am Fuße gelegenen Bergbaches ergeben ein warmes, ausgeglichenes Kleinklima, das die Edelfäule begünstigt. Der Altenberg von Jean-Michel Deiss ist reichhaltig, komplex mit einer nahezu barocken Persönlichkeit und blumigem Flair.

dig, aber reich an mineralischen Nährstoffen, was eine gute Voraussetzung für feingliedrige Rieslinge ist.

Von Mai bis Oktober ist das Elsass ein Sonnental, und im Sommer ist es hier deutlich wärmer als im Burgund oder in Bordelais. Die Trauben können langsam reifen und ihr natürliches Aroma behalten. Wenn auf den Vogesengipfeln bereits Schnee liegt, findet im Tal die *vendange tardive*, die Elsässer Spätlese, statt. Auch ist das Gebirge ein sehr effektiver Regenschutz, der die feuchtigkeitsgeschwängerten Westwinde nicht nur abfängt, sondern auch entlädt. Je mehr das Geländerelief abfällt, desto weniger regnet es, was Kolmar/Colmar mit rund 550 Millimeter Niederschlag im Jahr zu einem der trockensten Orte Frankreichs macht. Die Frostgefahr ist in der Talsohle mit durchschnittlich 60 Tagen im Jahr am höchsten; höher gelegene Weinberge erleben selten Frostschaden.

Vendange Tardive
Wörtlich: Späte Lese. Edelsüßer Wein im Elsass, der vom Mostgewicht her betrachtet mit der deutschen/österreichischen Auslese vergleichbar ist.

Im Elsass sind neun Traubensorten offiziell zugelassen, was mehr ist als in fast allen anderen großen Weinbaugebieten Frankreichs: die acht weißen Sorten Riesling, Gewürztraminer, Muscat, Pinot blanc, Pinot gris, Auxerrois blanc, Sylvaner und Chasselas sowie der Pinot noir als einzige rote Sorte, aus der aber meist ein Rosé vinifiziert wird. Der Riesling ist im Elsass die *große* Rebsorte – interessanterweise ist er in keinem anderen AOC-Gebiet Frankreichs zugelassen – macht aber nur gerade 20 Prozent der ganzen Rebfläche aus – genauso viel wie der Gewürztraminer.

Appellation d'Origine Contrôlée (AOC)
System für die kontrollierte Herkunftsbezeichnung französischer Weine.

Die Qualitätspolitik des Elsass nahm ihren Anfang nach dem Ersten Weltkrieg. Damals verpflichteten sich die Winzer, ihre Weine auf der Grundlage von *typischen* Reben herzustellen. Von 1945 an wurde diese Ausrichtung weitergeführt, es wurden Parzellen angelegt und strenge Regeln für Produktion und Weinbereitung festgelegt – im Vergleich zum restlichen Frankreich (Bordeaux und Burgund) ist das spät, wohl aber auch als Folge der häufigen Herrschaftswechsel zu sehen.

Die kontrollierten Herkunftsbezeichnungen wurden wie folgt autorisiert: »Alsace« im Jahr 1962, »Alsace Grand Cru« 1975 und »Crémant d'Alsace« 1976. Für den Grand-Cru-Status sind nur die vier *edlen* Rebsorten zugelassen: Riesling, Gewürztraminer, Pinot gris und Muscat. Der Pinot noir wurde im Gegensatz zum Burgund und zur Champagne ausgeschlossen.

Nachfolgende Doppelseite:
Das Terroir im Elsass ist sowohl von deutschen wie auch von französischen Einflüssen geprägt. Nach welcher Kultur sieht diese Landschaft aus?

Hugel & Fils
3, rue de la premier arme
F-68640 Riquewihr
Tel. +33 (0) 38 94/7 92 15
Fax +33 (0) 38 94/9 00 10
E-Mail: info@hugel.com
www.hugel.com
Öffnungszeiten: Mo.–So. 10–12.30 und 14–18 Uhr und nach Vereinbarung

Eine der traditionsreichen Weinfamilien im Elsass ist Hugel & Fils in Riquewihr. Die Weinflaschen mit den gelb-orange leuchtenden Etiketten (deren Vorbild das Etikett von »Maggi« war!) sind nicht nur weltweit bekannt, sondern auch über die ganze Welt anzutreffen, was ein Indiz für die erfolgreiche Handelstätigkeit der Maison Hugel ist. Die Rebfläche umfasst mehr als 25 Hektar, die ausschließlich in Riquewihr und zu 50 Prozent in Grand-Cru-Lagen angelegt sind. Zusätzlich zur eigenen Ernte kaufen die Hugels Traubengut von rund 100 Hektar auf und gehören so zu den größeren Produzenten der Region. Beim Verkosten der Hugel-Weine hat man nicht nur Gelegenheit, klassisches Elsässer Weinschaffen zu entdecken, sondern auch viel über die Geschichte der Region zu erfahren. So etwa erzählt Etienne Hugel, dass der Gauleiter Robert Wagner im Zweiten Weltkrieg ein Liebhaber der Gutsweine war – genauso wie etwas später auch Winston Churchill.

Etienne Hugel (Mitglied der zwölften Hugel-Generation) erklärt, dass die meisten Weine im Holz ausgebaut werden (eigentlich eine urdeutsche Manier), was man auch an ihrem üppigen, oftmals barocken Geschmack erkennt (was wiederum eher für den französischen Stil spricht).

»Elsässer Rieslinge lagern meist länger im Fass als deutsche. Anders ist auch, dass sie auf kalkhaltigem Ton wachsen, der ihnen körperreiche Persönlichkeit verleiht – ganz anders als die kargen Schieferböden Deutschlands«, so Hugel. (Eine Aussage, die relativiert werden muss, denn Deutschlands Weinberge haben beileibe nicht nur Schieferböden.)

Der Qualitätspyramide entsprechend sind bei Hugel die Spitzenweine die besten vom Riesling Jubilée über den Gewürztraminer Jubilée, Pinot gris Jubilée (für Jubilée-Weine kommen nur Trauben aus eigenen Reben in die Vinifikation) bis hin zum Riesling Vendange Tardive und der Sélection des Grains Nobles. Je höher der Zuckergehalt in den Weinen, desto mächtiger und französischer werden sie. Nicht, dass sie träge würden, aber sie besitzen doch deutlich weniger Frische als beispielsweise eine deutsche Trockenbeerenauslese. Aromatisch dominieren ganz klar behäbigere Süßkomponenten wie etwa Karamell, Rosinen, Nougat oder Aprikosenkompott. Die Basislinie Tradition oder Gentil geht aromatisch deutlich weniger in die Tiefe, spricht aber auch ganz klar eine französische Sprache. Frische ist in den

Séléction de Grains Nobles
Bezeichnung für edelsüße Rieslinge, Gewürztraminer, Pinot gris und Muscat im Elsass, die mit Beerenauslesen und Trockenbeerenauslesen zu vergleichen sind.

Weinen vorhanden, aber erst an zweiter Stelle. Es dominieren Fruchtgelee-Aromen, Schmelz und Üppigkeit.

In manchen Punkten das genaue Gegenteil kann man beim Besuch des WEINGUTES ROLAND SCHMITT im nördlich gelegenen Bergbieten erleben. Der Familienbetrieb ist mit neun Hektar eher klein, gehört in die Kategorie der Entdeckungen und genießt dadurch nicht denselben Ruhm wie Hugel. Außerdem sind seine Weine eher deutsch als französisch. Warum? Weil ihre präzise Frische, die saftige Säure, die mineralische Kargheit und die stahligen Strukturen bei einer Blindprobe problemlos deutschen Erzeugnissen zugeordnet werden könnten.

Weingut Roland Schmitt
35, rue des Vosges
F-67310 Bergbieten
Tel. +33 (0) 38 83/8 20 71
E-Mail: rschmitt@terre-net.fr
Öffnungszeiten:
nach Vereinbarung

»Die Grand-Cru-Lage Altenberg verleiht den Weinen ein sehr blumiges Bukett sowie eine bewundernswerte Frische. Auch zeichnen sich die Weine durch Filigranität und Feinheit aus. Unsere Lage Glintzberg ist eine Verlängerung der Altenberg-Lage«, erklärt Anne-Marie Schmitt, die den Betrieb zusammen mit ihren beiden Söhnen leitet.

Auf dem ökologisch arbeitenden Weingut werden zwei Weinlinien erzeugt. Eine einfache und die Glintzberg-Lage. Beide strahlen vor Frische und überzeugen durch klare Fruchtaromen. Beim Verkosten der 15 verschiedenen Weine (davon 14 Weißweine), die auf der Domaine vinifiziert werden, wird klar, dass Anne-Marie Schmitt schlanke Weine liebt.

»Das Elsass produziert viel zu viele fette Weine. Das wäre nicht nötig, denn nur Öchsle zu produzieren nützt nichts. Ich will keine Monumente schaffen, sondern Weine, die man trinkt und die anregen«, erklärt die Winzerin. Man könnte fast sagen, dass Schmitt die Vorstellung des deutschen Zechweins ins Französische übersetzt hat. Ganz toll ihre beiden Gewürztraminer Glintzberg und Altenberg. Ersterer ist ein bisschen feiner, letzterer etwas fetter, wobei er nichts mit einem traditionellen Gewürztraminer gemein hat. In beiden Weinen dominiert die Frische trotz acht respektive 20 Gramm Restzucker. Eine echte Gaumenfreude ist der Riesling Altenburg mit zwei Gramm Restzucker. Seine Aromatik beinhaltet gekühlte Limetten, Salz, exotische Blüten und etwas Anis. Seine Subtilität und Finesse ist einzigartig. »Alle unsere Trauben werden ganz gepresst und nicht entrappt. Das braucht wohl mehr Platz in der Presse, aber ich bin der Meinung, dass der Wein besser wird. Er oxidiert weniger und hat mehr Aromen«, fügt Madame Schmitt weiter hinzu.

Frauenpower und Weine einer ganz anderen Art kann man auch auf der DOMAINE WEINBACH in Kaysersberg begegnen. Produziert wird biodynamisch, wobei die Weine praktisch durchweg mächtig, komplex und tief sind. Die Ausbauzeit im Fass der klassischen Weißweine dauert im Schnitt ein Jahr, und trotz Üppigkeit sind sie alle mit Frische und Dynamik gesegnet. Nichts von Trägheit oder Langeweile ist in ihnen zu spüren, auch wenn sie noch so imposant sind.

»Botrytis hat im Elsass viel mehr Frische als in Bordelais. Dort ergibt sie öligere Weine. Hier sind sie nach wie vor knackig«, meint Catherine Faller, die zusammen mit ihrer Schwester Laurence das 25-Hektar-Weingut führt.

Gegründet wurde die Domaine 1612 durch die Kapuzinermönche. Aus Überlieferungen geht hervor, dass zahlreiche Weinberge bereits 890 gepflanzt worden sind. Nach verschiedenen Besitzerwechseln während des 19. Jahrhunderts gelangte das mitten in den Reben gelegene Gut in den Besitz der Familie Faller. Théo Faller und seine Frau Colette sorgten in den 1950er- und 1960er-Jahren dafür, dass die Domaine weltweit bekannt wurde. Nach dem Tod ihres Mannes 1979 führten Colette und ihre Töchter Laurence und Catherine den Betrieb weiter und erlangten große internationale Anerkennung. Juwel des Gutes ist der Weinberg Clos des Capucines, wobei die Cuvée Théo und Cuvée Ste. Catherine zu den besten Weinen des Gutes zählen. Der 2005er Riesling Cuvée Ste. Catherine der Grand-Cru-Lage Schlossberg besitzt neun Gramm Säure und zeigt eine derartige Tiefe, Mineralität und Spannung, dass er »deutsch« förmlich zu schreien scheint. Interessant ist, dass derselbe Wein des Jahrgangs 2004 ganz anders daherkommt. Er ist exotischer, weniger rassig und um Massen opulenter – als ob er aus der Neuen Welt stammen würde. Eine Eigenheit, die ebenfalls zu den Weinbach-Weinen gehört – sie sind im Vergleich zu anderen Abfüllungen der Region unheimlich komplex, aber sprechen je nach Jahrgang eine eigene Sprache.

Die Weine der Domaine fordern den Gaumen und verwöhnen ihn gleichzeitig. Und so kommt es, dass man über jeden einzelnen Wein vom Gewürztraminer Altenbourg Cuvée Laurence über den Gewürztraminer Cuvée Laurence, den Gewürztraminer Cuvée Théo bis hin zum Riesling Schlossberg ganze Bände füllen könnte.

Domaine Weinbach
25, route du Vin
F-68240 Kaysersberg
Tel. +33 (0) 38 94/7 13 21
Fax +33 (0) 38 94/7 38 18
E-Mail:
contact@domaineweinbach.com
www.domaineweinbach.com
Öffnungszeiten:
nach Vereinbarung

Links:
Blick aus der Domaine Weinbach in den Clos-des-Capucines-Rebgarten.

Qualitätsbezeichnungen

AOC Alsace: Auf dem Etikett steht normalerweise der Name der jeweiligen Rebsorte, es kann aber zusätzlich ein Markenname angegeben sein oder der Hinweis »Edelzwicker« bzw. »Gentil« für den Verschnitt mehrerer weißer Rebsorten. Es können auch noch geographische Angaben (Parzellen, Gemeinden) aufgeführt sein.
AOC Alsace Grand Cru: Diese Bezeichnung wird an Weine vergeben, die vielen Qualitätserfordernissen entsprechen müssen: strenge Abgrenzung der gelisteten Parzellen, eingeschränkte Ertragsmengen (60 Hektoliter pro Hektar), spezielle Bestimmungen zur Rebenführung, natürlicher Zucker/Alkohol-Mindestgehalt, Verkostung und Prüfung durch eine Expertenkommission. Das Etikett gibt immer die Rebsorte, den Jahrgang sowie eine der 50 Lagen an, die diese Bezeichnung tragen dürfen. Von allen elsässischen Rebsorten können ausschließlich Riesling, Gewürztraminer, Pinot gris und Muscat zugelassen werden. Die Alsace-Grand-Cru-Bezeichnung ist streng ausgewählten Lagen vorbehalten, die ihren Weinen eine besondere Ausdrucksstärke und Ursprünglichkeit verleihen.
AOC Crémant d'Alsace: Ein Gütezeichen, das den elsässischen Schaumweinen zuerkannt werden kann. Diese müssen fein und spritzig sein und nach der traditionellen, in der Champagne praktizierten Methode hergestellt werden. Der elsässische Crémant wird in erster Linie aus Pinot blanc hergestellt, aber auch Pinot gris, Pinot noir, Riesling oder Chardonnay dürfen verwendet werden. Unter allen Schaumweinen Frankreichs ist der Crémant aus dem Elsass heute sehr beliebt. Die Rosé-Variante ist nicht so häufig zu finden. Sie wird nur aus Pinot noir hergestellt.
Vendange Tardive (Elsässer Spätlese/Auslese): Diese Weine werden aus den gleichen Rebsorten gewonnen, die für die Grands Crus zugelassen sind. Die Trauben werden überreif geerntet, vielfach erst mehrere Wochen nach dem offiziellen Lesebeginn. Zum vollen Charakter der Rebsorte tritt noch die mächtige Komponente hinzu, die aus der Zuckerkonzentration und der Entwicklung der Edelfäule (*Botrytis cinerea*) resultiert.
Séléction de Grains Nobles (Beerenauslese/Trockenbeerenauslese): Hier werden bei der Lese ausschließlich solche Trauben ausgewählt, die das Phänomen der *Botrytis cinerea* aufweisen. Die hohe Konzentration lässt die Persönlichkeit der Rebsorte zugunsten einer unvergleichlichen Wuchtigkeit und Komplexität zurücktreten – ein besonders lang anhaltendes Geschmackserlebnis. Diese Weine sind wirkliche Meisterwerke.

Ähnlich viel erfährt man auch auf der DOMAINE ZIND-HUMBRECHT in Turckheim. Einerseits wegen der Weine, andererseits wegen Olivier Humbrecht, der so viel über den Weinbau erzählt, dass man unmöglich alles aufschreiben kann. Das Gut gilt als Vorzeigeweingut in Sachen Biodynamik, und was abgefüllt wird, gehört wie bei Weinbach zum

Domaine Zind-Humbrecht
4, route de Colmar
F-68230 Turckheim
Tel. +33 (0) 38 92/7 02 05
Fax+33 (0) 38 92/7 22 58
E-Mail:
o.humbrecht@zind-humbrecht.fr
Öffnungszeiten: nach Vereinbarung

Olivier Humbrecht verkörpert nicht nur die neue Winzergeneration des Elsass, sondern auch die Güte biodynamischen Weinbaus.

Besten des Elsass – auch wenn hier die Angebotspalette deutlich größer ist.

»Die Weine des Elsass sind trockener als die deutschen«, erklärt »Master of Wine« Olivier Humbrecht, der auch den Kalkboden Frankreichs für diesen Unterschied mitverantwortlich macht. »Wirklicher Kalkboden ist eine französische Sache. Sie finden ihn in der Champagne, im Elsass (mehr als 50 Prozent), im Burgund (ohne Beaujolais), in der Loire (ohne Anjou), in der Rhône (vor allem in Hermitage und Cornas) und im Languedoc. Die Weine sind wohl in der Nase etwas verschlossener, aber fruchtiger im Gaumen und deutlich strukturierter«, erklärt Humbrecht, der praktisch 98 Prozent seiner Traubenstöcke während der Wachstumszeit nicht mehr schneidet.

Beim 2003er Riesling Clos Häuser dauerte die Gärung

ganze 18 Monate. Das Resultat ist ein *Wow*-Wein der Superlative. Dieser Riesling strahlt, ist mächtig und mit einer rassigen und feingliedrigen Säure bestückt. Sein Finale ist so lang, dass man mit dem zweiten Schluck etwas warten sollte. Nichtsdestotrotz kommt er leichtfüßig und nicht massig daher. Deutlich opulenter und mit mehr Süßaromen (gelegentlich auch spürbarer Traubensüße) ausgestattet, sind einige der Pinots gris und Gewürztraminer. Im Vergleich zu anderen Elsässer Weingütern ist es schwierig, den Zind-Humbrecht-Weinen eine Identität zuzuordnen. Die Gewürztraminer sind um ein Vielfaches üppiger als beispielsweise die Abfüllungen von Trimbach oder Roland Schmitt, aber sie sind nicht so barock wie die der Domaine Weinbach oder wie bei der Domaine Marcel Deiss. Auch seine Pinot-gris-Weine haben einen Hauch von Exotik und Botrytis in sich, aber nicht zu viel. Man ist fast versucht zu sagen, dass die Domaine Zind-Humbrecht wahrscheinlich eines der aktuellsten *Grenzweingüter* ist – ausgestattet mit einer französischen und einer deutschen Seele.

»Unsere Grenzlage ist Teil unseres Alltags. Nehmen wir zum Beispiel die Wetterprognosen. Für die Franzosen sind wir eine Region im Nordosten, für die Deutschen eine Region im Südwesten. Meistens stimmen die Prognosen je nach Fernsehstation nicht überein. Daher konsultiere ich immer auch eine lokale Station«, fügt Zind-Humbrecht weiter hinzu, dessen Betrieb 40 Hektar umfasst. Riesling, Gewürztraminer und Pinot gris machen fast 90 Prozent der Ernte aus, gefolgt von etwas Pinot noir, Muscat und Vin de Table (Chardonnay, Auxerrois, Pinot blanc).

Domaine Marcel Deiss
15, route du Vin
F-68750 Bergheim
Tel. +33 (0) 38 97/3 63 37
Fax +33 (0) 38 97/3 32 67
E-Mail:
marceldeiss@marceldeiss.fr
www.marceldeiss.fr
Öffnungszeiten:
nach Vereinbarung

Ähnlich intensiv geht es auf der DOMAINE MARCEL DEISS zu – wobei hier eine ganz andere Philosophie gelebt wird. Jean-Michel Deiss setzt mehr auf die Assemblage bzw. auf Cuvées mehrerer Traubensorten als auf die einzelnen Traubensorten. Er will das Terroir durch seine Weine zeigen und nicht die einzelnen Rebsorten durch seine Böden, philosophiert der Vollblutfranzose mit mediterraner Intensität und Wärme – Eigenschaften, die man in seinen Weinen wiederfindet.

»Das Elsass ist komplex, aber nicht kompliziert. Das Terroir ist der Schlüssel zum Elsass, und es bringt Stabilität in die Weine. Daher haben wir uns von den Sorten verabschiedet und aufs Terroir gesetzt«, erklärt Deiss, der der Ansicht ist, dass die französische Handschrift im Wein mit Reife zu tun hat.

»Wir wollen nicht schlanke und unreife Weine vinifizieren, sondern die *Fehler* des Terroirs zeigen. Diese *Fehler* sind der Charakter einer Region. In der deutschen Mentalität will man eher einen perfekten Riesling oder einen perfekten Muscat produzieren. Das wollen wir nicht. Wir zeigen lieber unser Terroir, das kann man weder kopieren noch messen«, erklärt der leidenschaftliche Winzer, der gerne alles, was Standard ist, in Frage stellt. Der Burlenberg, eine Assemblage aus Pinot noir und Pinot Beurot ist sicher einer der raren Top-Rotweine der Region. Er zeigt viel Struktur, saftige Frucht und einen Haufen feingliedriger Tannine. Deiss' weiße Assemblagen tragen die Namen Engelgarten, Rotenberg, Schoffweg oder Mambourg. Der für Deiss-Verhältnisse trockene Grand Cru Mambourg ist ein fast schon esoterischer Wein, der in sich ruht und neben salzigen, mineralischen Noten einen triefenden Extraktreichtum in sich birgt. Wie bei Zind-Humbrecht oder Marc Kreydenweiss wird auch bei Deiss nach biodynamischen Methoden gearbeitet. Seine Stockdichte beträgt 8000 bis 12 000 pro Hektar, was deutlich mehr als der Elsässer Durchschnitt von 3000 ist. »Die Trauben haben wohl totalen Stress. Aber im Stress findet man auch Freiheit, und ich will Trauben, die frei in Gedanken sind. Sie sollen machen, was sie wollen. Das Terroir gibt ihnen die Plattform«, meint Deiss weiter.

Wie bereits erwähnt, gehören auch Marc Kreydenweiss sowie Jean Meyer von der Domaine Josmeyer zu den Pionieren im biodynamischen Weinbau.

Die bekanntesten Weine von Marc Kreydenweiss sind die Grands Crus Kastelberg (schwarzer Schiefer) und Wiebelsberg (rosa Sandstein) aus Andlau und Grand Cru Mönchberg (Sediment) aus Eichhoffen.

»Die Qualität des Weins wird immer vom Winzer beeinflusst« – so Marc Kreydenweiss. Der Gestaltungswille des Winzers sei entscheidend. Kreydenweiss bezeichnet seine Weine als »Frucht seiner Liebesbeziehung zur Erde und zur Rebe«, als Teil seiner Kultur, die ähnlich wie Jean Meyers Weine sowohl etwas traditionell Klassisches in sich tragen als auch moderne Züge aufweisen. Sicher sind sie nicht so extrem und groß wie die Weine von Deiss oder Weinbach, aber es sind solide französische Klassiker.

Marc Kreydenweiss
12, rue Deharbe
F-67140 Andlau
Tel. +33 (0) 38 80/8 95 83
Fax +33 (0) 38 80/8 41 16
E-Mail: marc@kreydenweiss.com
www.kreydenweiss.com
Öffnungszeiten:
nach Vereinbarung

Domaine Josmeyer
76, rue Clémenceau
F-68920 Wintzenheim
Tel. +33 (0) 38 92/7 91 90
Fax +33 (0) 38 92/7 91 99
E-Mail: contact@josmeyer.com
www.josmeyer.com
Öffnungszeiten: Mo.–Fr. 9–13 und 14–18 Uhr, Sa. 9–13 Uhr, So. und feiertags Ruhetag

Maison Trimbach
15, route de Bergheim
F-68150 Ribeauvillé
Tel. +33 (0) 38 97/3 60 30
Fax +33 (0) 38 97/3 89 04
www.maison-trimbach.fr
Öffnungszeiten:
nach Vereinbarung

Eine Sache für sich ist die MAISON TRIMBACH. Das Weinhandelshaus mit Sitz in Ribeauvillé blickt auf eine fast 400-jährige Geschichte zurück und gehört heute zu den Top-Häusern der Region, die einem ganz klaren Stil folgen. Die Weine sind trocken und praktisch ohne Restzucker – eine Eigenheit, die man heute eher im deutschen Nachbarland findet als im Elsass. Und die Trimbach-Weine sind so trocken, dass sie den Geist kühlen. Interessant ist auch, dass man in alten Jahrgängen sehr viel Frische findet, was nicht viele Weißweine aufweisen. Müsste man den Weinen des Gutes einige Bezeichnungen zuordnen, wären dies: direkt, rein, kühl, stahlig, schnörkellos und verlässlich. Nicht zu ihnen passen Begriffe wie verspielt, bunt, kitschig oder samtig. Auch gehören sie zur Gattung Wein, die man ohne Essen sehr gut genießen kann – was eher den deutschen als den französischen Weißweinen nachgesagt wird.

Zum Begriff »trocken« meint Jean Trimbach: »Trocken heißt trocken. Beim Riesling gehen wir immer unter fünf Gramm Restzucker. Beim Gewürztraminer und Pinot gris sind wir leicht höher, aber immer noch so, dass der Wein trocken ist.« Man verzeihe an dieser Stelle den Ausdruck der Superlative, aber der Riesling Clos Ste. Hune ist sicher einer der besten, wenn nicht der beste Riesling Frankreichs und auch der deutscheste! Weltweit ist es schwierig, eine derartig kühle Mineralität und soviel aromatische Konzentration und Intensität zu finden. Auch wenn der Wein als Kraftwerk bezeichnet werden kann, tritt er leichtfüßig, delikat und frisch auf. Erst wenn man ihn mit einem deutschen Top-Riesling – von der Mosel etwa – vergleicht, wird klar, dass es sich um einen französischen Wein handelt. Warum? Weil er eine andere Struktur und eine andere Säureart in sich trägt und im Endeffekt doch nicht so kühl und blumig parfümiert wie die deutsche Abfüllung ist. Weitere Spitzenweine sind: Riesling Fréderic Emile, Gewürztraminer Seigneurs de Ribeaupierre, Pinot gris Réserve Personelle und dann die Vendange Tradive und die Sélection des Grains Nobles.

Das Gut besitzt knapp 30 Hektar eigene Reblagen, wobei jährlich über eine Million Flaschen abgefüllt werden – beim Gedanken an die Top-Qualität eine vorbildliche Leistung. Typisch für die Trimbach-Weine ist, dass sie im Vergleich zu anderen Erzeugnissen im Elsass relativ lange in der Flasche gelagert werden, bevor sie in den Verkauf kommen. Die Maison Trimbach mag ein Kontrast zu den Weinen von Deiss, Weinbach oder Zind-Humbrecht sein, aber gemeinsam gehören sie zu den Botschaftern dieser vielfältigen Region.

Den Kontrast dazu bildet die CAVE VINICOLE DE HUNAWIHR in Hunawihr (aus derselben Gemeinde stammt der Clos Ste. Hune, der Teil der Grands Crus Rosacker ist), auch wenn sie ein zentrales Thema der Region eröffnet – das der Genossenschaftskellereien, deren Weine leider nicht zu den besten gehören – im Gegenteil. Die ganze Produktion der Cave Vinicole de Hunawihr (rund zwei Millionen Flaschen im Jahr) folgt international anerkannten Qualitätskontrollsystemen, dennoch sind die Weine qualitativ nicht genügend. Ob die mittelmäßige bis ungenügende Qualität eine Folge der maschinellen Lese oder der Gaumen der Verantwortlichen ist, sei dahingestellt, aber angesichts der internationalen Weinschwemme wird früher oder später das Verkaufsargument »Elsass-Wein« nicht mehr allein für den Absatz der Weine sorgen. Einzige Ausnahme ist der handgelesene Grains Nobles der Cave Vinicole de Hunawihr: In jedem Tropfen dieses Weines vereinen sich sämtliche süßen Aromen, die man auf dieser Erde findet, und dank der elegant-französischen Art kommen sie auch nicht zu pappig daher.

Cave Vinicole de Hunawihr
48, route de Ribeauvillé
F-68150 Hunawihr
Tel. +33 (0) 38 97/3 61 67
Fax +33 (0) 38 97/3 33 95
E-Mail: info@cave-hunawihr.com
www.cave-hunawihr.com
Öffnungszeiten: Mo.–Fr. 8–12 und 14–18 Uhr, Sa. und So. ab 8. April geschlossen, sonst 10–12 und 14–18 Uhr

Von außen gesehen ist die elsässische Kultur weitgehend deutsch (wie Ortsnamen und Architektur deutlich zeigen) und der Dialekt alemannisch – Geist und Herz der Elsässer aber gehören zu Frankreich. Wahrscheinlich ist es vermessen zu sagen, Deutschland habe dazu beigetragen, dass das Elsass seine Identität gefunden hat, aber jedes Mal, wenn über die Jahrhunderte hinweg unter deutscher Herrschaft versucht wurde, das Elsass zu germanisieren, dann schlug dessen Herz besonders französisch. Und ein Attribut, das eng mit französischer Kultur zusammenhängt, ist gelebter Stolz – und stolz auf sich und ihre Weine sind die Elsässer sehr.

Tradition und Moderne schließen sich im Elsass nicht aus.

Und noch etwas zum Weiterphilosophieren: Der Name Elsass setzt sich sowohl aus dem lateinischen Wort ALIENUS (fremd) und dem altdeutschen SÄSS (Siedler, Bewohner) zusammen. Daraus lassen sich problemlos Wortspiele und Gedanken kreieren, so etwa »Warum das Fremde hier zu Hause ist«.

Grauburgunder, alias …

Grauburgunder, auch Ruländer genannt, gehört zur Burgunderfamilie. Neben Italien ist Deutschland das Hauptanbaugebiet dieser weißen Rebsorte, vor allem in Baden, Rheinhessen, in der Pfalz und an der Nahe. Die Sorte ist eine Mutation aus dem Spätburgunder. Die Bezeichnung »Grauburgunder« wurde in Deutschland erst ab 1980 auf dem Etikett vermerkt. Die Traubenreife verläuft ähnlich wie beim Spätburgunder, wobei der Wein mehr Zucker und daher mehr Alkohol produziert. Der Traubenname geht auf den Kaufmann Ruland aus Speyer zurück, der diese Rebe im Jahre 1711 erstmals in Deutschland anpflanzte. Aus der Ruländer-Traube können Weine mit viel Körper und Fülle vinifiziert werden. Im Bukett sind sie delikat und voll, in der Säure mild und im Geschmack kräftig, würzig und aromatisch (Melonen, Rosinen, Blütenhonig). Interessant an dieser Sorte ist neben ihrem Geschmack auch die Namensvielfalt, denn sie hat zahlreiche Synonyme wie Edelklevner (Deutschland), Grauburgunder (Österreich), Grauer Klevner, Grauer Mönch, Grauer Riesling, Malvoisie (Schweiz), Pinot grigio (Italien), Pinot gris (Frankreich), Rulandac oder Sivi Pinot (Slowenien), Speyerer, Szürkebarát (Ungarn), Pinot Benrot (Burgund) und Tokay d' Alsace (Elsass bis 2006, dann als Name nicht mehr zugelassen, Weine müssen von da an mit Pinot gris bezeichnet werden). Im Burgund wuchs die Rebe früher oft inmitten von Pinot noir (mit dem sie auf Grund der ähnlichen Blattform auch leicht zu verwechseln ist) und brachte in die Rotweine Fülle ein. Nach Österreich kam sie bereits im 13. Jahrhundert durch die Zisterzienser, woher sich auch die Bezeichnung »Grauer Mönch« für die Rebsorte ableitet.
Die Beeren haben eine Farbe zwischen graubläulich bis rötlichbraun, nicht selten kommen alle Schattierungen auf einer einzigen Traube vor.

Das Elsass in Zahlen

	1967	**1982**	**2007**	**Trend**
Gesamtrebfläche*	9400 ha	11 750 ha	15 300 ha	⇧
Weiße Rebsorten insgesamt	97,87 % = 9200 ha	94,55 % = 11 110 ha	85,6 % = 13 100 ha	⇧
Riesling	12,77 % = 1200 ha	19,15 % = 2250 ha	21,9 % = 3350 ha	⬀
Gewürztraminer	20,74 % = 1950 ha	20,68 % = 2430 ha	18,5 % = 2830 ha	⬀
Weißburgunder	11,06 % = 1040 ha	17,02 % = 2000 ha	21,4 % = 3270 ha	⇧
Grauburgunder	4,15 % = 390 ha	4,68 % = 550 ha	14,31 % = 2190 ha	⇧
Muscat	3,62 % = 340 ha	3,57 % = 420 ha	2,29 % = 350 ha	⇨
sonstige Weiße Rebsorten	45,53 % = 4280 ha	34,89 % = 4100 ha	7,25 % = 1110 ha	⇩
Pinot noir	2,13 % = 200 ha	5,45 % = 640 ha	14,4 % = 2200 ha	⬀

Quelle: CIVA (conseil interprofessionel des vins d'Alsace), Colmar

* Vor 100 Jahren betrug die Gesamtrebfläche 24 000 ha.

WEITERE EMPFOHLENE WEINGÜTER

Weingut Lucien Albrecht
9, Grand Rue
F-68500 Orschwihr
Tel. +33 (0)3/89 76 95 18
Fax +33 (0)3/89 76 20 22
E-Mail: lucien.albrecht@wanadoo.fr
www.lucien-albrecht.com
Öffnungszeiten: nach Vereinbarung
Lucien Albrecht, Jahrgang 1930, ist ein Pionier des elsässischen Crémant, denn schon in den 1960er-Jahren experimentierte er mit Flaschengärung. Seinen ersten offiziellen Schaumwein stellte er 1972 vor, vier Jahre bevor der Crémant d'Alsace zur Appellation erhoben wurde.

Laurent Barth
3, Rue Du Maréchal de Lattre
F-68630 Bennwihr
Tel. +33 (0)3/89 47 96 06
Fax +33 (0)3/89 47 96 06
Öffnungszeiten: nach Vereinbarung
Ein kleiner Betrieb (3,5 Hektar), der noch viel von sich reden machen wird. 2004 war der erste offizielle Jahrgang, den Laurent abfüllte. Zuvor wurden die Trauben an die örtliche Genossenschaft übergeben. Bevor Laurent Barth seine Arbeit im Elsass begann, reiste er um die Welt und arbeitete unter anderem auf Château Kefraya (Libanon), der Winery Bergkelder (Stellenbosch) oder Porter Creek (Sonoma). Der weiße Pinot Noir ist ein Muss.

Jean Becker
4, Route d'Ostheim
F-68340 Zellenberg
Tel. +33 (0)3/89 47 90 16
Fax +33 (0)3/89 47 99 57
Öffnungszeiten: nach Vereinbarung
1610 wurde Georg Becker, der Stammvater der Becker-Dynastie von Zellenberg, geboren. Seit dieser Zeit ist das Gut in den Händen der Familie, die jetzt auf die 14. Generation zurückblicken kann. Bei den Weinen handelt es sich um generell schlanke, süffige Abfüllungen.

Léon Beyer
2, Rue de la 1ère Armée
F-68420 Eguisheim
Tel. +33 (0)3/89 41 41 05
Fax +33 (0)3/89 23 93 63
Öffnungszeiten: nach Vereinbarung
1867 gegründetes Familienunternehmen, dessen Rebberge alle in Eguisheim liegen. Die Weine sind erstaunlich trocken und komplex. Heute werden Reben auf 20 Hektar Anbaufläche bewirtschaftet.

Domaine Paul Blanck
32, Grand Rue
F-68240 Kientzheim
Tel. +33 (0)3/89 78 23 56
Fax +33 (0)3/89 47 16 45
E-Mail: info@blanck.com
www.blanck-alsace.com
Öffnungszeiten: nach Vereinbarung
Ist einer der führenden Betriebe der Region. Die Reben gedeihen auf 35 Hektar und vom Basis- bis zum Spitzenwein ist alles Top. Grundregel der Blancks: Gut Ding will Weile haben.

Albert Boxler
78, Rue des Trois Epis
F-68230 Niedermorschwihr
Tel. +33 (0)3/89 27 11 32
Fax +33 (0)3/89 27 70 14
E-Mail: albert.boxler@9online.fr
Öffnungszeiten: nach Vereinbarung
Unweit des bekanntesten elsässischen Konfitüregeschäfts Maison Ferber befindet sich das Weingut von Albert Boxler – mitten in Niedermorschwihr. Bekannt sind die Boxler-Weine jedoch nicht für ihre Süße, sondern für ihren trockenen Stil. Ein Muss: der Grand Gru Sommerberg Riesling.

Dirler-Cadé
13, Rue d'Issenheim
F-68500 Bergholtz
Tel. +33 (0)3/89 76 91 00
Fax +33 (0)3/89 76 85 97
Öffnungszeiten: nach Vereinbarung
Bei Berholtz, am südlichen Ende der Route du Vin, liegt das Weingut von Jean Dirler. Gegründet im Jahr 1871 und ein Geheimtipp. In späteren Jahren, wurde ein Großteil des Weinguts Cadé hinzugekauft und der Doppelname Dirler-Cadé entstand, der bis heute für außerordentliche Qualität steht

Fernand Engel
1, Route du Vin
F-68590 Rorschwihr
Tel. +33 (0)3/89 73 77 27
Fax +33 (0)3/89 73 63 70
E-Mail: f-engel@wanadoo.fr
www.fernand-engel.fr
Öffnungszeiten: nach Vereinbarung
Familien-Biobetrieb 15 Kilometer nördlich von Colmar. Bewirtschaftet werden die Reben von 41 Hektar Anbaufläche, wobei ein Teil in die Crémantproduktion geht.

Robert Faller
26, Grand Rue
F-68150 Ribeauvillé
Tel. +33 (0)3/89 73 60 47
Fax +33 (0)3/89 73 34 80
Öffnungszeiten: nach Vereinbarung
Trocken ausgebaute Weine sind hier Standart. Ganz toll der Riesling Geisberg. Familienbetrieb mit elf Hektar Rebfläche.

Rolly Gassmann
1–2, Rue de l'Eglise
F-68590 Rorschwihr
Tel. +33 (0)3/89 73 63 28
E-Mail: rollygassmann@wanadoo.fr
www.alsace-wine.net/p/rollygass mann.shtml
Öffnungszeiten: nach Vereinbarung
Interessanter Betrieb. Keine Grand Cru-Lagen, aber dennoch sehr gute Terroirs in Rorschwihr, Rodern und Bergheim. Die Weine zeichnen sich gerne durch eine samtige Süße aus.

André Kientzler
50, Route de Bergheim
F-68150 Ribeauvillé
Tel. +33 (0)3/89 73 67 10
Fax +33 (0)3/89 73 35 81
Öffnungszeiten: nach Vereinbarung
Fast die Hälfte der Rebberge liegt in den Grand Crus Geisberg, Osterberg und Kirchberg. Die Auxerrois- und Chasselas-Weine gehören zu den besten des Elsass mit sensationellen Edelsüßen.

André Kleinknecht
45, Rue Principale
F-67140 Mittelbergheim
Tel. +33 (0)3/88 08 49 46
Fax +33 (0)3/88 08 49 46
Öffnungszeiten: nach Vereinbarung
Kleiner Bio-Weinbetrieb in Mittelbergheim, der noch ein Geheimtipp ist.

Jean-Luc Mader
13, Grand rue
F-68150 Hunawihr
Tel. +33 (0)3/89 73 80 32
Fax +33 (0)3/89 73 31 22
E-Mail: vins.mader@laposte.net
www.alsace-wine.net/p/mader.shtml
Öffnungszeiten: nach Vereinbarung
Der Betrieb wird von Jean-Luc und Anne Mader geführt und geht auf das Jahr 1981 zurück. Zuvor wurden die Trauben an die Genossenschaftskellerei verkauft. Das Winzerpaar bewirtschaftet sieben Hektar Reben, davon befinden sich zehn Prozent in der Grand-Cru-Lage Rosacker. Der Hausstil ist sehr trocken mit eher tiefem Alkoholgehalt.

René Muré
Route du Vin
F-68250 Rouffach
Tel. +33 (0)3/89 78 58 00
Fax +33 (0)3/89 78 58 01
Öffnungszeiten: nach Vereinbarung
Familienbetrieb mit langer Tradition. Interessant auch die Pinot-noir-Abfüllungen der Clos-Saint-Landelin-Lage.

Domaine Ostertag
87, Rue Finkwiller
F-67680 Epfig
Tel. +33 (0)3/88 85 51 34
Fax +33 (0)3/88 85 58 95
Öffnungszeiten: nach Vereinbarung
Ein biodynamisch ausgerichtetes Weingut mit zwölf Hektar Rebfläche. Die Weine der Domäne Ostertag erheben einen hohen Anspruch an Individualität. André Ostertag übernahm 1985 den elterlichen Betrieb und stellte so ziemlich alles in Frage, was zuvor normal war. Entsprechend spannend sind seine Weine.

Domaine Pfister
53, rue Principale
F-67310 Dahlenheim
Tel. +33 (0)3/88 50 66 32
Fax +33 (0)3/88 50 67 49
E-Mail: vins@domaine-pfister.com
www.domaine-pfister.com
Öffnungszeiten: Mo.–Sa. 8–12 und 14–19 Uhr, So. und feiertags nur nach Vereinbarung
Nach ihrem Studium in Bordeaux, Dijon und Geisenheim übernahm Mélanie Pfister 2006 das Familiengut. Sie erzeugt vorwiegend trockene Weißweine mit einer strahlenden Klarheit und feiner Duftigkeit. An der Spitze stehen die Rieslinge aus der Grand-Cru-Lage Engelberg.

Domaines Schlumberger
100, Rue Théodore Deck
F-68500 Guebwiller
Tel. +33 (0)3/89 74 27 00
Fax +33 (0)3/89 74 85 75
www.domaines-schlumberger.com
Öffnungszeiten: Mo.–Do. 8–18 Uhr, Fr 8–17 Uhr
Die aus Baden-Württemberg stammende Familie Schlumberger wanderte im 16. Jahrhundert ins Elsass ein. Die Gründung des Weingutes erfolgte im Jahre 1810 durch Nicolas Schlumberger (1782–1867) mit 20 Hektar Weinbergen. Heute umfasst das größte elsässische Weingut 140 Hektar Rebfläche in den Gemeinden Guebwiller und Rouffach am Süd Ende der Region. Die Hälfte davon entfällt auf Grand-Cru-Lagen.

Antoine Stoffel
21, Rue de Colmar
F-68420 Eguisheim
Tel. +33 (0)3/89 41 32 03
Fax +33 (0)3/89 24 92 07
E-Mail: domaine@antoinestoffel.com
www.antoinestoffel.com
Öffnungszeiten: nach Vereinbarung
Ein kleines Familienweingut, das die Trauben von neun Hektar vinifiziert. Sehr interessant der Grand Cru Riesling Eichberg.

HOTELS UND RESTAURANTS

BERGHEIM

Chez Norbert
9, Grand Rue
F-68750 Bergheim
Tel. +33 (0)3/89 73 31 15
Fax +33 (0)3/89 73 60 65
www.cheznorbert.com
Rustikales Hotel und Restaurant, das sich in einem alten Farmhaus befindet. Alter französischer Stil.
Preiskategorie: €€

BREITENBACH

Villa Mathis
Clos du Kreuzweg
F-67220 Breitenbach
Tel. +33 (0)3/90 57 27 00
Fax +33 (0)3/90 57 27 13
E-Mail: accueil@villa-mathis.com
www.villa-mathis.com
Ruhiges und einfaches Hotel , das allen Komfort bietet, den man braucht. Kein Schnick-Schnack. Klare Formen, temporäre Küche, Raum und Bergluft sind hier dominant. Liegt etwas abseits der Touristenströme. Guter Hidingplace.
Preiskategorie: €€

COLMAR

Chez Hansi
23, Rue des Marchands
F-68000 Colmar
Tel.: +33 (0)3/89 41 37 84
Öffnungszeiten: täglich, Mi. und Do. Ruhetag
Klassische Caveau im alten Colmar. Folklore pur auch kulinarisch. Von der Foie gras, über Sauerkraut bis zur Tarte flambée mit Münsterkäse.
Preiskategorie: €

Brasserie Heydel
45, Rue des Clefs
F-68000 Colmar
Tel. +33 (0)3/89 41 54 64
www.brasserie-heydel.fr
Öffnungszeiten: täglich außer So. und Mo.
Mitten in Colmar befindet sich diese moderne Brasserie, deren Interieur bunt und expressiv ist. Überall erblick das Auge bunte Plastikenten. Ideal, wenn man genug von den traditionellen Weinstuben und Hänsel-und-Gretel-Decors hat. Coole, unkomplizierte Adresse, die auch die Elsässer Küche etwas moderner interpretiert.
Preiskategorie: €

ILLHÄUSERN

L'Auberge de L'ill
2, Rue de Collonges au Mont d'Or
F-68970 Illhäusern
Tel. +33 (0)3/89 71 89 00
Fax +33 (0)3/89 71 82 83
E-Mail:
aubergedelill@aubergedelill.com
www.auberge-de-l-ill.com
Öffnungszeiten:
nach Voranmeldung
Am 17. September 1967 überreichte Paul Bocuse dem Sternekoch Marc Haeberlin in dessen Restaurant in Illhaeusern das Kreuz der Ehrenlegion. Diese hohe Auszeichnung honoriert eine ganze Familie von Köchen, die seit 40 Jahren das berühmte Restaurant an der Spitze der französischen Gastronomie halten. Die Familie Haeberlein führt nach wie vor diese weltweit bekannte Gourmetadresse, die man mindestens einmal im Leben besuchen sollte. Ein Muss für Foodies.
Preiskategorie: €€€

KAYSERSBERG

Flamme & Co
Créateur de Tartes Flammées
4, rue de Gal de Gaulle
F-68240 Kaysersberg
Tel. +33 (0)3/89 47 16 16
Fax +33 (0)3/89 47 18 23
www.flammeandco.fr
Öffnungszeiten: täglich ab 16 Uhr
Optisch hat man das Gefühl, einen Nachtclub zu betreten, und zu später Stunde kann es auch vorkommen, dass im Flamme & Co die Post abgeht. Innerhalb von Sekunden vergisst man, dass man sich im Herzen des mittelalterlichen Städtchens Kaysersberg befindet. Neue Elsässer Generation pur. Auch die Flammenkuchen sind neuartig und eine freche Interpretation der Originale. Interessanter Ort, um neue Weinkreationen zu entdecken, die speziell für moderne Weingenießer entwickelt worden sind.
Preiskategorie: €

LEMBACH

Le Cheval Blanc
4, Route de Wissembourg
F-67510 Lembach
Tel. +33 (0)3/88 94 43 46
Fax +33 (0)3/88 94 20 85
E-Mail: info@au-cheval-blanc.fr
www.au-cheval-blanc.fr
Hotel und Restaurant in einem. Beliebte Feinschmeckeradresse. Das Relais existiert seit dem 18. Jahrhundert. Zur Auswahl stehen die einfachere Winstub oder das Gastrorestaurant Le Cheval Blanc. Zwei Generationen teilen sich die Verantwortung am Herd: Vater Fernand und Sohn Franck Mischler kochen auf höchstem Niveau.
Preiskategorie: €€€

STRASSBURG

Au Crocodile
10, rue de l'Outre
F-67000 Strssburg
Tel. +33 (0)3/88 32 13 02
Fax +33 (0)3/88 75 72 01
E-Mail: info@au-crocodile.com
www.au-crocodile.com
Öffnungszeiten:
Di.–Sa. 12–13.30 und 19.30–21.30 Uhr, Mo. und So. Ruhetag
Das beste Haus in der Stadt. Großer Appetit ist willkommen, denn was Emile Jung auf den Teller zaubert, ist Spitzenklasse. Gourmet-Afficionados kommen hier auf ihre Rechnung. Seit 1984 Relais & Château-Mitglied.
Preiskategorie: €€€

Restaurant Gavroche
4, rue Klein
F-67000 Strasbourg
Tel./Fax +33 (0)3/88 36 82 89
E-Mail: restaurant.gavroche@free.fr
www.restaurant-gavroche.com
Öffnungszeiten:
nach Voranmeldung
Etwas abseits der zum Münster strebenden Touristenströme liegt das Gavroche von Nathalie und Benoît Fuchs mit seinen sieben Tischen und 25 Plätzen im Quartier Krutenau. Von der Inneneinrichtung bewusst schlicht und minimalistisch gehalten, sind die kulinarischen Kreationen umso spannender. Das Gegenteil einer traditionellen Winstub.
Preiskategorie: €€

Chez Yvonne
10, rue du Sanglier
F-67000 Strasbourg
Tel. +33 (0)3/88 32 84 15
Fax +33 (0)3/88 23 00 18
E-Mail: info@chez-yvonne.net
www.chez-yvonne.net
Öffnungszeiten: Mo.–So. 12–14.15 Uhr und 18–24 Uhr
Eine klassische Winstub mit viel Holz, Charme und rustikalem Flair. Kulinarisch wird lokale und einfache Küche serviert. Terrine, Sauerkraut, Wurstwaren, Münsterkäse und natürlich heimische Weine. Liegt mitten in der Altstadt unweit des Münsters.
Preiskategorie: €

REGISTER
WEINGÜTER, RESTAURANTS UND HOTELS

»Es ist unbegreiflich.« Larry lachte auf einmal vor sich hin.

»Sie scheinen heute zum Lachen aufgelegt zu sein?«

»Ich bin nur froh und erleichtert. Und gerade mußte ich daran denken, was Sunny wohl zur Schwester sagte, als sie ankam.«

»Was, glauben Sie, hat er ihr gesagt?«

»Ja, das ist nicht so einfach. Wenn die Schwester darauf besteht, daß eine kranke Dame in der Wohnung ist, wird er ›Jawohl, Schwester!‹ sagen und sich die größte Mühe geben, eine aufzutreiben!«

Es war schon nach elf, als sie seine Wohnung erreichten. Die Fahrstühle waren nur bis halb elf in Betrieb, und so mußten sie die Treppen hinaufsteigen.

»Achten Sie auf die Stufen, die Treppenbeleuchtung ist miserabel.« Larry ging voraus. Im zweiten Stock blieb er stehen. »Allmächtiger! Wer kann das sein?«

Zusammengebrochen und reglos lag ein Mann vor seiner Wohnungstür. Larry beugte sich über ihn hinweg und klingelte. Gleich darauf öffnete Sunny die Tür. Im Lichtschein, der von der Diele herausfiel, erkannte Larry den Mann. Sein Atem ging schwer und röchelnd, Gesicht und Kopf waren blutverklebt.

»Sunny, ist die Krankenschwester gekommen?«

»Jawohl, Sir.« Er blickte auf den Verwundeten.

»Dann wird sie uns sehr nützlich sein.«

»Wer ist es?« fragte Diana.

»Flimmer-Fred«, antwortete Larry leise.

25

Sie trugen den Verwundeten ins Wohnzimmer und legten ihn auf den Diwan. Eine Etage höher wohnte ein Arzt, der glücklicherweise noch nicht zu Bett gegangen war.

»Sehr schwer verwundet«, stellte er fest. »Zwei tiefe Messerstiche, und die Kopfwunde sieht nach Schädelbruch aus.«

»Er muß vor meiner Wohnungstür angegriffen worden sein, oder glauben Sie, daß er in diesem Zustand noch hierherkommen konnte?«

Der blinde Jake hatte die reine Wahrheit gesagt, als er die vielen Ausgänge des Hauses erwähnte. Einen fanden sie im Keller, der in einen alten Abzugskanal für Regenwasser mündete Ein zweiter führte direkt in den Hof, wo Larry die Garage gefunden hatte, und ein dritter endete in der Küche von Todds Heim.

Larry mußte sich klarmachen, daß das Wild entwischt war, und begab sich in den Trakt des Blindenheims zurück, um Diana zu suchen. Er fand sie im Büro des Vorstehers neben Harvey, der mit einer Handfessel ihr Handgelenk an das seine geschlossen hatte – er wollte kein neues Risiko mehr eingehen. Lachend hob sie die gefesselte Hand hoch.

»Außerordentlich vernünftig«, meinte Larry und schloß die Handschelle auf. »Und jetzt, Mr. Dearborn, möchte ich von Ihnen einige Erklärungen über die merkwürdigen Vorkommnisse in Ihrem Hause haben.«

»Ich kann nicht finden, daß sich in diesem Hause etwas Merkwürdiges ereignet hat«, entgegnete Mr. Dearborn. »Sie können mich doch nicht für Dinge verantwortlich machen, die sich im Nebenhaus ereignen. Man hat mir soeben erzählt, daß Verbindungstüren zwischen den beiden Gebäuden bestehen, aber davon hatte ich nicht die geringste Ahnung. Wenn wirklich jemand im Nebenhaus gewohnt . . .«

»Sechs Menschen hausten nebenan«, unterbrach ihn Larry. »Wir haben ihre Betten und einige Kleidungsstücke gefunden. Und die Tatsache, daß wir auch Bücher fanden, beweist, daß die Bewohner nicht blind waren.«

Mr. Dearborn zuckte die Schultern.

»Was kann ich da machen? In unserem Zustand sind wir ganz von der Zuverlässigkeit unserer Umwelt abhängig. Auch wenn wir im allgemeinen die Anwesenheit eines Fremden am ungewohnten Schritt, an der Stimme oder einem Husten erkennen können, ist es natürlich nicht ausgeschlossen, daß man sich dieses Hauses bedient hat, um verbrecherische Pläne auszuführen, ohne daß wir das geringste bemerkten.«

Das klang logisch, und Larry mochte dem auch nicht widersprechen.

»Ich will diese Möglichkeit nicht ausschließen«, räumte er ein. »Es ist natürlich sehr bedauerlich für Sie – und auch für uns. Die Sache hätte noch viel fataler ausgehen können.«

Er fühlte sich maßlos erleichtert und war versöhnlich gestimmt. Diana war überhaupt nichts anzumerken, mit jedem Augenblick wurde sie ruhiger. Sie zog ihren Regenmantel an.

An der Ecke Edgware Road hielten sie an, weil sich Diana eine neue Bluse kaufen wollte. Sie bestand darauf, gleich nach dem Präsidium zu fahren, um dort ihre Aussagen zu Protokoll zu geben.

»Was halten Sie von John Dearborn?« fragte Larry.

Sie sah ihn an und fragte ihrerseits:

»Haben Sie bemerkt, wie er meine Hand ergriffen und sie geschüttelt hat?«

»Da ist doch nichts dabei.« Er lehnte sich im Taxi zurück, immer noch benommen und glücklich über den guten Ausgang dieser schrecklichen und aufregenden Geschichte. »Ja, was ich vergessen habe, Sie zu fragen – wo haben Sie eigentlich die mörderische Waffe aufgetrieben, die Sie in der Hand hielten, als Sie die Treppe herabkamen?«

»In der Tasche des blinden Jake! Es war fürchterlich ...«

Im Yard zog sie sich zuerst einmal zurück, um ihre zerrissene Bluse mit der neuen zu vertauschen. Als sie das Büro 47 betrat, lief Larry angeregt im Zimmer auf und ab.

»Wir wissen jetzt wenigstens, daß der blinde Jake und der Mann namens Lew ...«

»Haben Sie ihn im Heim gelassen?« unterbrach Diana rasch.

»Ich habe in dieser ganzen Sache schon so viele Fehler begangen, daß ich mir diesen nicht auch noch leisten konnte. Nein, ich habe ihn in ein anderes Heim bringen lassen, wo er gepflegt wird. Lew und Jake hatten mit Stuart zu tun, vielleicht schon vor seiner Ermordung, ganz sicher aber nachher. Warum Lew das braune Papier mit der Brailleschrift in die Tasche des Opfers gesteckt hat, wissen wir noch nicht. Vielleicht wollte er einfach loskommen, sich seiner Auftraggeber entledigen.«

»Aber die wichtigste unserer Entdeckungen haben Sie noch mit keinem Wort erwähnt«, wandte Diana ein.

»Und die wäre?«

»Ich meine die Frau ›oben‹.«

»Was für eine Frau ›oben‹?« fragte er verständnislos.

»Erinnern Sie sich nicht? Ich erzählte Ihnen doch, daß Ja mit dem Daumen nach der Zimmerdecke zeigte und sagte, a wenn ich ein Gesicht hätte wie die da oben ...« Sie schwieg v legen.

»Entschuldigen Sie«, erwiderte er sanft, »ich bin ein ged kenloser Idiot. Es hat sich so viel ereignet heute, und der Stuart war weiß Gott nicht mehr das wichtigste ... Ja, und erinnert mich daran, daß ich telefonieren muß!«

Er ließ sich mit dem Trafalgar Hospital verbinden.

»Bitte, das Büro der Oberschwester – danke ... Ja? Sc ster Oberin? – Hier Inspektor Holt. Wie geht es Ihnen? – S Sie, haben Ihre Außenschwestern viel zu tun? – Ich meine, nicht alle besetzt? – Das trifft sich ja ausgezeichnet. Ich möch bitten, mir eine nette, mütterliche Schwester in meine Woh nach Regent's Gate Gardens zu schicken. – Ob ich krank Nein, ganz und gar nicht, aber es wohnt jemand bei mi nicht ganz – jawohl, eine Dame. – Besten Dank, Schweste

Larry sah den erstaunten Blick Dianas.

»Haben Sie eine Dame bei sich wohnen?« fragte sie ver

»Nein, noch nicht, aber sehr bald. – Sie gehen jetzt nu in Ihre Wohnung in der Charing Cross Road, um sich al chen zusammenzusuchen, die Sie brauchen. Und dann ko Sie in meine Wohnung, wo Sie bis auf weiteres unter der einer netten Schwester bleiben werden.«

»Aber das kann ich nicht, das ist ganz ausgeschlossen«, stierte sie mit feuerrotem Gesicht.

»Doch, Sie können sehr gut, und Sie werden es jetzt g machen, wie ich es Ihnen sage.«

Endlich stimmte sie zu. Sie gingen zusammen essen, und her führte er sie ins Macready-Theater, wo sie sich das Dearborns ansahen. Nach dem zweiten Akt verließen sie enerviert das Theater.

»Wie ist es möglich, daß jemand einen so schrecklichen auf die Bühne bringen kann?« fragte Diana auf dem Heim

»Unmöglich«, bestätigte der Arzt. »Vielleicht hätte er sich noch zwei oder drei Meter schleppen können, aber meiner Meinung nach ist er dort angefallen worden, wo Sie ihn gefunden haben. Kennen Sie den Mann?«

»O ja. Er ist ein alter Bekannter von mir. Schwebt er in Lebensgefahr?«

»In sehr großer. Lassen Sie ihn sofort in ein Spital bringen, wo er genau untersucht und, wenn nötig, gleich operiert werden kann.«

Der Krankenwagen kam und fuhr wieder weg. Nur einige dunkle Flecken vor der Wohnungstür erinnerten noch an Flimmer-Fred.

Die Schwester erfüllte in jeder Beziehung die Anforderungen, die Larry gestellt hatte. Sie war wohlbeleibt, gemütlich und sehr mütterlich. In den ersten freien Minuten machte Larry sie mit den Gründen bekannt, die ihre Anwesenheit in seiner Wohnung verlangten.

»Nach den schrecklichen Erlebnissen, die Miss Ward heute durchmachen mußte, war es selbstverständlich ausgeschlossen, sie in ihre Wohnung in der Charing Cross Road zurückkehren zu lassen.«

Schwester James, ganz und gar nicht unzufrieden, einen so leichten Fall erhalten zu haben, stimmte ihm gerne bei. Sie bewies auch sogleich ihre Autorität, indem sie Diana ins Bett schickte.

Doch an Schlaf war für sie nicht zu denken. Um zwei Uhr morgens hörte Larry, der an seinem Schreibtisch arbeitete, eine Tür knarren, und als er aufblickte, stand Diana im Türrahmen. Sie war im Morgenrock.

»Ich kann nicht schlafen«, sagte sie nervös, fast schroff.

Larry zog einen bequemen Sessel für sie heran.

»Was bedrückt Sie, Diana?«

Sie saß still mit gefalteten Händen im Sessel. Kein Laut war zu hören, nur das Ticken der Uhr auf dem Kaminsims und das Knarren von Larrys Stuhl.

»Die Frau ›oben‹ läßt mir keine Ruhe.«

»Die Frau ›oben‹? Ach ja, Sie meinen die Frau, von der Jake

gesprochen hat. Aber Diana, ein ›oben‹ gab es ja gar nicht, Sie waren doch schon in der obersten Etage. Das Haus ist ein Stockwerk niedriger als Todds Heim.«

Zu Larrys Schrecken fing sie leise zu weinen an.

»Der Gedanke an sie läßt mir keine Ruhe. Sie werden sie festhalten, sie können sie ja gar nicht freilassen!«

»Wollen Sie damit sagen, daß die Frau Clarissa Stuart ist?«

»Clarissa Stuart? Nein . . .«

»Wer kann es sonst sein? Wer, denken Sie, ist sie?«

»Ich denke es nicht – ich weiß es sicher.« Sie hob das tränennasse Gesicht. »Die Frau ist Emma. Die Aufwartefrau Emma aus der Pension.«

Larry sprang auf.

»Die Aufwartefrau! Sie haben recht!«

Wieder hörte man als einziges Geräusch im Zimmer das leise Ticken der Uhr.

»Ich kann den Zusammenhang jetzt erkennen«, begann sie wieder. »Einen einzigen Menschen konnte ich bisher nicht unterbringen.«

»Und wer ist das?«

»Flimmer-Fred. Er ist zufällig in die Sache mit hineingezogen worden. Aber die anderen? Und Dearborn, für den Sie so viel Nachsicht haben – was John Dearborn betrifft . . .« Sie lachte böse auf.

»Liebe Diana, Sie haben jetzt das Stadium erreicht, in dem man allem und jedem mißtraut.«

»Ich gab Dearborn die Hand, als wir dorthin kamen – und ich gab ihm die Hand, als wir weggingen«, sagte sie bedeutungsvoll.

»Das macht ihn aber doch noch nicht verdächtig!«

»Als ich meine Hand hinhielt, ergriff er sie. Denken Sie bitte daran, daß ich zwei Jahre Schwester in einem Blindenheim war. Als ich meine Hand hinhielt, ergriff er sie!«

»Ja, warum nicht?« fragte Larry, ohne zu begreifen.

»Weil er sie nicht sehen könnte, wenn er blind wäre. John Dearborn ist ebensowenig blind wie Sie oder ich.«

»Sagen Sie das bitte noch einmal! Sie hielten die Hand hin, und er ergriff sie?«

»Wußten Sie nicht, daß man immer die Hand eines Blinden ergreift, wenn man ihn begrüßen will, weil er ja die ausgestreckte Hand nicht sehen kann? Aber Dearborn erhob seine Hand im gleichen Augenblick, in dem ich ihm meine entgegenhielt.«

Larry starrte sie fassungslos an.

»Wenn er nicht blind ist, warum ist er dann überhaupt in dem Heim? Auf jeden Fall ist er aber ein Geistlicher.«

»Es gibt keinen John Dearborn in der Liste der Geistlichen«, erklärte Diana unerschüttert. »Ich habe die ganze Liste genau durchgesehen. Sein Name findet sich auch nicht auf den Listen der Independenten, Baptisten und Wesleyaner.«

»Haben Sie auch daran gedacht, daß er von Australien gekommen sein kann?«

»Auch die australischen Listen kann man hier erhalten. Der einzige John Dearborn ist ein sehr alter Herr, der in Totooma lebt und sicher nicht mit diesem hier identisch ist. Unser Dearborn ist weder blind noch Geistlicher, und dann kommt noch ein Drittes hinzu – seine Stücke werden trotz des ständigen Mißerfolgs immer wieder angenommen. Wollen Sie sich nicht einmal über das Direktorium des Macready-Theaters informieren? Man müßte herausfinden, aus welchen Personen es sich zusammensetzt und wer das Geld für die Inszenierungen dieser Stücke bewilligt oder aufbringt. Ich kann einfach nicht vergessen, daß Mr. Stuart von diesem Theater aus verschwunden ist.«

»Ich auch nicht. Aber John Dearborn –?«

»Jetzt werde ich müde.« Diana erhob sich. »Ich habe mein Herz erleichtert. – Lassen Sie – entschuldigen Sie, daß ich solche Fragen stelle –, lassen Sie die Wäscherei beobachten?«

»Ich habe dort ständig zwei Mann auf Posten, die jeden eintreffenden oder wegfahrenden Wagen anzuhalten und sich zu vergewissern haben, wer der Fahrer ist und was der Wagen enthält.«

»Dann kann ich mich ja beruhigt schlafen legen. Für einige Zeit noch ist Emma nicht in direkter Lebensgefahr – solange sie nicht von der Wäscherei weggebracht wird . . .«

»Sie können völlig beruhigt sein«, versicherte Larry, worauf sich Diana zurückzog.

26

Der nächste Tag brachte keine neuen Entwicklungen. Ein Polizeiaufgebot hatte noch einmal das Wäschereigebäude durchsucht und tatsächlich einen Raum entdeckt, der oberhalb des Zimmers lag, in dem Diana eingeschlossen gewesen war, eine winzig kleine Kammer im Dachgeschoß, die Spuren von Benutzung zeigte, jedoch leer angetroffen wurde.

Larry machte sich jetzt Vorwürfe, daß er gestern das Nebenhaus nicht sorgfältiger durchsucht hatte. Zwei Menschen wünschte er vor allem zu finden. Erstens den Mann, dem der kleine Finger der linken Hand fehlte und der sich einen Tag vor ihm in Beverley Manor nach Mrs. Stuart erkundigt hatte – und zweitens Emma, die rätselhafte Aufwartefrau.

»Die Aussichten für Flimmer-Fred sind nicht schlecht«, teilte Larry Diana mit. »Der Arzt sagt, daß kein Schädelbruch vorliegt.«

»Wo liegt er?«

»Im St.-Mary-Hospital. Ich habe ihn in ein Privatzimmer legen lassen mit einem Mann als Wache – natürlich nicht, weil er entwischen könnte. Es wäre keine schlechte Idee, wenn wir hinfahren und uns an Ort und Stelle erkundigen würden, wie es ihm geht. Wollen Sie mitkommen?«

Als sie sich vor ihrem kleinen Handspiegel zurechtmachte, fragte sie, ohne den Kopf nach ihm zu drehen:

»Was beabsichtigen Sie mit Dearborn zu machen?«

Er strich sich nachdenklich über das Kinn.

»Im Augenblick weiß ich wirklich nicht, was ich machen soll. Es ist schließlich kein Verbrechen, wenn ein Mann behauptet, er sei blind, und ist es nicht. Möglicherweise hat er auch noch einen Schimmer von Sehkraft, um eine Hand, die sich ihm entgegenstreckt, wahrzunehmen. Es könnte auch sein, daß er seine Hand ganz mechanisch, instinktiv erhoben hat.«

»Es ist möglich«, räumte sie ein. »Aber er lächelte doch auch, als ich ihm zulächelte ...«

Im Spitalbüro von St. Mary trafen sie den Arzt, der Fred betreute.

»Er ist wieder bei Bewußtsein. Wollen Sie ihn sehen?« fragte er.

»Darf er sprechen?«

»Ich denke schon – es ist wohl sehr dringend? Er ist natürlich noch sehr schwach, und unter gewöhnlichen Umständen würde ich es nicht empfehlen. Aber kommen Sie!«

Er führte sie zum Krankenzimmer. Vor der Tür zögerte Diana.

»Soll ich mitkommen?«

»Ihre Anwesenheit ist sogar sehr nötig«, erwiderte Larry. »Haben Sie Ihr Stenogrammheft bei sich?«

Sie betraten das Zimmer, in dem Fred Grogan lag. Sein Kopf war ganz verbunden, nur das Gesicht schaute blaß und verzerrt aus dem Verband hervor. Als er Larry erblickte, leuchteten seine Augen auf.

»Ich hätte es nie für möglich gehalten, daß ich mich einmal auf Ihren Besuch freuen würde«, scherzte er, wurde aber gleich wieder ernst. »Vor allen Dingen, Inspektor, müssen Sie die Frau aus dem Kesselhaus herausholen.«

»Die Frau im Kesselhaus?« fragte Larry. »Wie kommen Sie darauf?«

»Nun ja, das Kindermädchen oder die Amme, was weiß ich, von Clarissa. Wer allerdings Clarissa ist, mag der Teufel wissen! Also gut, ich werde Ihnen jetzt zur Abwechslung einmal die reine Wahrheit erzählen, Mr. Holt. Am besten ist es, ich fange ganz von vorne an, und wenn ich mich dabei in ein schlechtes Licht setzen muß, dann sollten Sie eben eine ganze Menge von dem, was ich Ihnen hier erzähle, wieder vergessen.«

»Der Gedanke, daß eine schlechte Meinung über Sie aufkommen könnte, wäre mir selbstverständlich unerträglich«, versicherte Larry ernsthaft, »oder formulieren wir es vielleicht so – ich verspreche Ihnen, daß sämtliche Einzelheiten, die sich nicht direkt auf den Mord an Gordon Stuart beziehen, in diskreter Weise übergangen werden.«

»Ausgezeichnet!« Fred atmete erleichtert auf. »Dann los! Die Geschichte begann vor vier oder fünf Jahren in Montpellier. Kennen Sie Montpellier?«

»Sehr gut. Ich kenne die Stadt vom Coq d'Or bis zum Palais.«

»Ich war gerade in Montpellier«, begann Fred, »sah mir die Gegend an und amüsierte mich ein bißchen, bis ich so langsam in einen Spielklub hineinkam, der still und leise von einem Mann namens Floquart geleitet wurde. Gespielt wurde Bakkarat. Ich habe meistens Glück beim Bakkarat. Diesmal aber bekam ich drei Tage lang kein anderes Geld als mein eigenes in die Hände, und mit jedem Tag sah ich weniger davon. In der dritten Nacht haben sie mich dann so gründlich ausgenommen, daß ich gerade noch zu Fuß nach Hause gehen konnte. Ich bog aus der Rue Narbonne, als ich einen Schuß hörte. Auf der anderen Seite des Platzes sah ich einen Mann auf dem Pflaster liegen – und einen zweiten, der sich auffallend rasch entfernte. Die polizeilichen Einrichtungen in dem Städtchen waren damals nicht ganz auf der Höhe, und nur selten ließ sich ein Gendarm blicken. Der Kerl, der so rasch verduften wollte, mochte sich schon in Sicherheit wiegen, als ich plötzlich auf ihn zukam. Es dämmerte, der Morgen war schon hell genug, daß ich sein Gesicht sehen konnte. Er sah sehr gut aus. Ich glaube, er erschrak zu Tode, als ich so unvermutet auftauchte und ihn mit Beschlag belegte. Natürlich gingen mich seine Privatangelegenheiten im Grunde nichts an, aber Sie dürfen nicht vergessen, daß ich – hm ja . . . Er erzählte mir eine lange Geschichte, daß der Mann, den er erschossen habe, ihm eine große Gemeinheit zugefügt hätte. Schließlich steckte er mir ungefähr sechzehntausend Francs in die Hände, und ich ließ ihn seiner Wege gehen – man ist ja auch nicht völlig gefühllos!« Fred grinste. »Gut, weiter – als sich nirgends ein Gendarm zeigte, überquerte ich den Platz, um mir den Erschossenen aus der Nähe anzusehen, obwohl ich mir bewußt war, was für ein Risiko ich einging, wenn ich bei einer halben oder ganzen Leiche angetroffen würde. Man behauptete später, der Schuß hätte ihn sofort getötet, was aber nicht stimmt. Der arme Teufel lebte noch, als ich hinkam und mich zu ihm niederbückte, um zu sehen, ob ich noch etwas für ihn tun könne. Ich fragte ihn, wer auf ihn geschossen habe, und tatsächlich war er noch imstande, den Namen anzugeben.« Fred machte eine wirkungsvolle Pause. »David Judd!«

»David Judd?« Larry zog erstaunt die Augenbrauen hoch »Ist er mit unserem Doktor Judd verwandt?«

»Sein Bruder«, erklärte Fred. »Den Doktor habe ich durch diese Geschichte dann kennengelernt. Ich verschwieg ihm, daß der arme Teufel in Montpellier mir den Namen verraten hatte, und behauptete, ich hätte das Gesicht seines Bruders David erkannt. Nun gut, an jenem Morgen auf dem Platz in Montpellier versuchte ich, aus dem Verwundeten herauszubekommen, warum auf ihn geschossen worden war, als er unter meinen Händen starb. Wie gesagt, ich wollte nicht bei einem Ermordeten überrascht werden; zwar hatte ich glücklicherweise keinen Revolver bei mir und konnte auch nachweisen, wo ich gewesen war. Aus einer Nebenstraße hörte ich den schweren Schritt eines Polizisten und machte, daß ich so schnell als möglich fortkam; doch der Kerl hatte mich schon gesehen, ich mußte vor dem Untersuchungsrichter erscheinen und nachweisen, daß mich der Mord gar nichts anging und daß ich mich auf der Suche nach einem Arzt befand, als ich gesehen wurde. Ich hatte nämlich wirklich den vernünftigen Einfall gehabt, nach einem Arzt zu laufen.« Er schwieg eine ganze Weile, um sich für den heikleren Teil seiner Erzählung zu sammeln. »Als ich nach London zurückkehrte, hielt ich es für meine Pflicht, Mr. David Judd aufzusuchen. Er hatte damals ein Privatbüro bei der Greenwich-Versicherungsgesellschaft. Aber ich traf ihn dort nicht an und sprach mit seinem Bruder.«

»Sie wollten natürlich herausbekommen, wieviel er zahlen würde, wenn Sie Ihren Mund hielten?«

»Stimmt ganz genau, Mr. Holt. Unheimlich, was für ein Einfühlungsvermögen Sie haben! Er war furchtbar aufgeregt, Doktor Judd meine ich, und machte geltend, er müsse erst mit seinem Bruder sprechen, sobald dieser von einer Reise zurückkäme. Doch dann passierte etwas, das anfänglich so aussah, als würde es alle meine schönen Aussichten ruinieren. David Judd starb. Auf seiner Rückreise von Schottland erkältete er sich und starb innerhalb weniger Stunden. Ich bin bei seinem Begräbnis gewesen – als Leidtragender. Ich wette, keiner hat mehr Kummer gehabt als ich. Trotzdem muß ich sagen, daß Doktor Judd sich mir gegenüber als Gentleman gezeigt hat. Nach dem Begräbnis ließ er mich zu sich kommen und erklärte, daß er das Andenken seines Bruders von jeder schlechten Nachrede freihalten wolle; er bot mir eine regelmäßige jährliche Summe an, falls ich den Mund halten würde.«

»Der Mann, der erschossen wurde, war doch ein Büroangestellter?«

»Und zwar ein Angestellter der Greenwich-Versicherungsgesellschaft, der versucht hatte, David Judd zu erpressen.«

Larry stieß einen leisen Pfiff aus.

»Greenwich-Versicherung – Erpressungen –«, wiederholte er. »Was hatte David denn auf dem Kerbholz?«

»Das weiß ich nicht, Mr. Holt. Wenn ich es wüßte, würde ich es Ihnen sofort sagen. Aber es muß eine ziemlich faule Sache gewesen sein. Doktor Judd behauptete, daß jener Angestellte eine Menge Geld unterschlagen hätte, und da muß auch was Wahres dran gewesen sein, denn ich erinnere mich, daß er bei Floquart viel und hoch gespielt hat. – Also, um die Geschichte kurz zu machen, ich habe dann vier Jahre lang ein gutes Einkommen von Doktor Judd bezogen. Ich will da gar nichts beschönigen und mich nicht in ein besseres Licht stellen. Das würde Sie ja auch nicht interessieren. Vor ein paar Tagen traf ich den Doktor bei einer Hochzeit. Er war eingeladen, ich natürlich nicht, aber das ist ja das wenigste – jedenfalls ging ich hin. Bei der Gelegenheit lud er mich ein, gestern abend in seinem Haus in Chelsea mit ihm zu essen. Wie Sie vielleicht wissen, hat er ein piekfeines Haus, bis oben voll mit Gemälden und Schmucksachen. Und weil er mir eine schöne runde Summe angeboten hatte, um mich ein für allemal loszuwerden, entschloß ich mich, hinzugehen. Es kam mir auch sonst gelegen. Doktor Judd hat da einen Mann eingestellt, als Kammerdiener oder so, nun ja, er ist ein alter Sträfling und hat in Portland in der Zelle neben mir gesessen.«

»Er heißt Strauß«, warf Larry ein, »hat eine Vorliebe für Koks und ist dreimal vorbestraft.«

»Ach, das wissen Sie auch schon? Ich traf ihn also neulich ganz zufällig am Piccadilly. Er wollte gerade ein paar Kleinigkeiten unterbringen, die er seinem Herrn gemaust hatte, und da habe ich mir auch gleich ein Andenken ausgesucht – ein paar Manschettenknöpfe ...«

»Daher kamen sie also?« fuhr Larry auf. »Sie gehörten Doktor Judd?«

»Ich bin nicht ganz sicher, ob sie wirklich Doktor Judd gehörten. Strauß erzählte nämlich, daß oft Wochenendgäste dort waren, vielleicht hat er die Knöpfe auch einem von diesen geklaut. Ja, und ich kam dann auf die Idee, mir etwas von den Kunstschätzen des Hauses anzueignen, bevor ich abreiste. Darum hatte ich mit Strauß vereinbart, daß ich mir nächstens mal das Haus ansehen wollte, um einige Kleinigkeiten auszusuchen. Als ich nun zum Essen eingeladen wurde, griff ich natürlich mit beiden Händen zu. Damit will ich nicht gesagt haben, daß ich je im Sinn hatte, ganz allein zu einem solchen Dinner zu gehen – so gut stand ich mit dem Doktor nun doch wieder nicht. Aber er erzählte mir, es würden noch andere Gäste kommen. Eingeladen war ich eigentlich für acht Uhr, aber da es um diese Zeit schon stockdunkel ist, ging ich bereits um sieben, und zwar nicht direkt zum Haus, sondern postierte mich gegenüber auf der anderen Straßenseite. Ich wollte lieber erst einmal Doktor Judds Gäste ankommen sehen, bevor ich auf der Bildfläche erschien. Ich wartete bis acht Uhr. Niemand kam. Ich wartete bis halb neun, und dann sah ich den Doktor herauskommen und die Straße hinabblicken. Mittlerweile war ich so hungrig geworden, daß ich beinah zu ihm hinübergegangen wäre, aber ich konnte mir beim besten Willen nicht vorstellen, daß ich ganz allein mit ihm speisen sollte, mit einem Menschen, den ich ... verstehen Sie? So wartete ich weiter, wartete und wartete, bis auf einmal ein Auto ankam und direkt auf das Einfahrtstor seitlich vom Haus losfuhr. Ich dachte schon, das Auto würde das Tor eindrücken, aber im Augenblick, als die Scheinwerfer es zu berühren schienen, öffnete es sich von selbst. Merkwürdig, sagte ich mir und ging über die Straße, um mir die Sache etwas näher anzusehen. Das bedeutete zwar ein bißchen Klettern für mich, aber es ging ganz leicht und geräuschlos. Und wissen Sie, was ich sah? Der erste, der aus dem Wagen stieg, war das dicke Riesenviech, das in der Jermyn Street versucht hatte, mir die Luft abzudrehen.«

»Der blinde Jake?«

»Ich bin ihm nie vorgestellt worden. Jedenfalls sah ich ihn deutlich, als er vor den Scheinwerfern vorbeiging. Dann wurden die Lichter gelöscht, und ich konnte nichts mehr sehen. Um zehn Uhr öffneten sich die Tore wieder – wie durch Zauberei, niemand war zu sehen –, und der Wagen rollte heraus. Als er langsam an mir vorbeifuhr, rannte ich hinterher und ließ mich auf den Gepäckträger fallen, der heruntergeklappt und einladend leer war. In der King's Road in Chelsea sprang ich wieder ab, weil es da zu hell war und ich von einem Polizisten hätte gesehen werden können. Aber es gab genug Taxis, ich zeigte dem Chauffeur den Wagen, dem er nachfahren sollte. Ich mußte herausbekommen, wo der blinde Jake – so nannten Sie ihn doch? – wohnte, und es gelang ohne große Schwierigkeiten, dem Wagen zu folgen. Wir fuhren am Viktoria-Bahnhof vorbei, dann über Grosvenor Place der Park Lane zu. Ich befürchtete, das Auto würde in den Park einbiegen, dann hätte ich es verloren, denn die Parkwege sind ja nur für Privatwagen offen, aber nicht für Taxis. Glücklicherweise – oder leider, wie man's nehmen will – fuhr der Wagen nicht durch den Park, sondern durch die Edgware Road, wo der Tyburn Tree gestanden hat, an dem man in alten Zeiten die Leute aufhing. Ich habe das mal in einem Buch gelesen, als ich mich – hm, erholte . . .«

»Wollen wir nicht lieber die Erinnerungen an Alt-London beiseite lassen?« schlug Larry vor.

»Ich fuhr also dicht hinter ihnen. Unerwartet bogen sie in eine Seitengasse ein. Ich riskierte es, meinen Chauffeur zu bezahlen und ihnen zu Fuß zu folgen, weil ich dieses Viertel sehr gut kenne, und ich brauchte auch keine zehn Minuten zu suchen, bis ich den Wagen vor einer Toreinfahrt stehen sah. Kurz vor mir traf noch ein zweites Auto ein, mit dem der Doktor gekommen sein mußte.«

»Doktor Judd? War der auch da?«

Fred wollte nicken, bedauerte aber im gleichen Augenblick, seinen schmerzenden Kopf überhaupt bewegt zu haben.

»Wenn ich meinen dämlichen Schädel nicht still halte, dann dusele ich nochmals hinüber. – Ja, der Doktor war auch da. Ich stand ganz in der Nähe und sah diesen blinden Jake, den Doktor und noch einen, den ich nicht kannte, der eine Tasche in der Hand hielt und schlechter Laune zu sein schien. ›Ich protestiere, zu so später Stunde auf solche Weise geholt zu werden‹, sagte er. Der Doktor entgegnete leise etwas, das ich nicht verstehen konnte. ›Warum haben Sie nicht einen andern Arzt geholt? Ich mache Sie darauf aufmerksam, daß Sie mich gezwungen haben, hierherzukommen, und ich komme nur unter Protest. Wo ist die Frau?‹ Als der blinde Jake antwortete: ›Im Kesselhaus!‹ und lachte, fuhr ihn Doktor Judd mit einem Fluch an und sagte, er sollte das Maul halten. Alle drei verschwanden dann durch das Tor des Grundstücks, während der eine Wagen wendete, was aber auf der schmalen Straße nicht auf Anhieb gelang. Es war ein frisch gestrichener Lieferwagen, und auf einer Seitentür konnte ich unter der neuen Farbe das Wort ›Wäscherei‹ erkennen.«

»Haben Sie sich den Namen der Straße gemerkt?« fragte Larry.

»Reville Street«, erwiderte Fred.

»Das ist ja die Parallelstraße zur Lissom Lane. Na – weiter, Fred!«

»Ich mußte schleunigst verduften, weil man mich sonst gesehen hätte. Ich ging also um den Häuserblock herum und tauchte gerade wieder auf, als sie aus dem Tor herauskamen. Doch waren es jetzt nur noch zwei Personen; das dicke Mistvieh war verschwunden. Was sie sich erzählten, konnte ich nicht hören, endlich rief Doktor Judd: ›Gute Nacht!‹, und der Wagen fuhr mit ihm davon. Der andere schaute ihm nach. Mir blieb nichts anderes übrig, als an ihm vorbeizuschlendern, als ob ich die Straße dahergekommen wäre. Wenn es eine schlechte Angewohnheit gibt, dann ist es die, im Wachen oder Schlafen Selbstgespräche zu führen. Es gibt Leute, die können nichts dagegen machen. Ich hatte einen guten Freund in Barcelona – doch das gehört nicht hierher, Mr. Holt. Also, der Kerl, der da dem Wagen nachschaute, gehörte zu der Sorte. So eine Art Grübler. Und wie ich gerade an ihm vorüberkam – er stand bewegungslos, die Hände auf dem Rücken, und sah dem verschwindenden Schlußlicht des Autos nach –, hörte ich ihn etwas murmeln. Es waren, ich erinnere mich genau, nur zwei Worte: ›Clarissas Amme ...‹ Er hat es gleich zweimal gesagt. Ich ging meiner Wege und dachte nicht im Traum daran, daß ich ihnen verdächtig vorgekommen sein könnte, vielmehr nahm ich mir vor, sofort Sie aufzusuchen, Mr. Holt, und Ihnen die Geschichte zu erzählen. Ich war nur noch ein paar hundert Meter von Ihrem Haus entfernt, da hatte ich so ein unangenehmes Gefühl, als ob man mir folgte. Sehen konnte ich niemand, trotzdem wurde ich die ekelhafte Empfindung nicht los, die man hat, wenn einem die Polente auf den Fersen ist, und man kann sie nicht mehr abschütteln. Ich hatte Ihre Straße erreicht, suchte das Haus, aber ich war schon zu weit gegangen und kehrte wieder um. Vermutlich sind die Kerle, die mir folgten, ins Haus geschlichen und haben oben auf mich gewartet. Ich erinnere mich noch, daß ich vor Ihrer Wohnungstür die Hand zum Klingelknopf hob – dann weiß ich nichts mehr.«

Diana hatte eifrig mitgeschrieben und klappte nun ihren Block zu.

»Ich glaube, das ist so ziemlich alles«, schloß Fred mit schwacher Stimme. »Ich möchte gern etwas trinken.«

27

Zehn Minuten später sausten zwei Autos mit Polizisten in Zivil nach dem Westen, und die Bewohner der kleinen Reville Street wurden Zeugen dieser neuerlichen Razzia.

»Was ist das für eine Mauer?« fragte Larry.

»Die Mauer der eigentlichen Wäscherei«, antwortete Sergeant Harvey. »Ich habe sie schon abgesucht, doch nichts gefunden.«

»Haben Sie das Kesselhaus gesehen?«

»Jawohl, Sir, es ist ein ganz gewöhnlicher Kellerraum mit einem großen Dampfkessel.«

»Lassen Sie das Tor öffnen«, befahl Harry. »Sie haben doch noch Leute in der Lissom Lane, die den andern Ausgang bewachen?«

»Ja, Sir.« Der Sergeant manipulierte am Schloß herum. In wenigen Augenblicken war das Tor offen.

Der Raum, in den sie direkt von der Straße aus kamen, lag in tiefer Finsternis. Als die Beleuchtung eingeschaltet wurde, sah man eine lange Halle mit rohen Backsteinwänden und Zementfußboden. Durch den mittleren Teil liefen vier Reihen Tischgestelle, an denen früher die Wäschereiangestellten gearbeitet hatten. Hinten im Raum führten einige Stufen nach unten. Allen voran stieg Larry ins Kesselhaus hinab.

In einer Ecke des Kellergewölbes befand sich der große, verrostete Kessel, der einst der Wäscherei Dampf und Energie geliefert hatte. Larry versuchte vergeblich, die dicke, eiserne Kesseltür, die in das Feuerungshaus führte, zu öffnen. Er zog und zerrte, doch alle Mühe war umsonst.

»Da kann doch niemand drin sein – was meinen Sie, Harvey?«

»In dem Kessel würde man ersticken«, erwiderte der Sergeant.

Diana beobachtete enttäuscht die beiden Männer.

»Gibt es gar kein Versteck, wo sie sein könnte? Ich habe so gehofft, daß wir ...« Sie brach ab.

»Nein, Miss«, beteuerte Harvey, »wir haben das ganze Haus durchsucht. – Sollen wir die Tür aufbrechen?« fragte er Larry.

»Ich glaube, es ist sinnlos. Ich bin Ihrer Meinung, kein Mensch würde es in dem Kessel aushalten, falls überhaupt Platz genug für einen Menschen darin ist, was ich bezweifle.«

Als sie unverrichteter Dinge wieder aufbrachen, trennten sie sich – Diana Ward ging mit Harvey ins Präsidium zurück, während Larry nochmals ins Spital fuhr, um Flimmer-Fred einige zusätzliche Fragen zu stellen.

»Der Himmel weiß, daß ich in meinem ganzen Leben noch nie einem Polizisten vertraut habe«, erklärte Fred geschwollen. »Aber bei Ihnen, Mr. Holt, ist es anders, Sie machen einem die schönsten Grundsätze zuschanden, und ich habe nun mal Vertrauen zu Ihnen. Also – meine Garderobe hat das Spital in Verwahrung genommen, in einer meiner Taschen aber ist der Schlüssel meines Bankfachs, holen Sie ihn sich da 'raus. Es handelt sich um die Bank in der Chancery Lane. In meinem Fach liegen verschiedene Dinge, die niemand was angehen. Sie werden die Schlüssel schon finden, ohne zuviel kramen zu müssen – da gibt's zum Beispiel ein Paket Kriegsanleihe, die ich mir im Schweiße meines Angesichts erworben habe ...«

»Daß jemand dabei geschwitzt hat, möchte ich wetten«, grinste Larry. »Doch Sie brauchen sich keine Sorgen zu machen, Fred, daß ich hinter Ihre Geheimnisse kommen oder etwas, das ich vielleicht finde, gegen Sie verwenden will.«

Fred fühlte sich trotzdem ziemlich unbehaglich.

»Wenn ich gesund und munter wäre, ließe es sich ja viel leichter erledigen, dann könnte ich Ihnen einfach die Schlüssel übergeben.«

»Von was für Schlüsseln reden Sie eigentlich die ganze Zeit?«

»Nachschlüssel – von Judds Haus. Ich habe sie mir machen lassen, weil ich doch der Kunstsammlung ungestört einen Besuch abstatten wollte. Strauß bekam die Schlüssel in die Hände, als der Doktor schlief, und machte die Abdrücke. Strauß ist gar nicht so übel, das schlimmste ist, daß er kokst. Ich habe für so schlechte Gewohnheiten nie etwas übrig gehabt. Man muß ein waches Auge und einen klaren Kopf haben, um im Leben vorwärtszukommen, nicht wahr, Mr. Holt?«

»Und acht geschickte Finger plus zwei flinke Daumen! Stimmt's, Fred?«

Eine halbe Stunde später verließ Larry die Bank in der Chancery Lane. In seiner Tasche klimperten Freds unrechtmäßige Nachschlüssel.

28

Nach langem Zureden hatte Diana eingewilligt, weiterhin Larrys Schutzaufsicht in Anspruch zu nehmen. Auch die mütterliche Pflegerin war zu einer festen Einrichtung in Regents Gate Gardens geworden, was jedoch Mr. Patrick Sunny äußerst mißfiel, da es ihn zwang, sich in der Küche ein Feldbett aufzuschlagen.

»Es tut mir leid, Sunny«, hatte Larry am ersten Abend erklärt, »Ihnen diese Unbequemlichkeit verursachen zu müssen. Wie ich annehme, ist es nicht sehr angenehm für Sie.«

»Nein, Sir, es ist nicht angenehm für mich.«

»Aber doch schließlich zu ertragen, hoffe ich?«

»Ja, Sir, es ist zu ertragen.«

»Denken Sie daran, daß die Dame in großer Gefahr schwebt und nicht allein in ihrer Wohnung sich selbst überlassen werden durfte.«

Sunny wußte dies sehr gut, denn die Angelegenheit war freimütig in seiner Gegenwart besprochen worden.

»Nein, Sir, das war ausgeschlossen. – Was für einen Kragen wünschen Sie morgen?«

»Irgendeinen. – Jedenfalls ist die Dame jetzt in Sicherheit.«

»Nein, Sir«, erwiderte Sunny.

Larry starrte ihn sprachlos vor Überraschung an. Zum erstenmal widersprach ihm Sunny.

»Nein?« vergewisserte er sich. »Haben Sie nicht verstanden, was ich gesagt habe? Die Dame sei hier sicher aufgehoben.«

»Nein, Sir«, wiederholte Sunny. »Verzeihen Sie, wenn ich anderer Meinung bin.«

»Sie meinen wirklich? Warum sollte sie hier nicht sicher sein?«

»Weil Sie selbst nicht sicher sind, Sir«, erklärte Sunny überzeugt, »und solange Sie es nicht sind, ist es die junge Dame auch nicht.«

»Gut, gut«, lachte Larry. »Glauben Sie, was Sie wollen! Ja, noch etwas, Sunny – schließen Sie heute nacht die Küchentür. Sie schlafen sehr unruhig, wie ich gehört habe, und wecken mir sonst noch die ganze Wohnung auf.«

»Ja, Sir, ich werde die Küchentür schließen.«

Die Küchentür schloß Sunny wirklich, aber er tat noch mehr. Als Larry zu Bett gegangen war und die Wohnung in tiefem Schweigen lag, schleppte er sein schmales Feldbett in die Diele hinaus, stellte es mit dem Fußende ungefähr vierzig Zentimeter von der Wohnungstür entfernt auf, klemmte ein Besenstilende an der Tür fest und ließ den Stiel an der Bettkante aufliegen.

Gegen zwei Uhr morgens wurde geräuschlos ein Schlüssel ins Schloß gesteckt, die Wohnungstür öffnete sich langsam einige Zentimeter. Unbarmherzig fiel der Besen auf Sunnys Kopf.

Larry hörte drei schnell aufeinanderfolgende Schüsse, sprang aus dem Bett und lief, den Revolver in der Hand, in den Gang. Er sah ein leeres Feldbett, die offene Wohnungstür, flog die Treppe hinunter und begegnete auf halber Höhe dem würdigen Sunny, der einen kleinen Kerl mit schmerzhaft verzogenem Gesicht am Kragen gepackt hielt und vor sich her schob.

»Bringen Sie ihn herein!« befahl Larry und verschloß die Tür.

»Ich bitte um Entschuldigung, Sir«, stotterte Sunny, »daß ich mir einen Ihrer Revolver ausgeliehen habe. Und was mein Bett in der Diele betrifft, außerdem die Störung, die ich Ihnen verursachen mußte . . .«

»Kein Wort mehr darüber!« Larry warf einen dankbaren Blick auf seinen Diener. »Davon sprechen wir später.« Er wandte sich dem Gefangenen zu. »Und Sie? Was haben Sie zu Ihrer Entschuldigung anzuführen?«

»Er hat kein Recht, Schußwaffen zu gebrauchen«, antwortete der Fremde heiser. »Ich bin verwundet.«

Der Mann war etwa Mitte Dreißig, hatte hohle Wangen und tiefliegende Augen. Larry befühlte seine Taschen und zog ein Messer mit langer Klinge heraus, die scharf wie ein Rasiermesser war.

»Zeigen Sie Ihre Hände!« befahl Larry. »Schon vorbestraft?«

»Nein«, antwortete der Mann mürrisch.

»Wer hat Sie hierhergeschickt?«

»Finden Sie es selbst ’raus! Von mir erfahren Sie nichts.«

Als zehn Minuten später Polizeibeamte den Mann abführten, wußte Larry trotzdem, was er wissen wollte. Daraufhin nahm er noch Sunny zu einer kurzen Aussprache beiseite, mit dem Resultat, daß dieser für den Rest der Woche mit stolz geschwollenem Kamm herumstolzierte.

29

Ein dünner, weißer Nebel hing über dem Park und verhüllte den einsamen Reitweg von Rotten Row. Die auftauchenden und wieder verschwimmenden Umrisse der wenigen Reiter, die zu dieser frühen Morgenstunde ihren gewohnten Spazierritt unternahmen, verstärkten noch den Eindruck der Verlassenheit.

Chefkommissar Sir John Hason, der jeden Morgen vor dem Frühstück einen kleinen Ausritt absolvierte, war einer dieser Reiter. Weder erwartete noch wünschte er irgendwelche Gesellschaft. Um so größer war daher seine Überraschung und auch sein Verdruß, als ihn ein Reiter einholte und das Pferd an seiner Seite in Schritt fallen ließ.

»Hallo, Larry!« rief er dann aus. »Woher kommst du auf einmal? Ich dachte schon, du wärst ein Geist.«

»Das werde ich auch bald sein! Lange wird's nicht mehr dauern, wenn ich nicht sehr aufpasse. Ich wußte, daß ich dich hier finden würde, und habe mir im Tattersall einen Gaul gemietet. Außerdem kann mir ein bißchen frische Luft auch nicht schaden.«

»Gibt's was Neues?«

»Ein kleiner Mordversuch heute nacht – aber das ist so etwas Gewöhnliches, daß es mir widerstrebt, es als Neuigkeit zu rapportieren.« Larry berichtete von dem nächtlichen Besucher. »Doch was mich viel mehr beschäftigt – Du kennst ja die Londoner Verhältnisse besser als ich –, wer ist eigentlich Judd?«

»Judd!« lachte der Kommissar. »Ich glaube nicht, daß du dir seinetwegen den Kopf zu zerbrechen brauchst. Er ist in der Geschäftswelt ganz gut angesehen. Sein Bruder soll sehr leichtsinnig gewesen sein, wie ich gehört habe. Beinahe sämtliche Aktien der Greenwich-Versicherungsgesellschaft sind Familienbesitz. Die Brüder haben die Aktien von ihrem Vater geerbt und brachten das Geschäft, das damals als wenig sicher angesehen wurde, auf die jetzige Höhe. Es ist auch heute keine bedeutende Gesellschaft, doch hat sie der Gefahr, von den großen Versicherungskonzernen aufgeschluckt zu werden, zu widerstehen vermocht. Das beweist Charakter und Standfestigkeit, die ich bewundern muß.«

»Ich habe heute nacht die Aufsichtsratsliste durchgesehen«, erwiderte Larry. »Sie ist im Börsenjahrbuch publiziert. Ich habe mir lange den Kopf darüber zerbrochen. Weißt du, daß John Dearborn auch Direktor der Gesellschaft ist?«

»Dearborn, der Theaterschriftsteller? Nein, das wußte ich nicht. Selbstverständlich werden die Direktoren der Gesellschaft von Judd bestimmt und eingesetzt. Man erzählt, daß er eine Reihe von wohltätigen Stiftungen unterstützt, und das Heim, in dem Dearborn Vorsteher ist, unterhält er ja offensichtlich ganz allein. Vielleicht ist dieser Direktorposten einfach eine interne Verrechnungssache.«

»Das habe ich mir auch überlegt. Wer ist jedoch Walters?«

»Kenne ich nicht.«

»Ebenfalls ein Direktor der Gesellschaft – auch so ein bezahlter Ehrenposten, wie ich annehme. Und Cremley? Ernest John Cremley aus Wimbledon.«

»Der ist ganz sicher nur eine dekorative Figur«, lachte Sir Hason. »Ich kenne ihn oberflächlich. Ein Mann mit sehr wenig Kopf, dafür um so versessener auf Karten.«

»Diese beiden sind außerdem Direktoren des Macready-Theaters.«

»Und was schließt du aus alldem?« fragte der Kommissar.

»Was ich daraus schließe? Daß Judd das Theater, in dem Dearborns Stücke aufgeführt werden, unter seiner Kontrolle hat, daß also zwischen Judd und dem Leiter des Blindenheims in Paddington eine enge Verbindung besteht.«

Sir Hason überlegte lange, bevor er antwortete.

»Ich kann dabei noch nichts Ungewöhnliches finden. Dearborn ist durch die Umtriebe des blinden Jake doch selbst in Mitleidenschaft gezogen, und Judd, der den Namen seines Bruders rein halten wollte, hat nach deinen Rapporten, und wenn wir Flimmer-Fred einmal aus dem Spiel lassen ... Teufel noch mal, was –!«

Der konsternierte Ausruf des Kommissars war sehr berechtigt, denn Larry hatte plötzlich sein Pferd herumgerissen und sprengte jetzt in scharfem Galopp quer durch den Park, ohne auf das gefährliche Gelände zu achten.

Der Mann im Gebüsch hörte den Galopp der Hufe und jagte in

wilder Flucht zum Parktor und auf die Straße hinaus. Das Tor war an dieser Stelle so schmal, daß Larry nicht hindurchreiten konnte. Er sprang ab, überließ das Pferd seinem Schicksal und eilte auf die Straße. Doch sah er weiter nichts als ein Auto, das sich rasch nach Westen entfernte. Vergeblich hielt er nach einem Taxi Ausschau, zuckte die Achseln, fand sein Pferd wieder und trabte langsam zu John Hason zurück.

»Was, zum Teufel, ist in dich gefahren?« fragte der Kommissar.

»Schade, daß ich keinen Revolver gehabt habe! Der blinde Jake auf seinem morgendlichen Gesundheitsspaziergang, während sein Wagen wartete, um ihn, wie es sich für eine solche Persönlichkeit gehört, wieder nach Hause zu fahren.«

30

Als er nach Hause zurückkam, saß Diana bereits am Frühstückstisch. Er erzählte ihr von seiner Jagd im Park.

»Muß man daraus nicht schließen«, fragte sie, »daß er sich nicht mehr im Heim oder in der Wäscherei verborgen hält? Das Haus wird doch immer noch bewacht?«

»Auf beiden Seiten, aber es gibt sicher noch eine Reihe von Ausgängen. Tatsache ist, daß er einen Morgenspaziergang machen kann, den seine Auftraggeber überdies für so wichtig halten, daß sie ihm ein Auto zur Verfügung stellen. Dies deutet doch darauf hin, daß er tagsüber eingeschlossen sein muß.«

Sie waren allein, da die Pflegerin und Anstandsdame ihre Toilette noch nicht beendet hatte.

»Ich weiß wirklich nicht, wie dieser Fall einmal erledigt wird, Diana«, begann Larry nach einer kurzen Pause, »und es ist jetzt vielleicht nicht der richtige Augenblick, um Ihnen zu sagen, was ich – hm, was ich gerne sagen möchte, aber – aber, Diana, wenn der Fall wirklich einmal abgeschlossen ist, möchte ich nicht, daß Sie weiter im Präsidium bleiben.«

»Wollen Sie damit sagen, daß Sie mit mir nicht zufrieden sind? Als Sekretärin?«

»Ich schätze Sie sehr, als Sekretärin – und als Mensch. Aber –«, er gab sich die größte Mühe, ruhig zu bleiben, »es gefällt mir gar nicht, daß Sie – dort arbeiten.«

Beide schwiegen. Endlich erwiderte sie:

»Ich glaube nicht, daß ich nach Erledigung des Falles Stuart weiterarbeiten werde. Ich habe selbst schon daran gedacht, meine Stellung aufzugeben.«

Diese Antwort hatte er nicht erwartet.

»Sie werden doch nicht weggehen?« rief er erschrocken.

Diana brach in helles Gelächter aus.

»Sie sind der inkonsequenteste Mensch, der mir je begegnet ist! Sie entlassen mich, und im nächsten Augenblick hoffen Sie, daß ich nicht weggehe ...« Sie brach ab, denn sie war sich der verfänglichen Situation völlig bewußt.

»Nein, lassen Sie mich ausreden – ich wollte Ihnen ja eine ganz andere Stelle vorschlagen!«

»Ich – verstehe Sie nicht«, stammelte sie.

»Ich möchte Sie heiraten – scheren Sie sich zum Teufel!«

Sie ließ das Stückchen Toast, das sie in der Hand hielt, fallen, blickte mit offenem Mund auf und sah gerade noch, wie sich die Tür hinter dem schwergekränkten Sunny schloß.

»Entschuldigen Sie, bitte – es tut mir furchtbar leid«, stotterte Larry. »Ich habe nicht Sie gemeint – ich meinte ...«

»Ich weiß, was Sie meinen.« Sie legte ihre Hand auf die seine und schwieg. Als ihr Blick auf ihr verzerrtes Spiegelbild in der silbernen Kaffeekanne fiel, lachte sie auf.

Larry zog seine Hand brüsk zurück.

»Ich fürchte, ich mache mich lächerlich«, sagte er beleidigt.

Diana rührte sich nicht.

»Legen Sie Ihre Hand zurück«, flüsterte sie, und Larry gehorchte. »Ich mußte über mein Spiegelbild in der Kaffeekanne lachen. Da sehe ich wirklich nicht aus wie jemand, dem man um halb neun Uhr morgens einen Heiratsantrag machen könnte.«

»Sie haben also verstanden, daß es ein Antrag war? Und – wollen Sie wirklich?«

»Wollen? Was – einen Antrag erhalten?« fragte sie vergnügt. »Ob ich will! Es gefällt mir sogar sehr, Larry ...«

Sunny kam herein – sie sahen ihn nicht. Leise schlich er wieder hinaus, verließ die Wohnung und drückte im Treppenhaus auf den Knopf des Fahrstuhls. Er war mit dem jungen Mädchen, das tagsüber den Aufzug bediente, gut befreundet.

»Louie«, sagte er noch feierlicher als gewöhnlich, »können Sie mir sagen, ob ich hier in der Nähe ein möbliertes Zimmer finden kann? Ich glaube, ich werde bald woanders schlafen müssen.«

»Woanders schlafen, Pat?« fragte Louie, der er gnädigst gestattet hatte, ihn mit dem Vornamen anzureden, verwundert. »Will Ihr Herr eine Haushälterin nehmen?«

»Ich nehme es an«, erwiderte Sunny mit Grabesstimme.

31

Auf dem Weg ins Büro sagte Larry zu Diana:

»Es ist wundervoll! Ich fühle mich wie im Himmel.«

»Dann will ich dich ein wenig auf die Erde zurückholen. Ich möchte, daß du mir etwas versprichst.«

»Ich verspreche dir alles, was es auch sein mag«, versicherte er eifrig.

»Ich möchte nur . . . Willst du mir versprechen, daß du mich unter keinen Umständen bitten wirst, unsere Verlobung aufzuheben?«

Er drehte sich ihr zu und blieb stehen.

»Nichts sonst? Wie kommst du auf den Gedanken, daß ich den Wunsch haben könnte, diese wundervolle Verlobung . . .«

»Ich weiß, ich weiß«, unterbrach sie ihn. »Es ist genauso wundervoll für mich. Trotzdem mußt du mir versprechen, daß du diese Verlobung nie aufheben wirst, was auch vorfallen und wie immer der Fall Stuart ausgehen mag. Willst du?«

»Ich verspreche es dir«, versicherte er bestimmt.

Im Korridor vor dem Büro 47 fanden sie zwei Männer vor, die auf sie warteten. Der eine war ein Kriminalbeamter in Zivil, der andere ein kleiner, verschrumpelter Mann, der mit gefalteten Händen blicklos auf den Boden starrte.

»Was soll das bedeuten?« fragte Larry.

»Bitte, sei nicht böse, ich hätte es dir sagen müssen – ich habe ihn holen lassen.«

»Das ist – Lew!« entfuhr es ihm.

»Du hast mir doch erlaubt, Zeugen kommen zu lassen.«

»Selbstverständlich kannst du das.« Er betrachtete den alten Mann, der nach außen teilnahmslos in einer dunklen, schweigenden Welt seinen Gedanken nachhing. »Wie willst du ihn zum Sprechen bringen, wie ihm verständlich machen, was wir von ihm wollen?«

»Ich muß sehen, ob ich noch nicht alles vergessen habe, was ich im Blindenheim gelernt habe. Er hat natürlich keine Ahnung, wo er ist, vielleicht glaubt er, immer noch in dem fürchterlichen Heim zu sein, wo er so grausam mißhandelt wurde. Ja, was ich unbedingt brauche – einen Revolver und einen Polizisten in Uniform!«

Lew wurde ins Büro geführt. Diana nahm seine beiden Handgelenke und hob seine Hände an ihr Gesicht.

»Eine Frau –.« Und als sie die kleine Vase, die auf ihrem Schreibtisch stand, unter seine Nase hielt, fragte er: »Rosen, nicht wahr? Das ist wohl ein Spital.«

Sie winkte den soeben eintretenden Polizisten heran, hob von neuem die Hände des Alten hoch, führte sie über den Uniformkragen, die Knöpfe am Rock, und ließ sie schließlich den Helm berühren.

»Ein Grüner!« sagte Lew und zuckte zurück.

Wieder ließ sie ihn an den Rosen riechen und führte seine Hand über ihre Wange.

»Ich bin in 'nem Hospital, und 'n Schutzmann paßt auf mich auf. Sucht man mich für irgend was?«

Larry beobachtete die beiden gespannt.

Diana nahm Lews Kopf in ihre Hände und drehte ihn hin und her.

»Also nicht«, brummte er erleichtert. »Bin ich hier vor den Schweinen sicher?«

Wieder nahm sie seinen Kopf und bewegte ihn auf und ab. Das gleiche tat sie, als er fragte:

»Ich soll wohl aussagen?«

Man gab ihr nun den Revolver, den sie verlangt hatte, und sie ließ Lew Griff und Lauf der Waffe berühren. Er schauderte.

»Ja, das haben sie mit mir gemacht. Es war furchtbar gemein. Sie wollen sie wohl fassen, nicht wahr? Warum kneifen Sie mich in die linke Hand?«

Sie ließ ihn nicken. Dann zwickte sie ihn in die rechte Hand, und ohne auf eine Frage zu warten, bewegte sie seinen Kopf hin und her.

»Ja, ich hab's begriffen«, stimmte er eifrig zu, »die rechte Hand bedeutet nein, die linke ja. Ist einer hier – ein hohes Tier?«

Sie signalisierte ihm ›ja‹.

»Wollen Sie, daß ich aussage?«

Sie gab ihm das Zeichen, und Lew begann zu erzählen.

Er und der blinde Jake waren immer schon Schicksalsgenossen gewesen, aber Lew war beinah von Jugend an der Sklave des riesigen Kerls gewesen und hatte unter seiner Herrschaft ein Leben voller Verbrechen und ständiger Schrecken geführt.

»Er hat Dinger gedreht und Sachen angestellt, an die ich nicht gern denke – oft kann ich nachts nicht schlafen.«

Vor fünf oder sechs Jahren war Lews Bruder Jim zu ihnen gestoßen.

»Ein großer, starker Kerl war er«, sagte Lew stolz, »hatte einen Vollbart, und sehen konnte er auch! Er lief immer auf den Jahrmärkten als Blinder herum, aber er konnte sehen wie ein Luchs, sogar Zeitungen und Bücher konnte er lesen. Ja, Jim war ein mächtiger Kerl, aber skrupellos.«

Später gerieten sie unter den Einfluß fremder Auftraggeber, denen der blinde Jake in respektvoller Abhängigkeit diente. Man trug ihnen gelegentlich und unter anderem auf, Tote aus einem Haus fortzuschaffen. Sie alle drei, Jake, Lew und Jim, beteiligten sich daran. Lew wußte nicht, ob es sich um Ermordete handelte, aber er vermutete es.

»Und dann verschwand Jim. Ich weiß nicht, was ihm passiert ist. Eines Tages ging er, und wir haben ihn nie wieder gesehen. Das war, wenn ich mich recht erinnere, im Mai vor vier Jahren.«

Nach dem unerklärlichen Verschwinden seines Bruders wurde Lew ängstlich, witterte Gefahr für sich selbst und lebte in ständigem Schrecken vor Jake und seinen Drohungen. Bis er jedoch etwas zu unternehmen wagte, verstrich noch viel Zeit.

Er selbst konnte Brailleschrift nicht schreiben, aber er stand gut mit einem Mann in Todds Heim, der ihm die Mitteilung verfertigte, die Lew dem nächsten Opfer in die Tasche stecken wollte. Möglicherweise hatte er von Jake gehört, daß es nächstens ›Arbeit‹ geben würde.

»Ich glaube, es ist besser, ich gehe hinaus«, sagte Diana, die auf einmal blaß geworden war.

Larry füllte ihr ein Glas mit Wasser und führte sie in den Gang hinaus.

»Es geht schon besser.« Sie lächelte schwach. »Bleib nur und hör es dir an!«

Als Lew seine Erzählung beendete, wußte Larry alles Wissenswerte über den Mord an Gordon Stuart.

32

Am nächsten Morgen beim Frühstück kündigte Larry an, daß er eine kleine Exkursion vorhabe.

»Kann ich nicht mitkommen?« fragte Diana.

»Nein, leider nicht, ich muß es wirklich allein erledigen, nur eine kleine Spur, der ich nachgehen möchte – es wäre zu kompliziert ...«

»Kurz, du willst mir nicht sagen, um was es sich handelt.«

»Das hast du aber schnell herausgefunden!«

»Wo führt dich diese Fährte eigentlich hin? Ich möchte es gerne wissen, falls ...«

»Nach Hampstead.«

Sie seufzte erleichtert auf.

»Ich hatte große Angst, sie würde woanders hinführen.«

Obwohl ihn ihre Besorgnis stutzig machte, wollte er doch nicht weiter über dieses Thema sprechen, denn er hatte sie belogen.

Eine halbe Stunde nach seinem Eintreffen im Präsidium verließen zwei nicht zu sauber aussehende Männer in abgetragenen Uniformen der städtischen Gasgesellschaft Scotland Yard durch den Ausgang nach Whitehall und kletterten auf einen Autobus. Der eine trug eine Werkzeugtasche. Etwa fünfhundert Meter vor ihrem Ziel stiegen sie aus und gingen langsam zu Fuß weiter, bis sie stehenblieben und das Haus betrachteten, in dem nach Larrys Meinung die Aufklärung von Gordon Stuarts Tod zu finden war.

Ein Haus von ganz ungewöhnlichem Aussehen – kahl und finster, mit wenigen, stark vergitterten Fenstern.

»Der Mann, der dieses Haus entworfen hat, muß geglaubt haben, daß es ein Gefängnis werden soll«, meinte Harvey.

»Vielleicht hat er das sogar wirklich gedacht«, erwiderte Larry. »Sind Sie sich bewußt, Harvey, daß dies die letzte Station unserer Jagd ist – vorausgesetzt, daß alles stimmt, was uns Lew erzählt hat?«

»Aber es soll doch nur eine gewöhnliche Durchsuchung werden? Weiß Miss Ward . . .« fragte Harvey unsicher und brach ab.

»Es ist das einzige, das sie nicht weiß.«

Sie überschritten die Straße, stiegen die wenigen Stufen zur Haustür empor und läuteten. Ein Diener, der sich beim Anblick von Larry Holt grünweiß verfärbte, öffnete. Nach einem kurzen, scharfen Befehl ließ er sie eintreten.

»Unser Besuch bleibt absolut geheim, verstanden?«

»Sie können sich auf mich verlassen, Mr. Holt«, antwortete Strauß unterwürfig.

Die geräumige Vorhalle war hoch und vom Marmorfußboden bis zur Decke hinauf in Eiche getäfelt. Nirgends war eine Lampe zu sehen; offenbar wurde die Halle indirekt beleuchtet. Tageslicht fiel nur durch ein langes, schmales Mattglasfenster herein, vor dem die Umrisse eines schmiedeeisernen Gitters zu erkennen waren. Nirgends eine Treppe – doch lag dem Haupteingang gegenüber eine Tür, hinter der Larry das Treppenhaus vermutete. Die einzige weitere Türe, die es noch gab, befand sich seitlich. Er öffnete sie und befand sich in einem großen, wundervoll ausgestatteten Salon. Die Wände verschwanden unter Gemälden und Gobelins, und den Parkettboden bedeckten ein halbes Dutzend Perserteppiche. Der Raum hatte sechs Fenster mit Glasmalerei, jedes einzelne ein Meisterwerk. Schwere Samtvorhänge umrahmten die Fenster, und in der Mitte des Zimmers hing ein silberner Kronleuchter.

Auf einem kleinen Tischchen neben dem großen, luxuriösen Kamin sah Larry zwei geöffnete Briefe liegen. Er überflog sie, sie waren ohne Wichtigkeit. Vom Salon aus führte eine Tür zu einer Treppe und ins obere Stockwerk, wo er einige Schlafzimmer, einen kleinen Salon und ein geräumiges Studierzimmer vorfand. Er untersuchte die obere Etage nur oberflächlich. Überzeugt, daß das, was er zu finden hoffte, unten sein mußte, begab er sich wieder in den Salon hinunter. Dort traf er den Diener an und wies ihn hinaus. Mit großer Sorgfalt untersuchte er die Wandtäfelung, Zentimeter um Zentimeter, und es verging geraume Zeit, bis er eine verborgene Tür fand, die sich an einer ganz unvermuteten Stelle neben einem der farbigen Fenster befand. Nun erinnerte er sich, daß er von außen eine halbrunde Ausbuchtung in der Hausmauer bemerkt hatte.

»Da – schauen Sie!« rief er Harvey triumphierend zu und zog an einem kleinen, aufklappbaren Viereck inmitten der geschnitzten Wandverzierungen. Darunter verbarg sich ein winziges Schlüsselloch. Er holte Flimmer-Freds Schlüsselbund aus der Tasche und versuchte einen Schlüssel nach dem andern. Beim vierten knackte es leise, und die als Täfelung getarnte Tür öffnete sich nach innen in ein knappes, trichterförmiges Gewölbe. Von einer schmalen Plattform führten betonierte Stufen nach unten. Ein Lichtschalter – der untere Treppenabsatz wurde hell.

Sie stiegen hinunter, kamen vor eine Türe, Larry probierte wieder seine Schlüssel aus, bis sie aufging, und machte Licht. Sie traten in einen niedrigen, zementierten Raum, kaum zwei Meter hoch und vielleicht drei Meter lang.

»Sieht nach einer elektrischen Anlage aus«, sagte Harvey.

»Nein«, erwiderte Larry. »Ich verstehe zwar wenig von Maschinen, aber ich glaube, es ist eine Pumpe.«

»Natürlich, eine von der Art, wie sie auf Schiffen gebraucht werden, um die Wassertanks zu reinigen.«

Ein dickes Kabel lief über Isolatoren weg der Wand entlang.

»Kraftstrom«, murmelte Larry. »Dort das Schaltbrett – hier die Ventilationsanlage. Sehen Sie, da ist der Exhaustor für verbrauchte Luft.«

Sie entdeckten ein neues, steiles Treppenstück, das noch weiter hinunterführte. Wieder standen sie vor einer Tür, die aus Eisenbeton hergestellt war und in massiven Scharnieren hing. Bronzescharniere – Larry hatte es nicht anders erwartet. Seine Befürchtung, daß die Tür mit Riegeln versehen wäre und sich von innen nicht öffnen ließe, erwies sich als grundlos. Er schob den Schutzdeckel über dem Schlüsselloch beiseite und öffnete die mächtige Tür, die langsam aufschwang.

»Zehn Zentimeter dick«, kommentierte Larry, während er das unmittelbar dahinterliegende Stahltor aufschloß.

Lange mußte er mit der Taschenlampe den hoch an der Wand, knapp unter der Decke und weit vom Eingang entfernten Schalter suchen. Dann lag der Raum in heller Beleuchtung vor ihnen.

»Sehen Sie sich das genau an, Harvey – hier starb Gordon Stuart!«

Zuerst sahen sie nichts weiter als ungefähr in der Mitte eine Messingbettstelle, ohne Matratze und Bettzeug. Wände und Decke des Raumes waren zementiert. Keinerlei Fenster – was Larry allerdings auch nicht erwartet hatte. Dumpfe, verbrauchte Luft hing in dem Gewölbe. Die beiden Ventilatoren unter der Decke waren offenbar schon lange nicht mehr betätigt worden. In einigem Abstand von der Bettstelle lag, in den Fußboden eingepaßt, ein würfelförmiger Granitblock, beinahe ein Meter im Durchmesser, an dessen einer Seite ein großer Stahlhaken eingemauert war. Am Haken hing eine lange, dünne Kette, gleichfalls aus Stahl, die in Abständen von je einem Meter durch drei Bleigewichte beschwert wurde. Larry schätzte jedes Gewicht auf gut zehn Pfund. Die Kette endete mit einer Fußschelle.

»Ja – so ist es«, murmelte er und nahm den Fußring auf. Ein aufgeschraubtes Schutzplättchen verdeckte ein sehr kleines Schlüsselloch. Er probierte die in Frage kommenden Schlüssel und atmete auf, als der Ring auseinandersprang. »Gott sei Dank!

Ich befürchtete schon, daß ich den richtigen Schlüssel nicht hätte«, sagte er erleichtert.

»Was bedeutet dies alles, Mr. Holt?« fragte Harvey.

Larry suchte die Wände und den Boden vergeblich nach einem Platz ab, an dem er den wasserdichten Beutel, den er in der Tasche hatte, verstecken konnte. Die Wände waren glatt, der Boden eben, aber dann fiel sein Blick wieder auf den Granitblock. Mit aller Kraft stemmte er sich dagegen. Der Stein war nicht einzementiert und gab ein wenig nach.

»Helfen Sie mir mal, ihn umzulegen, Harvey!«

Gemeinsam kippten sie den Block, der in einer Vertiefung von kaum zwei Zentimetern stand, auf die Seite. Wie vermutet war das vertiefte Viereck tatsächlich uneben und der Zement nicht glattgestrichen worden, so daß sich Unregelmäßigkeiten und Wölbungen ergaben, die für Larrys Zwecke gerade genügten. Er nahm den wasserdichten Sack, der kaum größer als ein Toilettenbeutel war, aus seiner Tasche und steckte verschiedene Gegenstände hinein.

»Nun noch einen Handschellenschlüssel, Harvey! Hoffentlich haben Sie einen bei sich, ich habe meinen im Büro vergessen.«

Harvey zog einen aus der Westentasche.

Larry kramte nochmals in seinen Taschen, dann schloß er den Beutel, machte ihn möglichst flach und legte ihn in eine gewölbte Vertiefung, die er gerade ausfüllte. Jetzt kippte er, diesmal allein, den Steinblock an die ursprüngliche Stelle zurück.

»Darf ich fragen, was dies alles bedeutet?« erkundigte sich Harvey gespannt und beunruhigt.

Larry lachte, doch in diesem gräßlichen Raum klang es hohl und unheimlich.

»Ist der Diener in die Geschichte verwickelt?« fragte Harvey.

»Sicher nicht. Diese Herren würden kein solches Risiko eingehen. Ich vermute überhaupt, daß das Personal in einem völlig abgesonderten Hausteil untergebracht ist und mit der Herrschaft kaum in Berührung kommt. Das Haus ist ja äußerst raffiniert entworfen und auf die Zwecke der Hausherren abgestimmt worden. Haben Sie zum Beispiel vorhin im Pumpenraum die Tür bemerkt? Nein? Es ist gar nicht so leicht, sie zu entdecken, denn sie ist kaum von der Wand zu unterscheiden, der sie sich in jeder Weise anpaßt. In Wirklichkeit aber ist es eine geschickt getarnte Eisentür, die zum Hof hinausgeht, von dem aus man direkt in die Garage gelangt.«

Harvey nahm seine Werkzeugtasche wieder auf.

»Das ist ein entsetzliches Haus, Mr. Holt! In meinen fünfunddreißig Dienstjahren habe ich nichts derart Ungeheuerliches erlebt. Glauben Sie, daß hier Menschen umgebracht worden sind?«

»Davon bin ich überzeugt. In diesem teuflisch ausgeklügelten Verlies starb Gordon Stuart.«

Sie gingen in die Vorhalle zurück. Neben der Haustür befand sich ein schmales Fenster. Harvey schob den seidenen Vorhang zur Seite.

»Da steht ein Taxi!« rief er aus. »Es ist gerade vorgefahren.«

Mit einem Satz war Larry beim Fenster.

Ein Mann stieg aus dem Wagen und bezahlte den Chauffeur.

»Reverend John Dearborn – außerordentlich interessant!«

Dearborn kam auf das Haus zu, seine Hand lag schon auf der Klinke, als er plötzlich den Kopf senkte wie jemand, dem etwas einfällt. Er drehte sich nach dem Wagen um und hob die Hand.

»Hören Sie mich?« rief er. »Ich kann Sie nicht sehen – sind Sie noch da?«

»Ja, Sir«, erwiderte der Chauffeur.

»Eben ist mir eingefallen, daß ich noch zum Postamt fahren muß. Wollen Sie mich hinbringen?«

Er machte ein paar Schritte und streckte die Hand aus. Der Chauffeur ergriff sie und öffnete die Wagentür. Das Taxi wendete und fuhr rasch davon.

»Wir leben in einer Zeit der Zeichen und Wunder«, bemerkte Larry mehr für sich. »Blinde werden sehen wie John Dearborn, und David Judd, tot und begraben, fährt in London spazieren.«

»David Judd?« wiederholte Harvey verständnislos.

»Ja – kommen Sie, Harvey, wir haben nicht so bald wieder Gelegenheit, dieses komplizierte Haus zu studieren. Vor allem die Seitentür unten interessiert mich noch.«

Larry ging voraus zur Geheimtür im Salon, die er wieder zuzog, bevor sie zum Pumpenraum hinabstiegen.

Der Lichtstrahl der Taschenlampe suchte die Wand ab, von der Larry gesprochen hatte.

»Da, sehen Sie, der Ausgang zum Hof!«

Das Schlüsselloch der Geheimtür war nicht leicht zu finden, es befand sich ganz unten rechts, dicht über dem Fußboden. Wie erwartet gelangten sie direkt in den Hof hinaus. Larry betrachtete von außen das Mauerstück, durch das sie soeben hinausgetreten waren. Nichts ließ auf eine Öffnung schließen, vielmehr lenkte ein Mattglasfenster in halber Höhe von der Möglichkeit einer Tür überhaupt ab.

»Verdammt geschickt gemacht!« knurrte Larry beeindruckt.

Vom Hof aus führte ein überdachter Weg zum großen Tor nach der Straße hin. Larry untersuchte diese Ausfahrt genau. Als er damit zu Ende war, teilte er Harvey mit:

»Das Rätsel des automatischen Gittertors wäre auch gelöst! Wie ich vermutete, ist es möglich, in den Hof und ins Haus zu kommen, ohne daß die Dienerschaft das geringste bemerkt. Die Funktion der beiden Löcher draußen am Tor ist mir jetzt auch klar. Ich bemerkte sie schon, als ich mir nach Flimmer-Freds Beichte das Haus erst einmal von außen angesehen hatte. Die Löcher befinden sich zu beiden Seiten des Tors nahe über dem Boden. Ist Ihnen beim Wagen, den wir in der Wäscherei fanden, etwas aufgefallen? Ich meine die Stangen, die unterhalb der Scheinwerfer recht ungewöhnlich vorstanden. Erst dachte ich, es wäre irgendeine neue Konstruktionstorheit, aber nun weiß ich, wozu sie dienen. Sobald die Stangen in die Löcher am Tor eindringen, wozu der Wagen einfach ganz dicht auffährt, wird ein Mechanismus im Schloß ausgelöst, das Tor öffnet sich und schließt sich hinter dem Wagen wieder automatisch. Diese Einrichtung hat nicht nur den Vorteil, daß sich alles sehr rasch abwickelt, sondern auch, wie gesagt, daß das Personal nichts bemerkt. So – nun werfen wir noch einen Blick in die Garage und verschwinden dann schleunigst.«

Die breite Garagentür befand sich gegenüber der Toreinfahrt. Larry fand auch dazu den passenden Schlüssel. Als er ihn im Schloß umdrehte, hörte er, wie sich in der Garage etwas bewegte.

»Haben Sie gehört?« flüsterte er.

Harvey hielt seinen Gummiknüppel bereit. Larry riß beide Torflügel auf. Sie sahen einen Wagen, dessen Reifen noch naß waren, doch schien sich niemand in der Garage zu befinden. Während sie noch standen und einen Moment zögerten, gellte ihnen ein hoher, schriller Schrei entgegen. Larry riß eine Tür der Limousine auf. Bevor er irgend etwas sehen konnte, warf sich ihm eine gigantische Masse entgegen, eine unförmige Gestalt, die mit ihrem Gewicht beide Männer zu Boden drückte. Als sie sich halb betäubt wieder auf die Füße arbeiteten, hörten sie die Garagentür zuschlagen und das Schloß einschnappen. Vergeblich warfen sie sich gegen das Tor, das keinen Millimeter nachgab.

»Die Frau!« rief Harvey und zeigte auf das Auto.

Auf dem Boden des Wagens lag zusammengebrochen der regungslose Körper einer Frau. Larry hob sie auf und trug sie unter die einzige schmale Fensterluke, durch die ein wenig Licht einfiel.

Die Frau war etwa fünfzig Jahre alt, grauhaarig, unvorstellbar schmutzig, das Gesicht beinah schwarz, auf dem mageren Hals konnte man die Würgespuren erkennen. Der blinde Jake ...

»Schnell etwas Wasser, Harvey! Der Wasserhahn ist in der Ecke. – Sie lebt noch – es ist die Aufwärterin!«

Während er sich um die Unglückliche bemühte, durchsuchte Harvey die Garage und fand ein Beil. In wenigen Minuten war das Schloß zertrümmert und die Tür offen.

»Da – nehmen Sie meinen Revolver, Harvey! Bis jetzt hat er mir nicht viel geholfen. Wenn Sie das dicke Scheusal zu Gesicht bekommen – schießen Sie! Schießen Sie sofort, ohne sich mit ihm in irgend was einzulassen. Denken Sie bloß nicht, daß Sie mit Ihrem Knüppel etwas ausrichten könnten!«

Aber der blinde Jake war verschwunden.

Die Frau begann jetzt allmählich einige Lebenszeichen von sich zu geben. Larry hatte sie an die frische Luft geschleppt und netzte ihr Hals und Nacken mit Wasser. Ihre Augenlider zuckten, öffneten sich, mit einem Schrei fuhr sie hoch.

»Wo ist Miss Clarissa?« rief sie heiser.

»Das wollte ich Sie fragen«, antwortete Larry.

Harvey telefonierte nach einem Taxi, dann trugen sie die

Frau durch den geheimen Eingang in den Pumpenraum und von da aus die enge Treppe hinauf in den Prunksalon. Dort legten sie sie auf einen der Teppiche, die ein Vermögen wert waren. Das Schicksal dieser Frau, die ins Räderwerk dieser schmutzigen Mordaffäre geraten war, nur weil sie Stuart gekannt hatte, ging Larry nahe.

Strauß, der Exsträfling und Haushofmeister, wartete nervös in der Vorhalle.

»Sie sind doch nicht an der Geschichte hier beteiligt?« fragte ihn Larry.

»Nein, Sir«, antwortete er zitternd. »Als Sie kamen, dachte ich, mein Herr hätte nach Ihnen geschickt, weil – weil ich verschiedene Kleinigkeiten ...«

»Manschettenknöpfe, schwarz emailliert mit Diamanten, nicht wahr? Wieviel Paar solcher Knöpfe hat er eigentlich gehabt?«

»Zwei Paar, Sir. Er fragte mich damals gleich, was ich damit angefangen habe, und ich mußte es ihm erzählen. Ich hatte sie ja gar nicht gestohlen – er hat sie mir sozusagen geschenkt, weil drei Diamanten fehlten.«

»Zerbrechen Sie sich darüber nicht den Kopf, Strauß«, entgegnete Larry. »Er hat sie ja längst wieder.«

Eine Menge Neugieriger sammelte sich auf dem Gehsteig vor dem Haus an, um dem Schauspiel beizuwohnen, wie zwei Männer, offensichtlich Angestellte der Gasgesellschaft, eine zerlumpte, schmutzstarrende Frau die Stufen hinab ins Taxi trugen.

Unterwegs kam sie wieder ganz zu sich. Heftig zitternd blickte sie von einem Begleiter zum andern.

»Sie sind jetzt in Sicherheit, Emma«, sagte Larry freundlich.

»Emma? Kennen Sie mich, Sir?«

»Ja, ich kenne Sie schon recht gut.«

»Bin ich wirklich in Sicherheit? Oh, Gott sei Dank! Sie haben keine Ahnung, was ich alles habe durchmachen müssen. Keine Ahnung ...«

»Ich kann es mir denken.«

»Wohin wollen Sie sie bringen?« fragte Harvey leise. »Ich habe nicht gehört, was Sie dem Chauffeur sagten.«

Zu Harveys sichtlicher Überraschung antwortete Larry:

»Ich nehme sie in meine Wohnung. Ich kann ja nicht alle Spitäler mit den Zeugen des Falles Stuart anfüllen. Übrigens ist die Frau nicht krank, sie ist nur todmüde und halb verhungert.«

»Das stimmt«, fiel Emma eifrig ein. »Ich weiß, ich muß furchtbar aussehen, aber in dieser ganzen Zeit konnte ich mich überhaupt nie waschen. Sie haben mich in einem dunklen Rohr im Keller eingesperrt, das voll Steinen und Dreck war, in dem man nur kriechen konnte, und ich bin fast umgekommen, einmal mußten sie einen Doktor holen. Ich hab' dem fürchterlichen Blinden immerzu gesagt, sie sollten mich zu Mr. Stuart bringen, er würde ihnen viel Geld geben. Als ich heiratete, schenkte er mir einen wunderschönen Trauring. Ich hatte doch seine arme Frau und seine Kinder gepflegt. Und als ich ihn auf einmal wiedersah, wäre ich beinah umgefallen vor Überraschung. Er versprach mir tausend Pfund – vorher hatte er ja nicht gewußt, daß es Zwillinge waren, und geglaubt, sein einziges Kind wäre gestorben. Ich bin nicht immer Aufwartefrau gewesen, ich habe die kleine Clarissa großgezogen, wie eine feine Dame erzogen –«

»Clarissa Stuart?«

»Ja, Sir. Ich nannte sie ... Wenn ich sie doch noch einmal sehen könnte!«

»Wie nannten Sie sie? War Clarissa nicht ihr richtiger Name?«

»Doch, Sir. Clarissa Diana – aber ich sagte immer Diana.«

Larry zuckte zurück, als hätte er einen elektrischen Schlag bekommen.

»Wie heißen Sie?«

»Emma Ward, Sir. Ich habe das Mädchen Diana Ward genannt, aber ihr wirklicher Name ist Clarissa Diana Stuart, und ihr Vater ist jetzt in London.«

»Clarissa Diana Stuart!« wiederholte Larry. »Dann also ist Diana die Erbin, der Stuart sein Vermögen vermacht hat. Diana ist Clarissa – meine Diana!«

33

Noch bevor der Wagen die Wohnung erreichte, hatte Emma Ward so ziemlich alles, was es zu berichten gab, erzählt.

Sie war es gewesen, die versäumte, die Geburt von Diana und ihrer Zwillingsschwester eintragen zu lassen. Merkwürdig genug, daß diese Unterlassung ihr das Leben gerettet hatte. Von Stuart selbst noch erfuhren die Mörder, daß er seiner Tochter ein bedeutendes Vermögen hinterlassen würde, und sie zögerten keinen Augenblick, sich des einzigen Zeugen zu bemächtigen, der die Umstände und Rechtmäßigkeit von Dianas Geburt beweisen konnte.

Noch nie hatte sich Larry für einen guten Einfall so beglückwünscht wie jetzt dafür, eine Anstandsdame für Diana engagiert zu haben. Schon einmal war die Pflegerin sehr nützlich gewesen, und auch jetzt nahm sie die unglückliche Frau in ihre Obhut, die Larry Holt, zum Mißfallen der Nachbarschaft, in die Wohnung brachte. Eine Stunde später – Wasser, Seife und frische Handtücher hatten Wunder bewirkt – betrat eine einfach und sauber gekleidete Frau, die sich überall sehen lassen konnte, das Wohnzimmer.

»Ich gehe jetzt, um Miss – Miss Stuart zu holen«, kündigte Larry, über den neuen Namen stolpernd, an.

»Wissen Sie, wo sie ist?« fuhr Emma Ward auf.

»O ja, sehr gut. Sie arbeitet mit mir seit . . .« Beinah hätte er ›seit Jahren‹ gesagt, als ihm einfiel, daß ›Wochen‹ hier angepaßter war. Noch dazu sehr wenige Wochen . . .

Erst hatte er daran gedacht, ihr die Neuigkeit telefonisch mitzuteilen, aber aus einem Gefühl der Scheu und der Rücksichtnahme zog er den längeren Weg vor. Und dann gab es noch viele andere Dinge, die er ihr sagen mußte. Auf dem Weg zum Präsidium überdachte er noch einmal alles. Der Fall Stuart stand vor dem Abschluß. Lob, Auszeichnung, die fällige Rangerhöhung standen bevor. Wieviel von diesen Erfolgen verdankte er in Wirklichkeit Diana! Nur diese letzte Entdeckung nahm er eifersüchtig für sich in Anspruch, um wenigstens mit einem Pluspunkt seine männliche Eitelkeit zu beschwichtigen.

Das Ende des Falles Stuart! Das Ende seiner Hoffnungen? Er stand vor der Tür des Zimmers 47 und wagte nicht, die Klinke niederzudrücken. Als er eintrat, lachte Diana ihn an.

»Ich habe über eine Stunde auf dich gewartet!«

»Allmächtiger – wir wollten ja zusammen essen!«

»Ja. Was hast du?«

»Ich bin der größte Egoist, den man sich denken kann. Ich habe die beste Nachricht für dich und bin trotzdem furchtbar enttäuscht.«

»Du hast Emma gefunden!« Sie sprang auf.

»Ja. Ich habe Emma Ward gefunden. Und – Clarissa Stuart.«

Sie sah ihn prüfend an.

»Larry, ich weiß alles – schon seit dem Tag, als ich in der Pension am Nottingham Palace ohnmächtig wurde. Erinnerst du dich?«

»Natürlich erinnere ich mich, aber wieso ...«

»Wieso! Ich wußte doch, daß es Tante Emmas Ring war. Ich habe immer ›Tante‹ zu ihr gesagt, obwohl sie nicht meine Tante ist. Und da wurde mir klar, wer Gordon Stuart wirklich war. Der Trauring – um nichts in der Welt hätte sie ihn freiwillig aufgegeben. Mein Vater hatte ihn ihr gegeben. Oft hat sie mir erzählt, wie sie sich verheiratete, als sie noch in den Diensten meiner Mutter war, und daß er ihr bei dieser Gelegenheit den ungewöhnlichen Ring als Anerkennung schenkte.«

»Du wußtest das?« wunderte er sich. »Aber warum hast du mir davon nie etwas gesagt?«

»Du hast mir auch kein Wort davon gesagt, daß du nicht nach Hampstead, sondern nach Chelsea gegangen bist!«

»Das weißt du auch? Blieb bei diesem verdamm ..., hm – verwünschten Fall nicht etwas übrig, das ich allein geschafft habe?«

»Du hast doch mich bekommen. Ist das nichts?« fragte sie spöttisch.

»Diana, ich muß ernsthaft mit dir sprechen. Es handelt sich ...«

»Ich weiß schon, was du sagen willst«, unterbrach sie ihn. »Du kannst keine reiche Frau heiraten, weil du fürchtest, sie könnte es später bereuen oder es dich fühlen lassen. Viel lieber würdest du ein armes Mädchen heiraten, das du mit deinem Geld beglücken und ernähren kannst und so weiter.«

»Aber du mußt doch zugeben, daß es ein Unterschied ist?«

»Nicht für mich, Larry. Außerdem ist es auch ganz gleichgültig.« Sie ging hinter ihren Schreibtisch zurück. »Du hast es mir ja versprochen.«

»Was habe ich versprochen?«

»Da hört doch alles auf! Du hast mir feierlich versprochen, daß nichts, was auch immer passieren mag, daß nichts, hörst du, unsere Heirat verhindern kann.«

»Wußtest du es da schon? Hast du mir darum das Versprechen abgenommen?«

»Natürlich wußte ich es. Ich fühle mich schon einige Zeit als reiche Frau und muß mich immer zusammennehmen, um nicht jedesmal ein Taxi zu nehmen, wenn ich eins sehe.«

»Diana –«, begann er, »oder heißt es nun Clarissa?«

»Wie du willst.«

34

Der Mann, der sich selbst Reverend John Dearborn nannte, saß hinter verschlossenen Türen in seinem Arbeitszimmer und verbrannte planmäßig Papiere aller Art. Er hatte seine blaue Brille abgenommen und überflog mit scharfen, lebhaften Augen Manuskripte, alte Briefe, Quittungen und Notizen; er verbrannte und sortierte so lange, bis nur noch ein schmales Päckchen übrigblieb, das er bequem in seiner Tasche unterbringen konnte. Er streifte ein Gummiband darüber und legte es beiseite. Dann griff er nach einem anderen, bereitliegenden Manuskriptbündel und packte es in eine Handtasche, die neben dem Schreibtisch stand. Leise eine Melodie pfeifend zog er aus einem Schubfach noch ein gebundenes Manuskript, durchblätterte es und vertiefte sich da und dort.

»Ausgezeichnet, wirklich ausgezeichnet«, murmelte er einige Male.

Endlich, widerstrebend, klappte er den Manuskriptband zu und legte ihn mit besonderer Sorgfalt in die Tasche.

Mit Ausnahme des alten Portiers und der Köchin, die träumend in der Küche saß, war das Haus leer. Die Hausierer hatten ihr Tagwerk noch nicht beendet.

Als Dearborn mit Aufräumen und Packen fertig war, holte er aus seiner Rocktasche eine kurze, handschriftliche Mitteilung von Inspektor Holt, die ihm dieser einen Tag nach dem ersten Besuch in Todds Heim hatte zugehen lassen. Er nahm die Feder und malte einzelne Worte nach, die in dem Brief vorkamen. Danach verglich er Imitation und Original genau, entnahm der Schreibmappe auf dem Tisch einen Briefbogen mit Aufdruck und begann langsam, mühselig zu schreiben. Die ganze Zeit pfiff er leise weiter vor sich hin. Endlich war er mit dem Brief fertig, nahm einen Briefumschlag, adressierte ihn, löschte ab und verschloß ihn. Er steckte den Brief in die Rocktasche und stellte die Schreibmappe auf den Boden neben die Handtasche. Aus dem Wandschrank holte er verschiedene Kleidungsstücke und hängte sie über die Stuhllehne.

Nun begann er sich umzuziehen, löste die weiße Halsbinde, legte die priesterliche Verkleidung ab. Ganz mechanisch vollzog sich die Verwandlung. In dem eleganten Anzug sah er jetzt aus wie ein gutsituierter, verwöhnter Gentleman. Er hängte die Priesterkleidung in den Wandschrank, schloß ihn ab und setzte sich wieder vor den Schreibtisch. Den Kopf in die Hände gestützt versank er in tiefes Grübeln.

Vergeblich kämpfte er gegen ein Gefühl der Unzufriedenheit an. Alle Ausgänge wurden bewacht – die Geheimtür im Schlafsaal, der Weg über das Dach, der Kesselraum ...

»Ich bin ja wahnsinnig«, sagte er aufstehend.

Bedauernd blickte er auf die Handtasche und die Schreibmappe am Boden, legte langsam den Rock ab und begann sich wieder auszuziehen. Diesmal ging er nicht zum Wandschrank, sondern zu einer langen, schwarzen Truhe unter dem Fenster und entnahm ihr verschiedene Sachen, die er mit offensichtlichem Mißfallen betrachtete. »Ein jämmerlicher Clown!« sagte er verachtungsvoll zu sich selbst.

Aber es blieb ihm nichts anderes übrig. Der blinde Jake, ja, der konnte durch den Kanal kriechen, mit den geschärften Instinkten des Blinden schlich er wie eine Katze an den Posten vorbei und zwängte sich durch enge Höhlungen.

Dearborn zog sich wieder an, verwandelte sich von neuem, nahm einen Leinwandsack aus der Truhe und legte ihn auf den Tisch. Er schüttelte den Inhalt der ledernen Handtasche in den Sack und ging ins vordere Zimmer. Vorsichtig blickte er auf die Straße hinaus. Zwei Polizisten bewachten, wie er genau wußte, den Zugang zu dieser Sackgasse. Außer ihm benutzte niemand dieses Vorderzimmer, in dem er alte Möbel, Rechnungsbücher und allerlei Gerümpel aufbewahrte. Der große Vorteil dieses Zimmers war, daß es eine Fenstertür besaß. Dearborn legte den Sack neben diese Tür und ging in sein Arbeitszimmer zurück.

Zehn Minuten vielleicht waren vergangen, als es leise an der Tür klopfte. Geräuschlos öffnete Dearborn, um den Besucher einzulassen. Es war der blinde Jake. Sein Gesicht war verzerrt, aufgeschwollen, dicke, blaue Adern zogen sich über seine breite Stirn.

»Ich komme gerade – Herr . . .« keuchte er atemlos.

»Was machst du hier? Ich habe dir befohlen, die Frau unter keinen Umständen allein zu lassen, bis ich komme!«

»Ja, aber Sie sind nicht gekommen, Herr«, erwiderte der Koloß flehentlich, Angst schüttelte ihn, Schweiß floß über sein Gesicht, die dicken Lippen standen halb offen. »Ist irgend was nicht in Ordnung, Herr?«

»Wo ist die Frau?« fragte Dearborn hart.

Jakes Hände zuckten unruhig über seinen großen Bauch.

»Ich mußte sie zurücklassen. Ich konnte nicht . . .«

»Du hast sie zurückgelassen!« Nach einer unheilvollen Pause fragte Dearborn sanft: »Und sie haben sie gefunden, wie?«

»Ja, Herr, sie haben sie gefunden. Was sollte ich machen? Alles tu' ich doch für Sie – hab' ich nicht getan, was ich konnte, Herr? Es gibt keinen, der so stark ist wie der olle Jake, keinen, der gerissener ist. Hab' ich nicht gearbeitet für Sie, Herr? Hab' ich nicht alle weggebracht?«

»Du hast Holt entwischen lassen«, sagte Dearborn, gefühllos

wie ein Richter, der das Urteil verkündet. »Die Frau ist dir entkommen und das Mädchen auch. Und jetzt kommst du hierher und erzählst mir, was du alles für mich getan hast!«

»Ich habe getan, was ich konnte.«

»Man wird dich fassen. Und – du kannst sprechen.«

»Wenn sie mir die Zunge herausreißen – kein Wort sage ich gegen Sie, Herr!« rief der blinde Jake wild und schlug seine riesige Pranke krachend auf den Tisch. »Sie wissen, daß ich für Sie sterbe, Herr!«

»Ja«, sagte Dearborn. Seine linke Hand, an der der kleine Finger fehlte, tastete sich langsam in die Hüfttasche und zog einen kurzen, großkalibrigen Revolver hervor. »Und ob du schwatzen wirst! Du hast ja keine andere Möglichkeit.«

Mit krampfhaft zuckendem Gesicht beugte sich Jake ihm zu.

Reverend John Dearborn hob den Revolver, zielte – drei Schüsse hintereinander, die fast wie einer klangen, der riesige Berg von Muskeln, die ganze mächtige Gestalt schwankte vorwärts, rückwärts, und brach neben dem Schreibtisch zusammen.

Dearborn steckte den Revolver in die Tasche, schloß die Tür auf und trat hinaus. Der kleine, alte Pförtner stand mit offenem Mund im Gang. Ängstlich kam er näher.

»Was ist passiert? Wer hat geschossen?«

»Schnell, hole die Polizei«, befahl Dearborn. »Hier ist jemand erschossen worden.«

»Großer Gott!« flüsterte der Mann.

»Am Eingang zur Straße stehen zwei Schutzleute, schnell!«

Dearborn wartete, bis sich die Schritte entfernt hatten, und ging durch sein Büro ins vordere Zimmer, lauschte, verließ das Haus durch die Fenstertür. Der schrille Pfiff der Polizeipfeife gellte durch die Lissom Lane, Neugierige trieb es vor die Türen, die eiligen Schritte der beiden Polizisten widerhallten zwischen den Häusern, kamen näher.

»Was ist hier vorgefallen?« fragte Dearborn.

»Machen Sie, daß Sie weiterkommen und Ihre Briefe loswerden!« rief ihm der eine Beamte zu und eilte weiter.

Dearborn warf sich den Sack über die Schulter. Er hatte die Uniform eines Briefträgers gewählt.

Wenig später traf Larry Holt ein, sah die Ansammlung vor dem Haus und wurde ins Arbeitszimmer vor den massigen Körper Jakes geführt.

»Der Mörder muß hier im Hause stecken, Sir«, meinte der Beamte. »Der kleine Pförtner hat die Schüsse gehört, danach hat ihn der Vorsteher weggeschickt, um uns zu holen. Wir sind beide zusammen hierhergekommen, mein Kollege und ich.«

»Und der Eingang ist ohne Bewachung geblieben?« erkundigte sich Larry.

»Nur eine Minute, Sir – als wir zusammen ins Haus ...«

»Diese Minute genügte. Es ist zwecklos, weiterzusuchen.«

Larry fuhr ins Präsidium, um mit dem Chefkommissar zu sprechen und Diana aufzusuchen.

»Ich habe die Neuigkeit schon gehört«, berichtete sie. »Sergeant Harvey war gerade hier. Glaubst du, daß Dearborn ihn getötet hat?«

»Dearborn ist David Judd.«

»Doktor Judds Bruder? Aber der ist doch schon lange tot.«

»Das großartige Begräbnis damals war tadellos inszeniert, und ich bin fest davon überzeugt, daß David sogar soweit gegangen ist, den notwendigen Körper für den Sarg zu beschaffen. Erinnerst du dich, wie Lew uns erzählte, daß sein Bruder Jim, ein stattlich aussehender und geschickter Bursche, eines Tages spurlos verschwunden war? Das ist der Mann, den wir in David Judds Grab finden werden.«

»Ist Doktor Judd auch –?« Aber sie wußte ohnehin, daß diese Frage überflüssig war.

»Doktor Judd steckt bis über den Hals mit drin. Die Dearborn-Geschichte ist rasch erzählt. Er war Teilhaber Judds, irgend etwas muß im Büro vorgefallen sein – ein Verbrechen, ein Mord vielleicht, den David veranlaßte, um die Versicherungssumme zu erhalten, was weiß ich –, und ein Angestellter kam dahinter. Der Mann unterschlug daraufhin eine größere Summe, flüchtete nach Montpellier und begann von dort aus, David zu erpressen. David fuhr hinterher und erschoß ihn, wurde dabei von Flimmer-Fred überrascht, dem es auch gelang, vom Opfer gerade noch den Namen des Mörders zu erfahren. Das bedeutete für einen Mann vom Schlage Flimmer-Freds ein Lebenseinkommen. Bei der ersten Gelegenheit reiste er nach London zurück, suchte Judd auf und teilte ihm die Bedingungen mit, unter denen er seinen Mund halten würde. Nun kamen die Brüder überein, daß es das beste wäre, David pro forma sterben zu lassen. David, du erinnerst dich, war ein gutaussehender Mann mit Vollbart. Unter all ihren Bekannten und Helfershelfern aber war Lews Bruder der einzige, der in seinem Äußeren am meisten David glich, und so wurde er ohne viel Federlesens ermordet und als David Judd begraben. Bei dieser Gelegenheit bezogen die beiden noch eine bedeutende Summe aus den Rückversicherungen für Davids hohe Lebensversicherung. Den Plan mußten sie schon seit einiger Zeit erwogen haben, denn bereits einen Monat vor Davids offiziellem Tod hatte Doktor Judd den Kauf von Todds Heim abgeschlossen. Es war nichts weniger als ein wohltätiges Unternehmen, sondern im Gegenteil eine rein strategische Angelegenheit. Nach außen eine Bettlerherberge, war Todds Heim in Wirklichkeit ein Nest krimineller Blinder, das Hauptquartier der berüchtigten ›toten Augen‹. Das Heim wurde also gekauft, und einen Tag nach dem ›Tode‹ Davids erschien Reverend John Dearborn auf der Bildfläche. Fest steht, daß er die kriminellen Elemente aus dem Hause verbannte und einige Änderungen in der Organisation vornahm. Natürlich tat er dies nur, um dem Heim wieder einen passablen Namen zu verschaffen, so daß er das Haus ohne Gefahr als sein eigenes Hauptquartier benutzen konnte. Als die Wäscherei Konkurs machte, kaufte Doktor Judd dieses Grundstück dazu. David führte mit seiner Bande die speziellen baulichen Veränderungen aus. Ich muß noch erwähnen, daß David Architekt ist und das Haus, in dem sein Bruder lebt, gebaut hat. Er beschäftigte dabei ausländische Arbeiter und konzipierte das gesamte Haus selbstverständlich für die ganz speziellen Zwecke, die sich die Brüder ausgeheckt hatten. Als dann auch die Wäscherei in ihren Besitz kam, kehrten die ›toten Augen‹ in ihr Quartier in der Lissom Lane zurück und wurden mehr oder weniger abgesondert in der Wäscherei einquartiert.«

»Was hast du nun mit Doktor Judd im Sinn?« fragte Diana.

»Ich werde ihn verhaften, und zwar am gleichen Ort, von dem aus dein Vater verschwand – in der berühmten Loge A im Macready-Theater.«

»Ist er denn dort?«

»Beinahe jeden Abend.«

»Aber warum verhaftest du ihn nicht gleich?«

»Weil das Geheimnis um Loge A noch nicht aufgeklärt ist.«

35

Am gleichen Abend um acht Uhr betrat Larry das Vestibül des Macready-Theaters.

»Doktor Judd, Sir?« wiederholte der Logenschließer. »Ja, er ist in Loge A. Erwartet er Sie?«

Sergeant Harvey wollte ihn begleiten, aber Larry verabschiedete ihn und ging schnell den Gang entlang. Vor der Loge A wartete er einen Moment, drehte den Türknopf herum und trat ein. Er blieb stehen.

Dr. Judd blickte auf die Bühne. Larry wollte ihn ansprechen, als etwas Weiches, Warmes über seinen Kopf gestülpt wurde, das sich wie ein wollig gefütterter Sack ausnahm und mit etwas Betäubendem getränkt sein mußte, das ihm den Atem nahm und einen Augenblick völlig lähmte. Er spürte, wie sich ein Strick um seinen Hals legte, riß den Revolver heraus, aber bevor er abdrücken konnte, traf ein scharfer Schlag seine Hand. Mit einem Schmerzensschrei, den die Haube über Kopf und Gesicht erstickte, ließ er die Waffe fallen. Jeder Atemzug erstickte ihn fast, er schlug wild um sich, seine Arme wurden von hinten ergriffen, man warf ihn zu Boden. Undeutlich hörte er die Stimme Dearborns:

»Den Zerstäuber, Stephen!«

Ein Röhrchen wurde an seinem Kinn vorbei in den Sack geschoben, und etwas scharf Riechendes zerstob unter seiner Nase. Er versuchte noch einmal, sich aus den umklammernden Griffen zu befreien, aber ein Knie preßte sich in seinen Rücken. Er verlor das Bewußtsein.

»Sieh nach, Stephen, und mach die Tür auf!« sagte David.

Der Gang war leer. Dr. Judd schob den Vorhang gegenüber der Logentür beiseite und öffnete den Notausgang zur privaten Zufahrtsstraße, wo ein Wagen wartete. Ein frischer Luftzug flutete herein. David hob den Inspektor auf, mit einer Leichtigkeit, als ob er ein Kind auf den Arm nähme, trug ihn hinaus und legte ihn in den Fond der Limousine. Er selbst nahm am Steuer Platz.

Bald kam er vor dem Haus in Chelsea an. In einem kurzen Bogen fuhr der Wagen bis dicht an die verschlossenen Torflügel der überdachten Einfahrt heran. Ein leichtes Schnappen, die Flügel öffneten sich, der Wagen glitt durch die Toreinfahrt, und als die Räder über eine bewegliche Schwelle im Hof wegrollten, schloß sich das Tor wieder.

Vor der direkt in die Hausmauer eingelassenen Geheimtür mit Mattglasabschluß hielt David Judd an, trug Larry Holt hinein und die beiden schon erleuchteten Treppen hinunter bis zum untersten Gelaß. Dort warf er ihn auf die Messingbettstelle, hob die Fußschelle auf, ließ den Ring um seinen Knöchel zuschnappen und zog ihm die weiche Lederhaube vom Kopf. Es roch betäubend nach Formaldehyd. Larrys Gesicht war purpurrot, er sah aus wie ein Erwürgter und atmete langsam, mühsam. David beugte sich zu ihm, fühlte seinen Puls, leise ging er hinaus und schloß die schwere Tür. Auf dem ersten Treppenabsatz blieb er stehen und betrat den Pumpenraum. Er drückte auf einen Schalter. Der elektrische Ventilator begann zu summen.

David stieg rasch in den Hof hinauf, schloß den Mauereingang hinter sich, er hatte keinen Augenblick zu verlieren, der Motor lief noch, er sprang hinter das Steuer und ließ den Wagen langsam rückwärts über die Schwelle rollen. Die Torflügel öffneten sich. Sobald der Wagen die Straße erreicht hatte, schloß sich das Tor wieder geräuschlos.

Die Fahrt ging in die Stadt zurück, diesmal in nördlicher Richtung. Gegenüber von Larry Holts Wohnung hielt der Wagen an.

36

Diana war schon vor dem Abendessen nach Hause gekommen – merkwürdig, wie rasch sie sich an die neue Lösung mit Larrys Wohnung gewöhnt hatte. Die eigentliche Arbeit war jetzt geleistet, der Fall so gut wie gelöst, es blieb nur noch, die Verbrecher festzunehmen. Jeden Augenblick erwartete sie, das Telefon läuten zu hören und die Stimme Larrys zu vernehmen, der ihr mitteilte, daß die beiden Brüder hinter Schloß und Riegel säßen.

Ein Buch lag auf ihrem Schoß, aber sie las nicht. Die Anstandsdame und Pflegerin saß in ihrem Zimmer und nähte. Sunny stand vor der angelehnten Wohnungstür und plauderte leise mit Louie, dem Mädchen, das den Fahrstuhl bediente.

Diana stand auf und ging in Sunnys kleines Zimmer, wo die Frau, zu der sie einst ›Tante‹ gesagt hatte, friedlich schlief. Bei dem Gedanken an die Invasion weiblicher Wesen in Larrys Junggesellenwohnung mußte sie lächeln.

Sie hatte gerade ihr Buch wieder aufgenommen, als Sunny anklopfte und hereinkam.

»Ein Brief für Sie, Miss.« Er überreichte ihr einen Umschlag mit Larrys Handschrift. Sie riß ihn auf und las:

›Liebe Diana. Ein ganz unbegreifliches Mißverständnis hat sich herausgestellt. Dr. Judd hat eine verblüffende Erklärung über den Tod Deines Vaters abgegeben. Ich schicke Dir einen Wagen und bitte Dich, sofort zu Dr. Judd – 38 Endman Gardens, Chelsea – zu kommen.

Larry.‹

Der Briefkopf enthielt die gleiche Adresse. Larry mußte von Endman Gardens aus geschrieben haben.

»Ist eine Antwort nötig, Miss?« fragte Sunny.

»Ja, sagen Sie dem Chauffeur, daß ich sofort komme.«

»Gehen Sie aus, Miss?« erkundigte sich Sunny zögernd. »Soll ich Sie nicht begleiten? Der Herr würde es nicht gern sehen, wenn . . .«

»Ich glaube, heute abend brauchen Sie sich keine Sorgen zu machen Sunny«, antwortete sie freundlich. »Auf jeden Fall vielen Dank für Ihren Vorschlag.«

Sie zog sich hastig um und ging hinunter. Die Limousine stand vor der Tür. Der Chauffeur nickte höflich.

»Miss Ward?« vergewisserte er sich. »Ich komme von Doktor Judd.« Seine Stimme klang gepreßt und undeutlich.

Sie stieg ein. Vor einem stummen, düsteren Haus hielt das Auto an.

»Ist das Doktor Judds Haus?« fragte sie.

»Ja, Miss. Wollen Sie bitte die Stufen hinaufgehen und läuten. Der Diener wird Sie dann zum Herrn bringen.«

Dr. Judd selbst öffnete, jovial lächelnd, die Tür und führte sie in den Prunksalon.

»Hoffentlich macht es Ihnen nichts aus, einige Augenblicke hier zu warten, Miss Stuart?« Zum erstenmal mit diesem Namen angesprochen zu werden war sehr verwirrend für sie. »Ich nehme an, Sie haben sich noch nicht an den Namen gewöhnt. Bitte, gedulden Sie sich einige Minuten, ich muß gleich noch mal nach oben, unsere Besprechung war noch nicht ganz beendet.«

Sie setzte sich in einen der großen Sessel. Zehn Minuten vergingen, zwanzig Minuten, aus den zwanzig wurden vierzig Minuten. Nichts rührte sich in dem großen Haus, niemand kam zu ihr. Die Uhr auf dem Kamin schlug klingend.

»Zehn Uhr!« sagte sie zu sich selbst. »Ich möchte wissen, was ihn so lange aufhält.«

Und doch empfand sie keinerlei Besorgnis, zweifelte keinen Augenblick, daß Larry im Hause war. Sie saß neben dem Kamin, in dem ein kleines Feuer angenehm flackerte, die Nacht war kühl, und sie hatte ausgiebig Gelegenheit, den kostbar ausgestatteten Salon zu bewundern, die Gemälde, Gobelins, die prachtvollen Vorhänge und die künstlerische Wandtäfelung. Nicht ein einziges Möbelstück, das nicht mit Sorgfalt und Verständnis ausgewählt war. Der geschnitzte Tisch hätte aus einem kaiserlichen Palast des Fernen Ostens stammen können.

Bequem in einen tiefen Sessel versunken, eine illustrierte Zeitung auf den Knien, wunderte sie sich mehr und mehr, welch wichtige Dinge Larry so lange zu besprechen hatte, was für eine umwälzende Erklärung der Doktor wohl gegeben haben mochte. Wieder blickte sie auf die Uhr. Halb elf! Sie legte die Zeitung fort und begann unruhig auf und ab zu gehen. Jetzt hörte sie das Schnappen einer Türklinke, Dr. Judd trat von der Halle aus ein.

»Hoffentlich haben Sie sich nicht zu einsam gefühlt – er kommt jetzt gleich.«

Daß ›er‹ nur Larry sein konnte, setzte sie voraus.

»Ich fing schon an, unruhig zu werden. – Was für ein wunderbarer Raum!«

»Ja, er ist sehr schön«, erwiderte er unbeteiligt. »Da ist er ja!«

Aber es war nicht Larry, der hereinkam, sondern John Dearborn – oder vielmehr David Judd. Mit einem Ausruf des Schreckens sprang sie auf. Die Maske des Blinden war gefallen, seine klaren Augen musterten sie spöttisch.

»Wo ist Mr. Holt?« rief sie schrill.

David lachte leise.

»Sie wollen sicher etwas essen?« Er zog aus der Wand neben dem Kamin ein Paneel heraus, auf dem eine silberne Platte mit einem kalten Imbiß stand.

Diana war leichenblaß geworden.

»Wo ist Mr. Holt?« wiederholte sie.

»Mr. Holt ist glücklich und zufrieden.« Es war der Doktor, der antwortete. »Sie werden ihn später sehen.«

Die merkwürdigen Worte und der eigenartige Ton erschreckten sie. Sie nahm ihren Schal vom Sessel.

»Ich kann nicht länger hierbleiben, Doktor Judd, wenn Mr. Holt nicht hier ist. Können Sie mich nach Hause bringen?«

Ohne zu antworten zog der Doktor ein Schubfach des japanischen Tisches auf und holte einen dicken Manuskriptband heraus, den er mit strahlendem Lächeln seinem Bruder hinhielt.

»Sie werden eine entzückende Stunde genießen, Miss Stuart«, sagte er halb zum Mädchen gewandt. »Nein, wirklich, David, es ist zu nett von dir. Ich dachte, du wärst heute abend sehr müde.«

Diana blickte von einem zum anderen. Sie traute ihren Ohren nicht.

»Ich glaube, Sie haben mich nicht verstanden, Doktor Judd!« betonte sie mit Nachdruck. »Ich wünsche, daß Sie mich nach meiner – nach Mr. Holts Wohnung bringen!«

»Sie macht sich Sorgen um ihre Garderobe«, sagte der Doktor halblaut zu seinem Bruder. »Du wirst doch veranlassen, daß sie hierhergeschickt wird, David?«

»Hierhergeschickt wird?« stammelte sie. »Was soll das heißen?«

David Judd setzte sich in den Sessel, aus dem sie aufgesprungen war, und blätterte in seinem Manuskriptband.

»Ich glaube, es ist besser, Sie essen erst eine Kleinigkeit. Sie müssen doch sehr hungrig sein.«

»Ich werde in diesem Hause nichts essen«, rief sie erregt. »Ich will wissen, was hier gespielt wird – wenn Sie mir nicht sagen, was diese seltsamen Reden zu bedeuten haben, gehe ich eben allein nach Hause.«

Der Doktor legte seine große Hand auf ihren Arm.

»Mein liebes Fräulein, bitte stören Sie David nicht. Er wird Ihnen jetzt eines seiner wundervollen Stücke vorlesen. Wissen Sie nicht, daß David der größte Dramatiker ist, daß seine Stücke Höhepunkte des modernen Dramas sind?«

Sie sah, wie David zu seinem Bruder aufblickte, der mit vollem Ernst und heiliger Überzeugung gesprochen hatte. Es war unfaßbar. Ihrer verzweifelten Lage bewußt, nahm sie alle ihre Kräfte zusammen, um nicht die Fassung zu verlieren.

»Ich bin absolut nicht in der Stimmung, mir Theaterstücke vorlesen zu lassen, mögen sie noch so gut sein!«

»Ich glaube nicht, daß sie heute noch nach Hause fahren kann«, äußerte der Doktor fast bedauernd. »Vielleicht morgen, wenn du sie geheiratet hast?«

»Ich werde sie nicht heiraten«, antwortete David scharf. »Ich dachte, wir hätten dies besprochen und erledigt, Bruder! Jake ist ja nun tot, aber du könntest genausogut ... Es kommt schließlich gar nicht darauf an, wer sie heiratet.«

Diana war sprachlos vor Schrecken. Sie verhandelten über

ihre Heirat, mit völliger Ruhe und selbstsicherer Anmaßung versuchten sie sich gegenseitig zu dieser Heirat zuzureden. Zitternd vor Empörung stieß sie hervor:

»Ich denke gar nicht daran, einen von Ihnen zu heiraten! Ich bin mit – Larry Holt verlobt.«

Die Brüder warfen sich einen vielsagenden Blick zu. David stand auf, legte das Manuskript mit einem resignierten Seufzer weg und ging quer durch den Salon. Er öffnete eine versteckte Tür, die so geschickt zwischen den Schnitzereien angebracht war, daß selbst Larry sie nicht hatte entdecken können.

»Ich habe die Pläne für das Haus selbst gezeichnet«, erklärte er stolz, »und es mit nicht mehr als zwanzig Mauern aus der Toskana gebaut.« Er winkte einladend. »Bitte, kommen Sie!«

Diana folgte ihm unter dem Bann eines ständig wachsenden Entsetzens. Sie machte sich keine Illusionen mehr und nahm als sicher an, daß der Brief, der sie in dieses Haus gelockt hatte, eine Fälschung war. Eine schwache Hoffnung, an die sie sich klammerte, war die Möglichkeit, daß Larry ihre Abwesenheit bemerken und ihr folgen würde.

Sie betraten einen kleinen, vollkommen leeren Raum. Unter sich hörte sie ein leises, dumpfes Summen und spürte, wie der Boden unter ihren Füßen leicht vibrierte. David blieb stehen, beugte sich über den Fußboden und hob eine viereckige Falltüre hoch, kaum vierzig Zentimeter im Durchmesser, unter der sich eine Glasplatte befand. Als sich die Augen an die unerwartete Perspektive gewöhnt hatten, sah Diana in einen kahlen, zementierten Kellerraum hinunter, der von einer Deckenlampe erhellt wurde. Gebannt starrte sie auf eine Gestalt, die senkrecht unter ihr auf der Kante eines Messingbettes saß und sich eine Wunde an der Hand mit einem Taschentuch verband. Zuerst erkannte sie nicht, wer es war. Dann aber schnellte der Kopf des Mannes hoch, er streckte das Gesicht der Decke zu. Sehen konnte er nichts, aber offenbar hatte er die Geräusche über sich gehört.

Diana schrie gellend auf. Dort unten saß Larry Holt, eine Fußschelle um den Knöchel.

37

David zog sie aus dem ›Beobachtungszimmer‹ in den Salon zurück. Als er sie losließ, gaben ihre Knie nach, sie sank auf den Boden.

»Alles muß in geziemender Weise zu Ende geführt werden«, sagte Dr. Judd pathetisch. »Das ist doch auch deine Ansicht?«

»Ganz und gar, mein Lieber«, pflichtete David bei.

Diana hatte sich auf die Arme gestützt, halb aufgerichtet.

»Was haben Sie mit ihm vor?« rief sie verstört.

Wieder tauschten die Brüder einen Blick.

»Erzähle es ihr doch«, schlug David vor.

»Es ist besser, wenn du es tust«, antwortete Dr. Judd. »Du bist in solchen Dingen so außerordentlich feinfühlig.«

David setzte sich, sein unbewegliches Gesicht blickte über die Stuhllehne weg auf Diana hinunter.

»Wenn ich mit Vorlesen fertig bin«, sagte er, »werde ich ihn ertränken.«

Sie fuhr entsetzt auf.

»Mein Gott«, flüsterte sie gepreßt.

Es gab keinen Zweifel mehr, die beiden waren wahnsinnig! Wahnsinnige, die nach außen den Anschein völliger Gesundheit wahrten, die Jahre hindurch Tag für Tag mit gesunden Menschen Geschäfte gemacht und nicht ein einziges Mal den geringsten Verdacht erweckt hatten. Sie wich zurück, weiter und weiter, bis ihr Rücken an die Täfelung der gegenüberliegenden Wand stieß. Die Mörder ihres Vaters! Sie glaubte, den Verstand zu verlieren, und preßte die Fingernägel in ihre Handflächen, krampfhaft bemüht, gegen die drohende Ohnmacht anzukämpfen.

»Soll ich jetzt vorlesen?« fragte David.

»Ja, ja, lesen Sie bitte!« rief sie heftig.

Sie wollten Larry töten, wenn er mit Lesen fertig war! Dieser eine, entsetzliche Gedanke peinigte sie, mit verzerrtem Gesicht starrte sie auf den Mann in seiner unfaßbaren Eitelkeit, der, lächerlich geschmeichelt, seine Erregung nicht verbergen konnte, als er zu lesen begann.

Nach wenigen Sätzen wurde seine Stimme ruhiger, und erstaunlicherweise gelang es ihm, in den peinlichen, dilettantischen Text etwas von dem Glanz und Schwung zu legen, den nur sein krankes Hirn darin sehen konnte.

Dr. Judd hatte sich von seinem Sessel auf den Boden hinabgleiten lassen und saß mit gekreuzten Beinen auf dem riesigen Bärenfell vor dem Kamin. Seine Hände waren gefaltet, mit großen Augen blickte er andächtig auf seinen Bruder, dessen Elaborat ihn ganz offensichtlich begeisterte. Wenn David selbstbewußt, wie um den gebührenden Beifall einzuheimsen, eine Pause machte, benützte der Doktor auch jedesmal die Gelegenheit.

»Wunderbar, ganz wunderbar! Ist er nicht ein Genie, Miss Stuart?«

Sie blickte schnell zu David hinüber. Die Lobsprüche brachten ihn nicht im geringsten in Verlegenheit, er saß kerzengerade da, ein selbstzufriedenes Lächeln im Gesicht und einen Ausdruck herablassenden Wohlwollens in den Augen.

»Es ist nicht einmal meine beste Arbeit«, versicherte er. »Es gefällt Ihnen doch?«

»Sehr«, antwortete sie. »Bitte, lesen Sie doch weiter.«

Sie hoffte, sie könnte ihn auf diese Weise die ganze Nacht hindurch beschäftigt halten. Inzwischen würde die Polizei nach Larry suchen, vielleicht kannte einer der Beamten das Haus in Chelsea.

Ihre Hoffnungen wurden zerschlagen. Ihr Herz stand still, als sie sah, wie David das Manuskript schloß und zärtlich auf den Tisch legte.

»Bruder, ich glaube ... Sollte nicht diese schöne Hand –?« Ohne den Satz zu beenden, ergriff er Dianas Hand. Er zog einen Schlüsselbund aus der Tasche, die Schlüssel, die Flimmer-Fred hatte nachmachen lassen, und schloß jene Geheimtür auf, die Larry am Morgen entdeckt und benützt hatte. »Wollen Sie bitte mitkommen, liebes Kind!«

Diana zögerte, nahm aber ihren Mut zusammen und folgte ihm die Stufen in den Keller hinunter.

Unten schloß David eine Tür auf und machte Licht. Sie sah

einen Raum vor sich, in dem verschiedene Maschinen standen. Sie traten vor ein Schaltbrett.

»Sie sollen die Ehre haben, Mr. Holt – wir tragen ihm nichts nach – zu erlösen.«

»Erlösen? Meinen Sie das wirklich? Warum öffnen Sie nicht einfach die Tür und lassen ihn heraus?« fragte sie mißtrauisch. Unschlüssig stand sie vor dem Schaltbrett, ihr Hand lag auf dem schwarzen Hebel.

Lautlos trat der Doktor, der ihnen gefolgt war, hinter sie und sagte in sanftestem Ton:

»Der Hebel öffnet die Tür und erlöst ihn.«

Sie zauderte nicht länger, zog den Hebel zurück, der sich ganz leicht bewegen ließ.

»Wir wollen ihm entgegengehen.« Der Doktor legte seinen Arm um ihre Schulter.

Sie schauderte, machte aber keinen Versuch, sich zu befreien. Er führte sie die Treppe hinauf und zurück in den Salon. David schob die Tür zu und verschloß sie.

Warum kam Larry nicht?

»Setz dich ans Feuer«, sagte David zu seinem Bruder, »ich will den dritten Akt meines Werkes lesen. Wenn ich damit zu Ende bin, wird auch Mr. Holt aufgehört haben – zu leben.«

38

Den schmerzenden Kopf in die Hände gestützt, saß Larry auf der eisernen Bettstelle im Kellerverlies. Er hatte die verschiedensten Entwicklungen beim Abenteuer dieser Nacht einkalkuliert, aber daß er wie eine Ratte in der Falle sitzen, daß sich das Rätsel um die Loge A in dieser verblüffenden Weise lösen würde, hätte er nie gedacht. So also war es auch bei Gordon Stuart gewesen – er hatte die Einladung Dr. Judds, in die Loge zu kommen, angenommen, war von David betäubt, durch den Notausgang in den Wagen getragen und ins Haus des Todes gebracht worden.

Diese Überrumpelung hatte er, Larry, zwar nicht vorausgesehen, aber bei seinem Besuch am Vormittag glücklicherweise einiges vorgekehrt. Er mußte daran denken, was wohl Diana, die jetzt behaglich zu Hause saß, empfinden würde, wenn sie wüßte, in welcher Lage er sich befand. Jede Waffe, die er bei sich hatte, war ihm abgenommen worden, doch das beunruhigte ihn nicht besonders. Er stand vom Bett auf. Das Gewicht der Kette an seinem Knöchel war so groß, daß er mit der Hand nachhelfen mußte, um ein paar Schritte gehen zu können. Er warf einen kurzen Blick auf die schwarzen Löcher dicht über dem Fußboden in der Wand – von dort würde die Gefahr kommen, und kein Geräusch, kein Hilferuf würde durch diese massiven Mauern dringen.

Er glaubte, noch viel Zeit zu haben, und setzte sich wieder. Da hörte er über sich ein Geräusch und blickte nach oben, konnte aber nichts sehen. Er wartete noch eine halbe Stunde, bis er den großen Steinblock, an dem die Kette befestigt war, beiseite wälzte. Bevor er aber nach dem wasserdichten Beutel, den er heute morgen unter dem Stein versteckt hatte, sehen konnte, verlöschte plötzlich das Licht.

Seltsam – auch an diese Möglichkeit hatte er nicht gedacht. Er hielt den Atem an, suchte – der Beutel lag an seinem Platz, seine Finger umkrallten ihn, er hob ihn auf und suchte nach den Schlüsseln. Hätte er Licht gehabt, würde er den Schlüssel, der die Fußschelle öffnete, mühelos gefunden haben. Nun aber versuchte er drei Schlüssel, keiner paßte.

Ein leises, gurgelndes Geräusch, glucksend wie Wasser, das aus einer Flasche läuft – ein kalter Luftzug traf seine Füße. Er versuchte einen weiteren Schlüssel, der ihn ebenfalls im Stich ließ. Schlimmer noch – er klemmte und blieb im Schlüsselloch sitzen, ließ sich nicht mehr herausziehen.

Das Wasser, das durch die kleinen Löcher in der Wand einströmte, rauschte. Eine Pumpe stampfte regelmäßig. Er zog und zerrte an dem Schlüssel, Schweißtropfen liefen ihm über die Stirn. Endlich – ein Seufzer der Erleichterung – löste sich der Schlüssel. Das Wasser bedeckte schon die Füße, stieg mit unheimlicher Geschwindigkeit.

Noch ein einziger Schlüssel – alle übrigen waren für das winzige Schloß zu groß. Er löste ihn aus dem Ring, aber der Bart blieb in der Schnur des Beutels hängen. Der rettende Schlüssel fiel ins Wasser. Er tastete und suchte – er war verschwunden. Immer wieder griffen seine Finger in das wirbelnde Wasser und suchten fiebernd auf dem rauhen Zementboden. Endlich bekam er ihn zu fassen, hielt ihn zwischen den Fingern. Ein wilder Freudenschrei. Mühsam hob er seinen Fuß hoch, schob den Schlüssel in die schmale Öffnung. Er ließ sich herumdrehen. Die Fußschelle sprang auf – er war frei.

Zwei Türen, die vor seiner Rettung standen, mußte er noch bezwingen. Er wußte, daß mit dem ständig wachsenden Druck des Wassers eine Arbeit vor ihm lag, die seine Kräfte bis zum äußersten in Anspruch nehmen würde.

Das Wasser reichte ihm schon bis zu den Hüften. Er watete auf den Ausgang zu, stieg die beiden Stufen hinauf. Den wasserdichten Sack hielt er krampfhaft mit den Zähnen fest.

Der Schlüssel drehte sich leicht, aber die Tür hatte keinen Handgriff. Mit jeder Sekunde vergrößerte sich der Druck des Wassers. Er biß die Zähne zusammen, holte tief Atem und zog mit aller Kraft, langsam, gleichmäßig . . .

39

Diana hatte die entsetzliche Ankündigung Davids gehört, ohne sie im ersten Moment begreifen zu können. Sie öffnete den Mund zu einem Schrei, aber kein Ton kam aus ihrer zusammengepreßten Kehle. Sie selbst hatte Larry getötet! Ihre Hand hatte den Hebel heruntergedrückt, der ihn ertränkte!

Als ihr der ganze Zusammenhang allmählich klar wurde, schwankte sie auf die beiden zu, stützte sich auf einen Sessel – sie durfte nicht ohnmächtig werden, es mußte einen Weg geben, um Larry zu retten. Verzweifelt suchte sie nach einer Waffe – sie fand nichts. Langsam wurde sie ruhiger. Es waren Wahnsinnige, mit denen sie zu tun hatte. Aber die Zeit war so kurz.

Als David Judd sich nach vorn beugte, bemerkte sie etwas, und ein Einfall schoß ihr durch den Kopf. Sein Jackett stand offen und ließ unter der Achsel, wo der Arm aus der Weste herauskam, ein Stückchen des weißen Hemdes sehen. Von der weißen Hemdfarbe aber hob sich eine scharfe, schwarze Linie ab. Sie blickte noch einmal hin und erkannte eine Pistole, die David in ein Halfter geklemmt unter der Achselhöhle trug.

David las schon eine Weile wieder vor, er war jetzt mitten in einer farblosen, langweiligen Liebesszene. Auf dem Bärenfell neben dem Kamin lauschte Dr. Judd hingegeben den plattesten Phrasen. Als David, von seinem Werk hingerissen, besonders feurig deklamierte, schoß Dianas Hand nach vorn und packte den Pistolengriff. Mit einem Ruck riß sie ihn heraus und sprang zurück. Ein Tischchen neben dem Kamin fiel polternd um, Gläser klirrten.

»Wenn Sie nicht sofort Mr. Holt herauslassen, bringe ich Sie beide um!« schrie sie atemlos.

Die Brüder waren aufgesprungen und starrten sie an.

»Sie – Sie haben meine Vorlesung unterbrochen!« rief David im Ton eines gekränkten Kindes. Etwas anderes schien ihn nicht zu bewegen.

»Öffnen Sie die Tür!« keuchte sie. »Befreien Sie Larry Holt – oder ich schieße Sie nieder!«

David runzelte die Stirn, seine Hand legte sich auf die Marmorplatte des Kamins. Sie sah, wie seine Finger einen Knopf berührten. Das Licht ging aus. Sie gab Feuer.

Der Knall betäubte sie beinahe. Im nächsten Augenblick wurde sie gepackt, starke Arme umklammerten sie. Als das Licht anging, warf David sie in den Sessel und blickte sie wütend an.

»Sie haben meine Vorlesung unterbrochen«, jammerte er und weinte fast. Dr. Judd blickte ängstlich auf seinen Bruder, der immer unverkennbarer in die Manier des Geisteskranken verfiel. Jetzt packte er das Mädchen um die Taille, hob sie auf und stellte sie auf die Füße. In seinen Augen standen Tränen. In einer unvermuteten Anwandlung stieß er sie wieder weg.

»Ich glaube, Bruder, er ist jetzt tot«, wandte er sich an den Doktor, der erleichtert seufzte.

»Ja, jetzt ist er tot. Das Wasser steigt einen halben Meter in zwei Minuten.«

»In einer Minute fünfzig Sekunden«, korrigierte David.

»Um Gottes willen, retten Sie ihn doch!« Diana brach schluchzend zusammen.

»Das Wasser strömt sehr schnell durch die kleinen Löcher ein«, erklärte David. »Wir pumpen es vom Dach des Hauses in den Keller. Wissen Sie, wir haben oben einen sehr großen Wassertank, und die Person, die ertränkt wird, kann nicht schwimmen, weil die Gewichte am Fuß sie festhalten. Einmal gelang es einem, aufs Bett zu klettern – erinnerst du dich noch?«

»Natürlich, sehr gut«, erwiderte der Doktor leichthin. »Wir mußten fast drei Meter Wasser hineinpumpen, bevor er starb.«

Erstarrt lauschte sie dieser Konversation. War es nur ein gräßlicher Alptraum?

»Und dabei nimmt es soviel Zeit in Anspruch, den Keller wieder leer zu pumpen«, erzählte David in gleichem Ton weiter. »Es war rücksichtslos von dem Mann. Er hat uns unnötige Arbeit gemacht. Wir mußten das Bett trocknen. Hast du übrigens gesehen, Bruder, daß die Kette rostig geworden ist? Das ist nicht in Ordnung, es beleidigt meine Augen.« Gedankenvoll blickte er auf Diana hinab. Auf einmal zuckte er zusammen und fuhr herum.

Jemand hatte geräuschlos das Zimmer betreten.

»Keine Bewegung! Widerstand ist zwecklos! Verstanden?«

In der Tür stand, den Revolver in der Hand, Larry Holt.

Von der Halle her hörte man das Geräusch einer splitternden Tür.

»Polizeibeamte sind schon im Haus«, sagte Larry und kam langsam näher. Jetzt stand er David gegenüber, der ihn unter seinen buschigen Augenbrauen hervor finster fixierte. Dann ging alles blitzschnell vor sich. Larry sah die Hand, die sich bewegte, ein Luftzug fuhr an seiner Wange vorüber, die Wandtäfelung hinter ihm zersplitterte krachend, beide Schüsse hatten wie ein einziger geklungen.

David Judd schwankte einen Augenblick hin und her.

»Meine wunderbaren Dramen!« krächzte er mit brechender Stimme und sackte ohne ein weiteres Wort auf dem Boden zusammen.

»David, David!« Dr. Judd warf sich über ihn. »David, nicht schauspielern, ich ertrage es nicht, wenn du das machst! Ich will dir die besten Schauspieler für deine Stücke verschaffen, hör auf damit, David! Sagen Sie ihm doch, daß er aufhören soll!«

Mit dem rauchenden Revolver in der Hand schaute Larry auf den großen, schweren Mann hinunter, der da auf dem Boden neben der Leiche herumkroch.

»Mr. Holt, Sie haben Einfluß auf ihn«, jammerte der Doktor, »bitte sagen Sie ihm, er soll nicht schauspielern, es ängstigt mich, ich kann es nicht ertragen, wenn er das tut. Manchmal hat er stundenlang in diesem Zimmer gespielt – Szenen aus seinen wundervollen Stücken. Sie müssen ihn bitten, Ihnen etwas vorzulesen, Mr. Holt . . . David!«

Doch von David kam keine Antwort mehr.

Der Doktor stand auf, ging auf Larry zu, legte ihm seine große Hand auf den Arm und hob den Kopf.

»Es – tut mir leid«, sagte er heiser. »Armer Junge!«

Er sah Larry Holt fest in die Augen.

»Mr. Holt, ich habe mich vorhin absolut kindisch betragen, aber ich bin völlig bei Verstand. Ich übernehme die volle Verantwortung für alle meine Handlungen – und auch für die meines Bruders. Es ist mir völlig klar, was ich getan habe.«

Harvey kam ins Zimmer gestürzt. Bei dem Anblick, der sich ihm bot, blieb er stehen. Larry winkte ihn heran.

»Lassen Sie ihn wegbringen.«

»Ich wünschte, wir hätten Sie erledigen können!« murmelte Dr. Judd, als er abgeführt wurde.

Diana lag in Larrys Armen und verbarg das Gesicht an seiner Schulter.

»Wir haben den Diener verhaftet, Sir«, meldete ein Polizist, als sie in die Vorhalle kamen. »Er war in einem andern Teil des Hauses eingeschlossen.«

»Er hat mit der ganzen Sache nichts zu tun«, antwortete Larry. »Sie können ihn ruhig entlassen, ich habe auch gar keinen Haftbefehl gegen ihn beantragt.«

Ein großer, hagerer Mann trat von der Straße aus ein und ergriff Dianas Hand. Sie erkannte Sir John Hason und lächelte.

»Sie haben Schreckliches durchmachen müssen, Miss Stuart! Ich habe meinen Wagen hier – und du würdest besser auch gleich mitkommen, Larry! Harvey kann alle Formalitäten hier erledigen.«

Sie fuhren nach Scotland Yard zurück. Larry war während der ganzen Fahrt sehr schweigsam. Er hielt Dianas Hand und antwortete auf die Fragen seines Chefs nur kurz. Erst im Büro des Kommissars begann er zu sprechen.

»John, ich hoffe, du wirst in deinem Bericht an die Regierung nicht behaupten, daß ich den Fall zu diesem günstigen Ende gebracht habe!«

Sir John runzelte die Stirn und sah ihn fragend an.

»Aber selbstverständlich werde ich das tun. Wer sollte es denn sonst getan haben?«

»Hier –!« Larry legte seine Hand auf Dianas Schulter. »Hier steht der beste Detektiv, den wir seit Jahren in Scotland Yard gehabt haben.«

»Du bist dumm!« Diana lachte.

»Schließlich ist es ja auch völlig gleichgültig«, sagte der Kommissar trocken, »wer die Lorbeeren einheimst.«

»Wieso?« fragte Larry.

»Wenn sie nur in der Familie bleiben, meine ich. So – und nun bringen Sie ihn erst mal nach Hause, Miss Stuart!«

Eine Stunde später, als Larry mit seiner geliebten Pfeife friedlich vor dem Kamin saß, kam Sunny mit einem Arm voll Wäsche ins Zimmer.

»Zwei Kragen von Ihnen sind verlorengegangen, Sir.«

»Der Mann, der die Kragen trägt, wäre beinahe auch verlorengegangen, Sunny!«

»Wirklich, Sir? Ich glaube, Sie müssen sich neue Socken anschaffen. Man ist in Monte Carlo sehr elegant.«

»Wir können doch nicht im Sommer nach Monte Carlo reisen, Sie Schafskopf! Da ist es doch viel zu heiß. Nein, ich werde nach Schottland fahren, wenn – hm – wenn ich verheiratet bin . . .«

40

Zwei Monate später saß Dr. Judd auf dem Rand eines sehr schmalen Bettes und rauchte drei Zigaretten nacheinander. Es war ein regnerischer Morgen, graues Licht fiel melancholisch durch das kleine Fensterviereck in die Zelle.

Der Doktor rauchte mit größtem Wohlbehagen – seit zwei Monaten hatte er keine Zigarette mehr gekostet. Dann ging die Zellentür auf, und Larry Holt kam herein. Dr. Judd sprang auf.

»Es ist außerordentlich nett von Ihnen, daß Sie gekommen sind, Holt! Ich hatte eigentlich die Absicht, keinerlei Aussagen zu machen. Aber Sie haben eine so schwierige und ernsthafte Arbeit geleistet, daß ich glaube, Ihnen volle Aufklärung schuldig zu sein.«

Er sprach vollkommen aufrichtig, Larry wußte es.

»Von frühester Kindheit an lebten mein Bruder David und ich im besten Verhältnis zueinander. Sehr früh verloren wir unsere Mutter, und unser Vater war ein exzentrischer Herr, der wenig mit Kindern anzufangen wußte. So wuchsen wir zusammen auf, besuchten die gleiche Schule, gingen zusammen auf die Universität, und ich glaube sagen zu können, daß wir uns völlig genügten, daß wir niemand sonst brauchten. Ich liebte und bewunderte David.« Der Doktor senkte den Kopf. Nach einer Weile fuhr er fort: »Hoffentlich nehmen Sie nicht an, daß ich Ihnen den Tod Davids nachtrage. Ganz und gar nicht. Ich habe die Unvermeidlichkeit erkannt und weiß, daß nichts ihn hätte retten können. Er starb so, wie er selbst es sich gewünscht haben würde. In gewisser Hinsicht bin ich sogar froh, daß alles so gekommen ist, wie es eben kam. Bei den Verhandlungen habe ich die größten Anstrengungen gemacht, um den Richtern zu beweisen, daß ich geistig völlig gesund bin. Ihre Ausführungen haben mitgeholfen, eine Verurteilung herbeizuführen, die ich selbst wünschte. Wie ich schon sagte ...« Er kam noch einmal auf seine Jugendzeit zurück. »Als dann mein Vater starb, hinterließ er uns die Greenwich-Versicherungsgesellschaft, eine kleine heruntergekommene Firma, die kurz vor dem Zusammenbruch stand. Ohne weiteres gebe ich zu, daß ich nie die Unverletzlichkeit des menschlichen Lebens respektiert habe. Ich erwähne dies deswegen, damit keinesfalls der Eindruck irgendwelcher entschuldigender Umstände aufkommen kann. Das Geschäft, das mein Bruder und ich übernahmen, war also sozusagen bankrott. Damals kamen wir zum erstenmal auf die Idee unserer späteren – hm – Operationen, als wir eine Versicherungssumme auszuzahlen hatten, zu deren Übernahme sich unser Vater nie hätte verpflichten dürfen. Die Idee unseres Planes stammt zu gleichen Teilen von David und mir. Wir setzten dann drei Monate später unseren Gedanken in die Praxis um, als wir einen Mann ertränkten, dessen Namen ich hier nicht erwähnen will. Niemand ist durch seinen Tod in Verdacht gekommen. Wir hatten ihn in unserem eigenen Geschäft versichert – eine sehr einfache Sache –, ohne daß er die geringste Ahnung davon hatte. David, der ein hervorragender Architekt und geschickter Zeichner war, unterschrieb alle notwendigen Formulare im Namen unseres Klienten. Wir hatten den Mann genau ausgesucht. Er besaß keine Freunde und stand im Ruf eines Einsiedlers und Sonderlings. Die Versicherungssumme war an einen fingierten Namen zu zahlen, unter dem mein Bruder in Schottland lebte. Er hatte dort ein möbliertes Haus gemietet, nur zu dem Zweck, die Summe dort einkassieren zu können. Wir machten dabei ein außerordentlich gutes Geschäft, hatten wir doch nichts weiter zu tun, als von den andern Gesellschaften das Geld einzuziehen. – Mein Bruder war von klein auf poetisch veranlagt und schrieb schon in Oxford zwei oder drei Stücke, die aber von den Londoner Theatern abgelehnt wurden. Natürlich waren sie noch nicht so gut wie die, die ich später im Macready-Theater zur Aufführung brachte.«

»Das Macready-Theater war doch Ihr Eigentum, nicht wahr?« fragte Larry.

»Ich habe es vor einigen Jahren einzig deshalb gekauft, um Davids Dramen auf die Bühne zu bringen. Gut – unser zweites Experiment war ein Mann namens ... Nun, auch dieser Name spielt hier keine Rolle. Damals mußten wir eine ganze Weile warten, bis wir das Geld von den Rückversicherungsgesellschaften einziehen konnten. Und dabei passierte eine sehr unangenehme Sache. Ein Angestellter hatte herausgefunden, daß die Person, der das Geld ausbezahlt wurde, mein Bruder David war. Durch einen ganz lächerlichen Zufall war er dahintergekommen und fing nun an, größere Geldsummen von David zu erpressen, fürchtete dann aber doch die Konsequenzen, unterschlug einen beträchtlichen Betrag im Büro und floh damit nach Frankreich. David folgte ihm und erschoß ihn in Montpellier. Dieser Teil der Geschichte ist Ihnen ja gut bekannt! Flimmer-Fred war zufällig Zeuge dieses Vorgangs und lebte danach Jahre hindurch auf meine Kosten herrlich und in Freuden – allerdings nur, weil er vorsichtig genug war, niemals eine Einladung zum Essen in meinem Hause anzunehmen.« Dr. Judd lächelte sarkastisch. »Und jetzt komme ich zur Stuart-Sache. David war, wie Sie wissen, von der Bildfläche verschwunden. Wir hatten ihm ein wunderbares Begräbnis bereitet und . . .« Er zögerte.

»Und der Körper im Sarg war Lews Bruder«, vollendete Larry.

»Ganz richtig. Er war ein etwas unbequemer Mensch und – mußte eben gehen. Die Abwicklung war in der Zwischenzeit sehr vereinfacht worden. Mein Bruder hatte unser Haus gebaut, es war, mit der Todeskammer, dem Wasser, der Pumpe, den Ventilatoren, seine Schöpfung. Den Gedanken, Todds Heim aufzukaufen, hatte ich merkwürdigerweise schon etwas früher gehabt, also bevor es sich als notwendig erwies, daß David verschwinden mußte. – Ja – vermutlich hat Ihnen Mr. Grogan nicht erzählt, daß wir ihn mit allen Mitteln zu bewegen versuchten, einer Einladung ins Macready-Theater Folge zu leisten, um sich ein Stück meines Bruders anzusehen. Er rettete sich, nicht weil er übermenschlich geschickt war – er lief einfach mit der Verschlagenheit einer Ratte um die Falle herum. – Ich komme jetzt zum Fall Stuart zurück. Wir hatten unseren Plan reiflich überlegt, als Stuart in die Loge kam, wir dachten nicht daran, dort schon Gewalt anzuwenden, sondern wollten ihn einfach überreden, durch den Notausgang hinauszugehen und in den Wagen zu steigen, der draußen vor dem Theater wartete. Nebenbei gesagt, die Logen B und C wurden nie ans Publikum abgegeben. Zu unserer Überraschung befand sich Stuart in äußerst gehobener Stimmung und erzählte uns, daß er seine Tochter entdeckt hätte. Jetzt wurde uns zum erstenmal klar, daß er nicht irgendein unbedeutender Fremder, sondern ein sehr reicher Mann war. Wir brachten ihn in unser Haus, er ging freiwillig mit. Dort besprach ich mich erst einmal mit meinem Bruder David, was wir mit ihm anfangen sollten. Wir kamen zu dem Resultat, daß wir auch unter den neuen Umständen kein besonderes Risiko eingingen. Außerdem war es nötig, so schnell als möglich Geld hereinzubekommen.« Dr. Judd zündete sich eine weitere Zigarette an und erklärte leichthin: »Ich hatte große Summen ausgegeben, einige hunderttausend Pfund – für Kunstschätze aller Art, auch für das Theater. Wir waren, wie Sie sich denken können, in größter Verlegenheit und beschlossen, daß Stuart gehen müßte. Doch verlief es nicht ganz glatt. Der Mann leistete Widerstand. Dabei fällt mir ein – ich nehme an, daß der Manschettenknopf, der bei dem Kampf von meinem Hemd abgerissen wurde, von Ihnen gefunden worden ist, Mr. Holt. Wo fanden Sie ihn eigentlich?«

»In der Hand des Toten«, antwortete Larry.

»Ach, und ich hatte schon David die Schuld daran zugeschoben. Er war in solchen Kleinigkeiten immer etwas nachlässig. – Stuart hatte uns alles erzählt, die Begegnung mit der Aufwärterin, und uns sogar ihre Adresse gegeben. So kamen wir auf die Idee, daß wir Clarissa auffinden und mit irgend jemand verheiraten müßten.« Er zuckte die Schultern. »Es kam mir gar nicht so sehr darauf an, mit wem wir sie verheirateten, wir mußten einfach ihre Herkunft nachweisen und ihr Vermögen unter unsere Kontrolle bringen können. Am nächsten Tag machte sich mein Bruder an die Arbeit, um die Richtigkeit von Stuarts Angaben nachzuprüfen. Es zeigte sich aber, daß dies nicht so einfach war. Die Leiterin des Krankenheims – in Beverley Manor, Sie erinnern sich? –, wo Mrs. Stuart starb, konnten wir nirgends aufspüren. Auch das Angebot einer Belohnung brachte kein Resultat. Dagegen gab es überhaupt keine Schwierigkeiten, die Aufwärterin zu finden und in unsere Gewalt zu bringen. Der blinde Jake brachte sie weg. Durch die Hinweise, die sie uns geben konnte, gelang es, Diana Ward als Clarissa Stuart zu identifizieren. Diese Nachforschungen, falls es Sie interessiert, beanspruchten nicht mehr als einen halben Tag.«

»Warum haben Sie eigentlich Lew verschont?« fragte Larry. »Er war doch einer Ihrer Helfer und kannte einige Ihrer Geheimnisse.«

»Ich hatte mir vorgenommen, jeden zu schonen, falls wir dadurch nicht selbst in Gefahr kamen. Und selbstverständlich wollte ich unsere Pläne nicht durch den Tod eines verkommenen Bettlers, der im übrigen ganz harmlos war, gefährden. Ich habe nur getötet, wenn es nötig oder einträglich war. Der blinde Jake hatte da seine eigenen Ansichten; sein Versuch, Fanny Weldon umzubringen, war eine rein private Angelegenheit, die uns nichts anging. Doch der blinde Jake war wirklich ein treuer Diener von uns, und niemand bedauert seinen Tod mehr als ich.«

Ein kleiner, untersetzter Mann kam durch die Zellentür. Dr. Judd nahm einen tiefen Zug aus seiner Zigarette, warf sie auf den Boden und zertrat sie, bis der letzte Funke verlöscht war.

»Der Henker, wie ich annehme?« fragte er freundlich, drehte sich herum und legte die Hände auf den Rücken.